세종 리더십의 형성과 전개

세종 리더십의 형성과 전개

초판 제1쇄 인쇄 2009. 4. 23.
초판 제1쇄 발행 2009. 4. 27.

지은이 정윤재 외
펴낸이 김경희
펴낸곳 ㈜ 지식산업사
　　　본사 • 경기도 파주시 교하읍 문발리 520-12
　　　　전화 (031)955-4226 • 4227 팩스 (031)955-4228
　　　서울사무소 • 서울시 종로구 통의동 35-18
　　　　전화 (02)734-1978 팩스 (02)720-7900
　　　인터넷한글문패　지식산업사
　　　인터넷영문문패　www.jisik.co.kr
　　　전자우편　jsp@jisik.co.kr
　　　등록번호　1-363
　　　등록날짜　1969. 5. 8.

책값은 뒤표지에 있습니다.

ISBN 978-89-423-3074-4 93340

이 책을 읽고 지은이에게 문의하고자 하는 이는
지식산업사 전자우편으로 연락 바랍니다.

세종 리더십의 형성과 전개

정윤재 외 지음

지식산업사

지난 몇 년 동안 나라 안에서 세종 바람이 조용하게, 그러나 꽤 강하게 불었다. 한국학중앙연구원 세종국가경영연구소가 꾸준히 진행하고 있는 세종실록학교는 회를 거듭할수록 열기가 더해가고 있다. 그 가운데에는 대여섯 번이나 연거푸 강독에 참여하는 열정적인 분들도 있다.

드라마 〈대왕세종〉은 이러한 '세종 바람'에 돛을 달아주었다. 주말에 방영된 〈대왕세종〉의 내용이 월요일 아침 정가와 관가의 주요 화제였다는 소문도 있었다. 그런가 하면 포스코, 삼성데이터시스템(SDS), 주식회사 농심 등의 간부·임원들이 세종실록학교에 등록하여 공부하였고, 주요 교육기관에서 운영하는 최고경영자과정이나 최고지도자과정에서 세종의 리더십 강좌가 인기리에 열리기도 했다.

그뿐 아니다. 세종국가경영연구소와 평택청소년문화센터가 공동 주최하는 세종리더십학교에는 서울과 경기 지역은 물론, 전국의 청소년들이 적극 참여해 '세종의 회의기법' 등 다양한 세종 리더십을 익히고 있다.

왜 갑자기 이런 바람이 불게 되었을까? 그것은 아마도 그동안 우리의 학문과 정치가 지나치게 역사를 홀대하였고, 전통을 경시해왔던 것에 대한 반성과 성찰 때문 아닌가 생각한다. 봄바람이 크게 일어나면 양지쪽의 꽃은 물론이고 그늘진 곳의 풀까지도 푸릇푸릇 피어나는 것처럼, 근래 몇 년 동안 불기 시작한 우리나라의 문예부흥의 바람은 문화창조의 원조에 대한 지적 욕구를 촉박하고, 줏대 있는 리더십에 대한 수요를 크게 높인 것이다.

이번에 출간되는 《세종 리더십의 형성과 전개》는 세종국가경영연구소가 2004년부터 기획, 추진하고 있는 세종프로젝트의 두 번째 결과물이다. 2006년에 출간된 《세종의 국가경영》이 주요 분야별 정책 추진 과정에 나타난 세종의 이니셔티브와 행동에 초점을 둔 것이라면, 이번 책은 그러한 세종의 정치 리더십이 형성되었던 배경과 그 전개과정을 다루고 있다. 즉 세종의 정치 리더십이 인사, 내부통제 시스템, 유교적 예치주의, 불교신앙, 영토정책 등과 관련하여 어떠한 특징들을 보이며 전개되었는지를 심도 있게 다루었다.

　지난해에 우후죽순처럼 쏟아져 나온 세종 관련 연구들이 인간 세종의 모습을 비롯해 세종시대 정치의 이모저모를 흥미롭게 국민들에게 알리는 데 기여했다면, 이 책은 그런 세종대왕과 세종 리더십의 여러 측면들을 전문가의 관점에서 종합적으로 파헤쳐 보일 것이다. 아울러 이 책을 통해 그동안 폄하되고 무시되었던 전통시대의 국가경영에 대한 올바른 지식을 전달할 수 있다면, 연구자들은 큰 보람으로 여길 것이다.

　끝으로, 책이 출판되기까지 크게 격려하시고 성원해 주신 지식산업사 김경희 사장님과, 오랫동안의 경험으로 능숙하게 편집절차를 마무리해 준 편집 팀에게 각별한 고마움의 인사를 드린다.

2009년 4월

청계산 자락 문형관에서　정 윤 재

차 례

세종의 정치 리더십 형성과정

성장과정과 상왕기 정치 체험을 중심으로

정 윤 재

한국학중앙연구원 교수

이 글은 세종의 성장과정과 교육내용, 그리고 초기 4년 동안의 상왕정치기 정치
경험을 중심으로 그의 정치 리더십이 형성되는 과정을 집중검토하고 있다.

세종은 성장과정에서 근면성실하게 생활하는 가운데 독서에 열중하였고 또한
덕스러운 성품을 지닌 왕자였다.

뿐만 아니라 세자가 되기 전후에 《대학연의》, 《맹자》, 《서경》 등과 같이 제왕학
과 관련된 고전들을 두루 섭렵하였고, 상왕기 4년 동안 태종의 섭정을 추종하고
직접 관찰하면서 권력의 냉혹함과 효용성을 깊이 인식할 수 있었다.

이로써 세종은 왕조의 최고지도자로서 지녀야 할 신중함이나 결단력과 같은 실
천적 덕목들을 체화할 수 있었다.

세종의 이 같은 정치 리더십 형성과정은 오늘날에도 중요한 함의를 지니는바, 이
는 체제의 성격이 어떻든 권력교체기에 정치적 안정의 중요성을 다시 일깨운다.

동시에 정치 리더십 형성에서 직·간접적인 경험이 중요함을 확인하는 것이며,
우리 청소년의 리더십 교육이 빠른 시일 안에 정상화될 필요가 있음을 시사한다.

1. 머리말

세종은 백성 사랑하는 마음이 지극하였던 임금이었다. 그리고 비록 2개월밖에 안 되는 짧은 세자기간을 거쳤음에도 이미 타고난 부지런함으로 책읽기에 매진하였던 왕자였기 때문에 성군이 될 수 있었고, 더욱이 선왕인 태종이 섭정하면서 군사 및 병무 관련 업무를 도맡아 챙겨주었기에 많은 업적을 남긴 군주가 될 수 있었다는 평가를 받는다. 태종은 일찍부터 세종에게 "이제 백성을 수고롭게 하는 일은 내가 다 감당하겠다"[1] 말했으며, "역사의 모든 악업(惡業)은 내가 짊어지고 간다. 주상은 성군의 이름을 만세에 남기라"[2]고 당부하였다. 그렇지만 한 정치지도자의 리더십이란 천성이 착하고 책을 많이 읽거나 훌륭한 부모를 두었다는 것만으로 형성되고 발휘되는 것이 아니다. 또 군사적 장악능력이 충분하다고 해서 제대로 발휘되는 것도 아니다.

착한 심성과 부지런한 책읽기, 좋은 가문, 그리고 군사적 안정이 성공적이고 효율적인 리더십의 발휘에 보탬이 될 수 있는 것은 틀림없지만, 그것만으로 충분한 것은 아니다. 이러한 요소들과 함께 실제로 일과 현장을 체험하는 것이 중요하며, 또 그것들을 통해 체득

---

1) 《태종실록》 18년 7월 15일.
2) 이한우, 〈세종―조선의 표준을 세우다〉(해냄, 2006), 83쪽.

한 "안목과 기술"(intelligence & skills)3)이 매우 중요하다. 그리고 이러한 안목과 기술은 착한 성품이나 독서와 같은 간접경험만으로 얻어지는 것이 아니라, 미천한 자리에서라도 스스로 책임지며 땀땀이 일하는 동안 체득되는 것이다. 정치 리더십이란 결과적으로는 "말과 일의 변증법적 상호과정"4)으로 개념화될 수 있는 것이지만, 그 형성과 훈련과정으로 보면, 실천이 소홀한 지식이나 체험이 결핍된 말하기보다, 실천과 체험이 바탕을 이루는 지식과 말하기가 더욱 중요한 것이다.5)

이러한 맥락에서 볼 때, 세종이 태종을 상왕으로 모셨던 초기 4년 동안 군주로서 많은 정치적 사건과 갈등을 경험하였던바, 필자는 상왕기 세종의 이러한 정치적 경험들이 그의 성장기 학습내용과 함께 재위 32년의 국가경영 과정에 매우 긴요한 바탕이 되었을 것으로 생각한다. 그래서 필자는, 우선 세종의 성장과 교육내용을 중심으로 그의 초기 정치사회화 과정을 점검한 다음, 상왕기 4년 동안 세종이 겪었던 다양한 체험들을 검토함으로써 그의 정치 리더십 형성과정을 살피고자 한다. 마지막으로 필자는 세종의 정치 리더십 형성과정의 현대적 함의를 덧붙일 것이다.

---

3) 미국의 정치학자 다케쓰구 쓰루타니는 정치 리더십의 세 가지 조건을 근대적 비전 성취를 위한 정열과 의지, 장악력, 그리고 안목과 기술로 정리하면서, 근대화 과정에서 특히 안목과 기술의 차이에 따라 결과가 달라진다고 주장하였다.(Taketsugu Tsurutani, *The Politics of National Development : Political Leadership in Transitional Societies*, 1973; 정윤재, 〈정치리더십과 한국민주주의〉, 나남출판, 2003, 71쪽)

4) 정윤재, 위의 책, 575쪽.

5) 그래서 공자는 《논어》에서 군자는 "訥於言 敏於事"해야 한다고 말함으로써 말과 일의 중요성을 강조했던 것이다.

2. 세종의 성장과 교육

정치 리더십은 당사자가 성장과정에서 겪은 각종 체험들의 상호
작용을 통해 형성되는 것으로, 여기서는 세종의 유소년 시절의 성장
과정과 당대의 왕세자 교육과정, 그리고 독서문헌들의 내용을 검토
함으로써6) 세종의 초기 정치 사회화 과정의 특징을 살필 것이다.

근면한 생활과 덕스런 성품

세종은 태종의 셋째아들로 태어났다. 그의 나이 12세 때인 태종
8년 2월 충녕군으로 책봉되었고, 16세 때인 태종 12년 5월에 충녕대
군으로 진봉되었다. 충녕대군이 세자가 된 것은 원래 세자였던 양녕
대군이 폐위되던 태종 18년 6월로, 그의 나이 22세 때였다. 왕위에
오른 것은 이로부터 겨우 두 달 뒤인 8월이므로, 실제 세자로 지낸
기간은 두 달밖에 되지 않았다. 따라서 세종이 왕위에 오르기 전의
기록은 매우 제한적일 수밖에 없으므로, 여기서는 단편적이나마 실
록의 기록을 참조하여 세종이 왕자로서 받았던 수업과 세자로서 받
았던 교육을 간략하게 살펴보기로 한다.

우선 세자 이진인 충녕군과 충녕대군 시절의 세종은 정규 학교에

---

6) 이 부분은 정재훈, 〈세종의 왕자교육〉, 정윤재 외, 《세종의 국가경영》(지식산업사,
2006), 40~44쪽을 참조하여 정리한 것임.

서 교육을 받지 못하였다. 아직 종친을 교육하는 종학(宗學)과 같은 제도가 마련되어 있지 않았기 때문에[7] 스승을 초빙하여 교육을 받았다. 태종은 충녕군을 충녕대군으로 봉한 3개월 뒤에 효령대군과 충녕대군을 가르칠 스승을 구하였다. 이에 성균 대사성은 생원 이수(李隨)가 경사(經史)에 능통하다 하여 추천하였다. 이수는 이미 태조 5년의 생원시에서 장원을 한 바 있고, 태종 7년에 경연의 시독관으로 추천될 정도로 학문적 성과를 인정받은 사람이었다. 다만 생원시 장원 이후 성균관에서 수학을 하였으나 아직 회시(會試)에는 급제하지 못한 상황이었다.

그럼에도 이수를 세자에 버금가는 대군의 스승으로 초빙한 사실에서, 이수의 학행에 대해 어느 정도 평가가 이루어졌음을 알 수 있다. 그의 졸기(卒記)에 따르면, 이수는 '모친상을 당하여 상례(喪禮)에 불교식을 쓰지 않고, 성품이 후중하여 겉치레를 좋아하지 않았으며, 치산(治産)을 일삼지 않았다'. 이러한 그가, 당시 불교보다는 성리학의 상례에 충실하면서도 평생을 치산을 추구하는 않고 검박(儉朴)하게 살려고 하였던 지향을 보여주었기 때문에 대군의 스승이 될 만한 자질을 갖추었다고 하겠다. 세종이 세자로 책봉되자 이수는 따라서 서연관(書筵官)이 되었고, 이후 세종은 이수를 각별하게 예우하였다.

16세에 대군이 된 세종의 호학(好學)하는 성품에 대해서 알려주는

---

7) 왕족의 자제들을 위한 교육기관인 종학이 세워진 것은 세종 10년 7월이다. 정재훈, 위의 글, 38쪽.

기록은 거의 없다. 다만 세종 자신이 경연에서 《자치통감강목》을 수십 번 읽은 경험을 경연관에게 말한 기사에 대한 사신(史臣)의 평에, 그는 잠저(潛邸)에 있을 때부터 학문을 좋아하였고 게을리 하지 않아서, 가벼운 병이 들었을 때에도 책읽기를 그만두지 않아, 태종이 환관을 시켜 서책을 감추었는데도 남아 있던 《구소수간》(歐蘇手簡)[8]을 몇 번이고 반복하여 읽었다고 하였다. 또 식사 때에도 책읽기를 멈추지 않았고, 스스로 "내가 궁중에 있으면서 손을 거두고 한가롭게 앉아 있을 때는 없다"[9]고 할 정도로 공부하여 경적(經籍)에 널리 통하였고, 역대의 사대문적(事大文籍)까지 보지 않은 책이 없었다고 한다. 그리고 명나라 사신과 만날 때를 염두에 두고 한어(漢語)의 역서까지 학습하였다고 한다.

대군 시절 세종의 수학과 관련된 기록은 몇 가지 찾아볼 수 있다. 서연관이 병풍을 만들기 위해 《효행록》에서 뽑아 그림을 그리고, 이어서 이제현의 찬문과 권근의 주석을 그 위에 썼는데, 세자가 충녕대군에게 해석하게 하였다. 이에 17세인 충녕대군은 바로 그 뜻을 자세하게 풀이하였다. 또 태종이 "집에 있는 사람이 비를 만나면 반드시 길 떠난 사람의 노고를 생각할 것이다"라고 하니, 10세의 충녕은 "《시경》에 이르기를, '황새가 언덕에서 우니, 부인이 집에서 탄식한다'고 하였습니다"[10]라고 말해 태종을 기쁘게 하였다. 같은 해에 경복궁의 경회루에서 상왕을 모신 술자리가 있었는데, 여러 신하들

---

8) 송나라 구양수(歐陽脩)와 소식(蘇軾)의 편지를 추려 뽑아 만든 책.
9) 《세종실록》 5년 12월 23일.
10) 《태종실록》 16년 2월 임신(壬申).

이 다투어 연구(聯句)를 바쳤다. 그러던 가운데 말이 노성한 사람을 버릴 수 없다는 데에 이르자, 충녕은 "《서경》에 이르기를 '기수준(耆壽俊)이 궐복(厥服)에 있다'11)고 하였습니다"12) 하고 답하여 또 태종을 감탄시켰다.

위와 같은 사례들은 충녕대군의 학문 연마가 충분히 이루어졌음을 반증하는 예들이다. 그래서 충녕대군의 학문 수준은 태종뿐만 아니라 서연관에게까지 알려져, 서연관들이 서연에서 충녕대군을 칭찬하여 세자로 하여금 분발의 계기로 삼게 할 정도였다.

게다가 충녕대군의 지식은 학문으로만 그친 것이 아니라, 아우인 성녕대군(誠寧大君)의 병이 위독할 때에는 실천하는 지식으로까지 활용되었다. 성녕대군의 완두창이 도져 위독해지자 《주역》으로 점을 치게 하였는데, 그 점괘에 대해 충녕대군이 분명하게 풀이하여 세자를 비롯한 좌우의 신하들을 감복시켰다.13) 그리고 끝내 사망한 성녕대군을 위해 종사를 세워 제사를 받드는 것이 문제가 되자, 충녕대군은 조말생과 함께 여러 고전을 상고하여 비슷한 사례를 찾으려고 애썼다.14) 이러한 사례들은 충녕대군의 학식뿐 아니라 인품까지 보여주는 예라고 할 수 있다. 이미 궁중에서는 태종의 자제 가운데 충녕대군과 셋째딸인 경안공주를 가장 어진 사람으로 평가하고

---

11) 《書經》 제4편 '周書' 제30 文侯之命: 卽我御事 罔或耆壽俊在厥服. 기수(耆壽)는 '노성한 신하'를, 준(俊)은 '준걸스런 사람'을 말한다.
12) 《태종실록》 16년 7월 18일.
13) 《태종실록》 18년 1월 26일.
14) 《태종실록》 18년 3월 10일.

있었다.15)

충녕대군의 어짊과 인정은 궁궐 안에서만 머문 것이 아니라 이미 궁궐 밖에까지 소문이 나 있었다. 그래서 걸식하는 사람 가운데 미처 진휼을 받지 못하여 충녕대군에게 부탁하는 사람까지 있었다. 태종으로서는 이미 그 일을 주관하고 있는 유사가 있는 마당에 여간 곤란한 일이 아닐 수 없었다. 그래서 형식적으로는 진휼을 제대로 챙기지 않은 해당 부령을 조사하게 할 것을 명하였지만, 태종으로서는 충녕대군이 백성을 긍휼하게 여기는 마음이 극진함을 확인하는 계기가 되었다.16)

이와 같이, 충녕대군이 학문적으로나 덕성으로나 모든 면에서 발군의 모습을 드러내자, 애초에는 충녕대군을 인정하였던 세자나 태종으로서도 크게 부담을 느끼지 않을 수 없었다. 세자가 의복을 갖추어 입고 주위를 돌아보며, 자신의 성장(盛裝) 여부를 묻자 충녕대군은 "먼저 마음을 바로 잡은 다음에 용모를 다듬으라"17)는 충고를 하기도 하였는데, 이때 태종의 마음이 편치 않았다고 한다.

세자 또한 태종 앞에서 문무를 논하다가 '충녕은 용맹하지 못하다'고 지적한 것은, 세자가 충녕대군에게 지녔던 부담감을 확인하게 해 주는 사례다. 실제로 세자는 상왕이 베푼 술자리에서 부마(駙馬)인 청평군 이백강이 일찍이 축첩한 기생 칠점생을 데리고 돌아오려 하였다. 이에 충녕대군이 만류하며, "친처 사이인데 먼저 이와 같이 행

---

15) 《태종실록》 15년 4월 22일.
16) 《태종실록》 15년 11월 6일.
17) 《태종실록》 16년 1월 9일.

동하는 것이 어찌 옳겠습니까?"18)라고 하였다. 세자는 속으로는 화가 났으나 충녕대군의 옳은 충고를 따를 수밖에 없었고, 이후 도가 맞지 않아 마음속으로 매우 꺼려하게 되었다고 한다.

교육과정상의 독서 문헌들

세종은 세자로서 지낸 기간이 두 달밖에 되지 않으므로 실제 서연에서 공부한 과목이나 내용이 많을 수는 없었다. 다만 서연을 시작하면서 서연관들이 요청한 진강과목은 사서(四書)였으며, 태종은 이를 허락하였다. 따라서 약 두 달 동안의 서연에서는 주로 사서가 진강되었다. 사서는 성리학(性理學)에서 가장 기초가 되며 근본이 되는 경전이다. 하지만 두 달 동안의 서연에서 사서를 강론하는 것은 한계가 있었다. 다만 세종시대를 전후하여 서연에서 읽힌 진강과목을 두루 살펴서 세종이 왕자로서 받았을 것으로 추정되는 교육내용을 살펴보면 다음과 같다.19)

우선 태조대에는, 세자의 이사(貳師)였던 정도전이 서연에서 《맹자》를 강하였다. 또 정종 때 맹사성의 상언에서 정종이 세자로 있으면서 서연을 열어 《대학연의》를 강론하였다고 전해지고 있다. 이러한 사실로 미루어 보면, 태조대에는 《맹자》와 《대학연의》를 서연에서 진강과목으로 삼고 있었음을 알 수 있다.

---

18) 《태종실록》 16년 3월 20일.
19) 정재훈, 앞의 글, 47~50쪽 참조.

다음 정종대에는, 서연에서 진강한 과목과 관련된 기록이 거의 없다. 다만 태종 때에 사간원에서 올린 시무에 관련된 조목에서 태종이 세자로 있던 정종 때에 《대학연의》를 읽어 격물(格物)에서 평천하(平天下)까지의 학문을 강구한 바가 지극하였다고 한다. 서연에서 《대학연의》를 읽은 사실은 태종대에도 반복되었다. 태종은 세자인 양녕대군에게 활쏘기를 익히기 전에 지금 읽고 있는 교재를 강하겠다고 하였다. 그러나 태종의 뜻과는 달리 세자는 대답을 충실하게 하지 못하였는데, 이때 사용된 교재가 《대학연의》였다.

또 태종은 세자가 《대학연의》를 배울 때에 권수가 많아 보기가 쉽지 않으므로 모범을 삼고 경계가 될 만한 내용을 추려서 간략하게 편찬하게 하기도 하였다. 태종 때에는 특별히 서연의 교재로서 《대학연의》가 주목되었던 듯한데, 태종 13년 10월에 세자가 《대학연의》의 강독을 마쳤다고 하면서, 강독을 마치는 데 6년이나 걸렸다고 하였다. 이러한 사실로 미루어 볼 때 태종대의 서연에서 《대학연의》의 비중은 매우 컸음을 알 수 있다. 《대학연의》 말고도 태종대에 서연과 관련해서는 《효경》의 강습을 주장하거나, 서연관들이 병풍을 만들면서 《효행록》에서 뽑았다는 기록도 있다.

세종대의 서연에서는 매우 다양한 진강과목(進講科目)이 등장하였다. 이는 세자였던 문종이 세자로서 지낸 기간(30년, 세종 3년에 세자로 책봉됨)이 매우 길고, 또 세종이 애초부터 세자 교육을 철저히 시켰기 때문이다. 세종 20년의 기록에 따르면, 세자는 이미 사서와 오경의 강독을 마쳤으며, 《자치통감강목》까지 마친 상태였다고 한다. 다만 중국어의 발음을 알게 하기 위해서 《직해소학》과 《충의직

언》을 가르치게 하였다.

이 밖에 세종대 서연에서 진강한 교재로 주목되는 것은 《사륜요집》이다. 세종이 집현전에 명하여 진·한에서부터 명나라까지의 모든 제고(制誥)와 조칙(詔勅)을 편찬하게 하여 《사륜전집》을 만들었고, 이어 예문관 대제학 정인지에게 명하여 책의 주요 내용을 간추리게 하였는데, 이것이 바로 《사륜요집》이다. 따라서 이 책은 국정을 수행하는 데 직접 도움을 받을 수 있는 문헌이었다. 또 세종 때에는 태종대를 이어 여전히 《대학연의》가 주목되었는데, 나중에 문종이 된 세자는 서연관에게 명하여 한글로 《대학연의》에 어조사를 써서 종실 가운데 문리가 통하지 않은 사람을 가르치려고도 하였다.

요컨대, 태조대에서 세종대까지 왕세자 교육의 현장인 서연에서 활용된 교재는 대체로 《효경》, 《소학》, 《사서》, 《오경》, 《자치통감강목》, 《대학연의》, 《사륜오집》 등을 들 수 있다. 이들 진강과목들은 사실 국왕을 대상으로 열린 경연에서도 동등하게 존중되었던 것들이다. 다만 왕세자의 나이가 어린 점을 고려하여 선택된 《효경》이나 《소학》 등의 차이가 있을 뿐이다.

사서와 같은 기본 경전을 제외하고 주목되는 진강과목은 《대학연의》와 《사륜요집》이었다. 이 가운데 《대학연의》는 고려 말 원나라로부터 성리학이 도입되면서 함께 들여온 대표적인 제왕학(帝王學) 교과서였다. 이 책은 이전까지 고려에서 주목받은 《정관정요》를 대체하여 성리학적 제왕상을 구현하는 데 중요하게 참조되었다. 성리학에서는 본래 국왕에 대해 내면적 수양을 통해 성군을 지향하는 내성외왕(內聖外王)의 구도 아래 철저하게 국왕의 학문적 수련을 강조하였다. 이는 경연이라는 제도를 통해 뒷받침되었고, 결국 국왕은 구체적인 정치사안에 직접 관여하기보다는, 덕성을 기른 뒤에 훌륭한 신하에게 위임하여 통치하는 형태의 국정 운영체제가 지향되었다. 《대학연의》는 성리학적 제왕상에 대한 시대적 요구에 따르는 측면이 있었다. 주희의 제자인 진덕수(眞德秀)가 남송에서 주희의 사후 성리학의 보급을 위해 경학과 사학을 합쳐서 현실에서 필요한 제왕학의 지침으로 완성시킨 것이다.

그러나 성리학은 원나라와 명나라를 거치면서 제도화되고 관학화되어 체제교학(體制教學)이 되어 버렸다. 이에 따라 국정운영에서 국왕의 위상은 한층 높아졌으며, 그 가운데 《대학연의》가 꾸준하게 읽힐 수 있었던 이면에는 현실적인 제왕으로서 '존군'(尊君)적인 요소도 잃지 않았다는 장점이 있었기 때문이다. 세종대에 편찬된 저술 가운데 특별히 주목되는 《치평요람》이나 《자치통감강목훈의》도 모두 《대학연의》와의 연관관계 속에서 찬술된 것이었다. 곧 《치평요람》은 송대의 《자경편》을 범본으로 하여 《대학연의》에서 소홀히 한 치국평천하의 영역을 보완한 책이었다. 《자경편》이 제왕보다는 사대부의 처지에서 치도를 논하였던 것에 견주어, 《치평요람》은 제왕의 치지에서 왕권이 추구해야 할 기준을 제시한 점에서 차이가 있다. 《자치통감강목훈의》의 경우에도 정치운영에서 사적인 영역을 최소한으로 줄이고 군주에게 일정한 기준을 제시하는 등 제왕학의 관점에서 활용되었다. 《대학연의》의 성격이 이와 같이 성리학적인 제왕상을 염두에 두면서도 현실에서 필요한 군주의 '정치기술'을 가르치는 데 부족함이 없었다면, 세종대 서연에서 《사륜요집》이 읽히면서 국가경영의 역사적 사례와 준칙들까지 고찰하는 분위기도 형성되어 있었다고 하겠다.

　요컨대, 유교적 이상국가를 지향하였던 조선왕조의 창업기에 성장한 세종이 읽었던 책들 가운데에는, 자연스럽게 제왕학과 관련된 것들이 많았다. 그리고 이 책들은 대체로 수신제가(修身齊家)를 지나 치국평천하(治國平天下) 차원을 강조하였을 뿐 아니라, 세종대에 편찬된 《치평요람》의 경우에서 보듯, 사대부 대신 군주가 국가경영의 중심임을 강조하는 편이었다. 또한 성리학적인 내성외왕(內聖外王)의 원칙과 함께 정치기술의 체득도 중요시하였던 책들이 강조되어 읽힌 것으로 보아, 세종은 독서 내용에서도 정치 지도자로서의 내면적 훈련을 치르면서 성장하였던 것으로 추론할 수 있다.

3. 태종의 폐세자/양위 과정과 충녕의 정치 관찰

공의과정을 거친 세자교체

　왕자 이도(李陶)는 원래 세자가 아니었지만, 그 성품과 학식, 그리고 때때로 드러나는 군자적 행실은 왕세자였던 양녕과 뚜렷한 대조를 이루었다. 그래서 양녕과 충녕 사이는 서로 피하는 것이 좋을 정도로 나빠졌고, 태종 역시 반듯한 언행과 실력을 보여주며 세자 양녕을 제치고 주변의 칭송을 받기 시작한 충녕에 대해 마음의 부담을 느낄 수밖에 없었다.

더욱이 영의정 유정현 등과 같은 신하들이 나서 택현(擇賢)을 주장하며 양녕의 왕세자 폐위와 충녕의 세자 추대를 요구하는 상소가 이어지자, 태종은 매우 곤혹스러운 처지에 빠졌다. 아무리 실행(失行)을 거듭하는 세자라 할지라도, 한 번 결정된 세자를 폐위하는 것은 정치적으로 매우 민감한 사안이었고, 또 그럴 경우 중국에 세자 폐위에 대해 일일이 그 이유를 밝혀야 하였다. 또 왕족 사이의 갈등과 유혈대립을 여러 번 겪은 바 있는 태종으로서는, 또 다시 왕자의 난과 같은 비극적인 사태를 예견하지 않을 수 없었다.

그래서 태종은 가능하면 유교적 종법질서 원칙에 따라 양녕이 폐세자 되더라도 그의 아들을 세자로 하는 방법을 고려하기도 하였다. 이는 부인인 원경왕후와 우의정 한상경 이하 모든 신하들의 뜻이기도 하였다. 그런가 하면 폐세자 여부를 거북점[龜占]과 시초점(蓍草占)을 쳐서 결정하자는 이조판서 이원의 제안에 마음이 기울어지기도 하였다. 한양과 무악을 놓고 천도(遷都) 문제가 신하들 사이에 엇갈리자, 동전을 던져 한양으로의 천도를 결정하였던 그였기 때문이다.

결국 태종은 그의 의중을 꿰뚫고 있던 영의정 유정현과 좌의정 박은이 제안하였던 택현론에 따라 폐세자를 단행하기로 결심하였다.[20] 그리면서도 태종은 조말생을 불러 이를 때 "나는 제(양녕)의 아들로써 대신 시키고자 하였으나 여러 신하들이 모두 '불가하다'고 하니, 마땅히 어진 사람을 골라서 아뢰어라"고 명하였다. 태종은 막

---

20) 양녕 폐세자 문제에 대한 상세한 논의는 최승희, 〈태종말 세자폐위사건의 정치사적 의의〉, 《조선초기정치사연구》(지식산업사, 2002)를 참조.

강한 군주로서 얼마든지 그냥 충녕대군을 지명할 수도 있었지만, 먼저 신하들의 의견을 듣고자 하였던 것이다.21)

그러나 이 말을 전해 들은 유정현 이하 신하들은, "아들을 알고 신하를 아는 것은 임금만한 이가 없습니다"22)라며 태종에게 직접 고를 것을 청했다. 이는 왕위교체와 관련된 일에 잘못 개입되었다가는 훗날 무슨 변을 당할지 모르는 일이라서, 자신의 신변보호에 신중에 신중을 기하는 모습일 수도 있다.

그러나 정치는 어떠한 경우든 커뮤니케이션의 상호교환이며, 지도자와 구성원 사이의 지속적인 상호작용과정임을 상기할 때,23) 태종과 신하들 사이의 이러한 주고받기과정을 책임떠넘기기식으로만 볼 필요는 없을 것 같다. 당시는 임금인 태종의 일방적인 결정으로 시행할 수도 있었던 상황이지만, 굳이 이런 과정을 거쳤던 이유는, 그의 의중을 알아차려 참정(參政)하였던 좌의정 박은의 다음과 같은 상소문에 잘 나타났다.

---

21) 이 부분에서 세종에 대한 두 번째 연구서를 펴낸 언론인 이한우는 "태종은 이런 식으로 신하들에게 택현의 책임을 넌지시 떠넘겼다"고 권력론적 시각에서 책임회피를 위한 핑퐁게임 식으로 해석하였으나, 태종 역시 청정이란 유교적 국가경영원칙에 익숙하였던 군주였음을 상기할 때 반드시 그런 식으로 해석할 이유는 없을 것이다. 그리고 고려대 박홍규 교수는 최근의 한 연구에서, 태종은 적어도 재위 10년(1410) 7월에 선포한 '유신의 교화' 이후부터는 성리학적 정치질서의 확립을 목적으로 공론정치를 실천하였고, 이는 세종조로 이어졌다고 주장하였다.(이한우, 앞의 책, 22쪽; 박홍규·이세형, 〈태종과 공론정치 — 유신의 교화〉, 《한국정치학회보》, 2006, 5~27쪽 참조)

22) 《태종실록》 18년 6월 6일.

23) 정치지도자는 체제의 성격과 관계없이 언제나 '쌍방적인 상호작용하는' 존재이며 다만 그 정도에 차이가 있는 것으로 간주하는 것이 필요하다.(Glenn D. Paige, *The Scientific Study of Political Leadership*, New York: The Free Press, 1973; 정윤재, 앞의 책, 34쪽 참조)

뒷세상으로 하여금 전하께서 맏아들을 폐하고 어진 이를 세운 거조(擧措; 큰 일을 저지름)가 공론으로 되었다는 것을 알리게 하시고, 또 양녕대군으로 하여금 자신이 공론에서 용납되지 못하였음을 알게 하여 원망함과 미워함이 없게 하는 일입니다.24)

이렇게 해서 결국 태종은 양녕의 폐세자가 자신의 순간의 결단이나 신하들의 공모가 아니라, 태종과 신하들이 함께 의견을 모은 최종 결론, 즉, 공의(公義)였다는 형식을 만들어냈고, 이로써 양녕이 정치적으로 다시 살아날 수 있는 명분 자체를 없애버리고자 하였던 것이다.25) 마침내 태종은 다음과 같은 내용의 최종 결심을 밝혔다.

옛사람이 말하기를 '나라에 훌륭한 임금이 있으면 사직의 복이 된다'고 하였다. 효령대군은 국왕 될 자질이 미약하고, 또 성질이 심히 곧아서 개좌(開座)26)하기에는 적절하지 못하다. 내 말을 들으면 그저 빙긋이 웃기만 할 뿐이므로, 나와 중궁은 효령이 항상 웃는 것만을 보았다. 충녕대군은 천성이 총명하고 민첩하고 자못 학문을 좋아하여, 비록 몹시 추운 때나 더운 때에도 밤새 글을 읽어, 나는 그 아이가 병이 날까 두려워 항상 밤에 글 읽는 것을 금하였다. 그런데도 나의 큰 책은 모두 청하여 가져갔다. 또 치체(治體)를 알아서 늘 큰일에 헌의(獻議)하는 것이 진실로 합당하고, 또 그것은 일반 사람들은 생각지도 못할 수준이었다. 중국 사신을 접대할 때면 몸가짐과 말이 두루 예에 부합하였고, 술을 마시는

---

24) 《태종실록》 18년 6월 6일.

25) 이한우, 앞의 책, 24쪽 참조.

26) 벼슬아치들이 사무를 본다는 뜻으로 여기서는 "신하들과 함께 사물과 이치를 꼼꼼히 따져 정치를 한다"는 뜻으로 쓰인다.

것이 비록 무익하나, 중국 사신에게는 주인으로서 한 모금도 능히 마실 수 없다면 어찌 손님을 권하여서 그 마음을 즐겁게 할 수 있겠느냐? 충녕은 비록 술을 잘 마시지 못하나 적당히 마시고 그친다. 또 그 아들 가운데 제법 자란 아들이 있다. 효령대군은 한 모금도 마시지 못하니, 이것도 또한 불가하다. 충녕대군이 대위(大位)를 맡을 만하니, 나는 충녕을 세자로 정하겠다.[27]

전격 실행된 양위

세자 교체가 결정된 다음 날인 6월 3일, 세자 책봉을 준비하는 봉숭도감이 설치되었고, 수원에 있던 이수를 바로 한양으로 불러들여 세자 이도의 교육을 다시 담당하게 하였다. 다음 날인 6월 4일에는 새 세자의 부인인 심씨를 경빈(敬嬪)으로 삼고, 장인인 심온을 이조판서로 발령하였다. 그리고 보름 뒤인 6월 17일에 봉숭 행사가 있었는데, 이때 태종으로부터 책문을 받은 세자는 다음과 같은 전(箋)을 올려 사례하였다.

이 용렬한 사람에게 명하여 높은 지위를 책임지게 하시니, 신은 삼가 마땅히 부탁하신 책임이 가볍지 않을 것을 생각하여 싫어함이 없이 또한 이를 보전하겠으며, 지극히 간절한 훈계를 받들어 길이 잊지 않을 것을 맹세합니다.[28]

---

27) 《태종실록》 18년 6월 6일.
28) 《태종실록》 18년 6월 17일.

사실 충녕대군을 세자로 책봉하면서부터 태종은 이미 양위할 생각이었음을 7월 7일 은밀하게 여섯 명의 대언(代言)들에게 밝혔고, 이에 대언들은 눈물로써 만류하였다. 그러나 4개월여 개경에 머물던 태조는 그렇지 않아도 신하들이 하루빨리 한양으로 돌아가기를 원하기도 하고, 또 내친 김에 내선을 조속히 결행할 생각으로 의정부, 6조, 대간들과 개경을 떠나 7월 26일 한양으로 돌아왔다.

그리고 열흘이 좀 더 지난 8월 8일에 태종은 세자 충녕대군을 급히 불러 보평전으로 오게 하였다. 이 자리에서 태종은 의정부, 6조, 공신, 삼군총제, 6대언 등이 통곡하는 가운데 양위의 뜻을 계속 밝히고 있었고, 신하들은 통곡하며 거두어 줄 것을 간하고 있었다. 태종은 옆에 두었던 옥새(玉璽)를 들어 세자에게 건네려 하였으나 세자가 엎드려 일어나지 않자, 태종은 세자의 소매를 잡아 일으켜 옥새를 주고 안으로 들어갔다. 그러나 세자는 옥새를 황급히 상 위에 올려놓고 태종을 따라 안으로 들어가 지성으로 사양하였고, 여러 신하들은 통곡을 계속하였다. 그리고 세자 충녕대군은 옥새를 받들고 태종의 침전까지 따라가 밤늦도록 사양의 뜻을 강력하게 밝혔다.

그러나 태종은 "너의 뜻을 말한 것이 이미 두세 차례에 이르렀거늘, 어찌 나에게 효도할 생각은 하지 않고 이다지 요란하게 구느냐"며 충녕대군의 손을 잡고 "북두를 향해 맹세하거늘, 내 뜻은 변치 않을 것"이라고 하였다. 결국 세자 충녕대군은 감히 옥새를 직접 받들 수 없어 자신의 지신사 이명덕에게 들게 하고 경복궁으로 물러나야 했다. 다음 날인 9일에는 문무백관과 성균관 학생들까지 글을 올려 양위 의사를 번복할 것을 청하였다.

양위를 시행한 지 이틀 뒤인 10일에도 태종을 뜻을 굽히지 않고, 세자에게 "내 명을 따르지 않으려거든 더 이상 이곳에 오지 말라"하였고, 세자는 이에 글을 올려 다시 한 번 사양하겠다는 뜻을 밝혔다. 그러나 태종은 단호하였다. 대신들이 궁궐 안뜰까지 들어와 여전히 통곡하며 뜻을 번복할 것을 읍하였지만, 효령대군을 시켜 "내가 다른 성에게 자리를 넘긴다면 경들의 청은 당연한 것이지만, 내가 아들에게 넘기겠다는데 어찌 이와 같이 하는가" 하며 자신의 단호한 뜻을 거듭거듭 확인하였다. 태종은 기어코 세자에게 국왕의 상징인 익선관(翼善冠)을 직접 씌워주고 경복궁 근정전(勤政殿)에 가서 즉위시켰고, 익선관을 쓴 충녕대군을 본 신하들은 이를 현실로 받아들이지 않을 수 없었다.29)

이렇게 해서 정치적 이해관계와 권력투쟁의 긴장이 이어지는 속에서, 세종은 신중하였던 세자책봉과 전격적인 양위과정, 즉, 쉽지 않은 정치 리더십 교체과정을 경험하였다. 물론 이러한 과정은 태종에 의해 기획되고 연출된 것으로, 20세 초반의 청년 세종은 그가 미처 알지 못하였던 냉혹하면서도 진지한 정치현실을 직접 체험하고 관찰할 수 있었던 것이다.

---

29) 이한우, 앞의 책, 26~29쪽 참조. 태종이 충녕에게 익선관을 직접 씌워 주기 전까지 태종의 양위의지와 세자 및 신하들의 불감당의지가 매우 치열하게 교환되었는데, 이에 대한 논의는 박현모, 《세종처럼 — 소통과 헌신의 리더십》(미다스북스, 2008), 87~91쪽에 자세하게 나와 있다.

4. 태종의 냉혹한 섭정과 세종의 냉정한 추종

태종의 양위는 왕권의 완전한 이양이 아니었다. 충녕대군이 비록 성품이 관홍장대(寬弘壯大)하고 책을 많이 읽어 학식이 많다 하나, 권력의 냉정함과 현실의 복잡다기함을 직접 체험하지는 못하였음을 태종은 간파한 듯, 즉위식 직후 신하들에게 다음과 같이 말하였다.

> "주상이 장년이 되기 전에는 군사(軍事)는 내가 친히 청단(聽斷)할 것이고, 또한 국가에 결단(決斷)하기 어려운 일이 있을 때마다 정부 6조로 하여금 함께 그 가부를 의논하게 할 것이며, 나도 또한 함께 의논하리라." 또 대언들에게 명하기를, "병조 당상은 모두 나에게 시종하고, 대언들은 주상전에 시종하라" 하였다.[30]

태종의 이러한 조치가 그의 권력에 대한 집착 때문에 취해졌다고만 할 수 없다. 그 자신 권력투쟁의 험난한 경험을 많이 하였기 때문에 정국안정의 중요성을 민감하게 인식하였을 뿐 아니라, 이제 왕조의 수성과 번창이 필요하니 그러한 차원에서 국가경영을 대비할 필요성도 느꼈을 것이다. 그래서 그는 준비 없이 세자로 책봉되는 바람에 학식은 있으나 국왕이 되기 위한 '실전훈련'을 거의 받지 못한 충녕이 현장에서 집중적인 임금 수업을 받을 필요가 있다고 판단하고, 충녕을 일단 임금의 지위에 안전하게 올려놓고 "자신이 직접 강도

---

30) 《세종실록》 원년 8월 8일.

높은 훈련을 시키는 게 훨씬 효과적이라고 생각하였을 것이다."[31)

이후 태종은 상왕으로서 군사 문제는 물론 민생 문제를 포함한 크고 작은 국사를 다 챙기는 섭정을 시행하였고,[32)] 세종은 아침저녁으로 태상왕 정종과 상왕 태종을 비롯한 궁내 어른들에게 문안한 다음, 경연과 청정(聽政), 방문(訪問), 안신(安身)으로 이어지는 임금의 하루 일과를 이어갔다. 수습군주로 4년을 지내는 동안, 세종은 상왕 태종의 의중과 결정에 성실하게 따랐고, 급기야는 정치적으로 예민한 군사 문제로 인해 상왕에 의해 강상인과 장인이었던 심온이 죽음을 당하는 냉혹한 정치현실을 직접 체험하였다. 그리고 이렇게 냉혹한 정치현실에 대해 세종 또한 냉정한 침묵으로 일관하며 상왕의 정치를 추종하였다. 또 그는 형 양녕에 대한 처우 문제로 신료들과 계속 대립하였지만, 군주로서 번번이 패하는 쓰라린 경험도 하였다.

상왕을 추종하는 세종

세종이 즉위한 다음 첫 번째로 행한 정사(政事)는 공교롭게도 정

---

31) 이한우, 앞의 책, 30쪽.
32) 세종 즉위한 지 6일째 되던 8월 16일, 상왕은 자신의 지신사 하연을 불러 "내가 전일에 건원릉(태조의 능)에 나아갈 때에 길에서 보니 화곡의 결실이 잘 되지 못하였으니 필연 기근의 근심이 있을 것이다. 경기의 백성들은 경성에 쌓아둔 곡식으로 구휼할 수 있고, 전라·경상·충청의 3도는 약간의 저축이 있어 구휼할 수 있겠으나 함길도는 땅이 적국과 경계가 연접하여 있으며, 또한 거기에 경원부를 다시 세워 새로이 백성들을 옮겨 보내었으니 더욱 걱정이 된다. 정부와 6조로 하여금 구제할 방책을 의논하도록 하라"고 명하였으니, 상왕은 군사와 민생 등 주요 국사들을 사실상 섭정한 것이었다.

치적으로 얽혀 있던 상왕의 처가 식구들에 대한 귀양 명령이었다. 8월 21일 세종은 형조에 "민무구·민무휼·민무회의 처자에게 외방으로 가서 편할 대로 살게 하고, 이거이의 자손에게는 경외(京外)에서 자유롭게 살게 함을 허락하고, 김한로는 청주로 옮겨 살게 하라"고 명하였다. 민씨 3형제는 세종이 어렸을 적부터 정을 두텁게 나누던 외삼촌들이었고, 이거이는 상왕의 장녀 정순공주와 혼인한 이백강의 아버지였으며, 김한로는 양녕대군의 장인이었다. 그러나 형조판서 조말생 등은 "이 무리들은 모두 불충한 죄를 범한 자들이오니 전하께서 즉위하옵신 첫 정사에 가볍게 용서할 수 없습니다. 그리고 김한로는 서울 가까이 둘 수는 없습니다" 하며 이들에 대한 온정적인 처결을 강력하게 반대하였다.

이에 세종은 자신과 정이 든 민씨 형제들도 포함되었기 때문에 그들을 조금이라도 편하게 해주고 싶다는 생각을 드러내며 신하들의 반대를 무마할 수도 있었을 것이다. 그러나 세종은 냉정하였다. 자신의 생각은 누른 채 "상왕께서 명하옵신 것이니, 감히 좇지 않을 수 없다"33)며 그대로 행할 것을 명하였다. 그리고 10월 12일에 대사헌 허지는 왕자의 난을 일으켰다가 유배생활을 하고 있던 이방간·이맹균 부자를 죽여야 한다고 청하였고, 다른 6조의 대신들도 마찬가지였다. 그러나 세종은 "나 또한 방간을 죄가 없다고 여기지 않는다. 그러나 상왕께서 그를 보전시키고자 하니 내가 어찌 부왕의 마음을 어길 수 있느냐?"34)며, 비록 신하들의 주청이 일리가 있었다 해도

---

33) 《세종실록》 원년 8월 21일.

역시 상왕의 뜻을 따라 처결하였다.

세종의 '상왕 모심의 정치'는 계속되었다. 재위 1년(1419) 4월, 사간원에서 정수홍 등이 상소하여 상왕과 사돈관계였던 박신에게 죄 주기를 청하였다. 박신은 정몽주의 문하로 조선 개국에 참여하였고, 태종의 총애를 받아 대사헌, 한성부윤, 공조·호조·이조판서를 두루 역임하였던 인물이었지만, 이조판서로 재직할 때 부정사건에 연루되어 신하들의 탄핵을 받게 되었다. 이때 세종은 "너희들 말이 옳다. 박신은 사람됨이 바르지 못하나, 아직 그대로 두라"[35]고 말하였다. 상왕의 뜻을 들은 뒤에 결정하겠다는 것이었다. 이틀 뒤 영의정 유정현이 나서 상왕에게 박신을 의금부(義禁府)에 하옥하여 국문(鞠問)할 것을 주청하고, 이에 상왕은 박신을 통진으로 유배 보내기로 결심하였다. 그러나 이러한 사실을 미처 통보받지 못하였던 세종은 신하들의 상소가 다시 이어지자 "내 마음대로 결단할 바가 아니니, 마땅히 부왕께 아뢰어야 한다"[36]는 말만 반복하였다. 결국 박신은 19일 통진으로 유배되었다가 13년이 지난 세종 14년(1422)에야 풀려났는데, 이는 세종 자신도 박신에 대해 아주 부정적이었음을 보여주는 대목이다. 그럼에도 세종은 자신의 생각을 드러내지 아니하고 상왕의 처결대로 정사를 보았던 것이다.

세종은 심지어 군사에 관해 신하와 대화하다가 의견이 갈릴 때도 상왕을 의식하였다. 재위 3년 5월 20일에 변계량과 함께 그가 지은

---

34) 《세종실록》 원년 10월 12일.
35) 《세종실록》 1년 4월 14일.
36) 《세종실록》 1년 4월 16일.

병서《진설》(陣說)에 대해 이야기하면서, 서로 의견이 갈리자 이렇게 매듭지었다. "내가 말한 바와 경이 말한 바를 빠짐없이 써서 올려라. 내가 장차 부왕께 아뢰겠다."[37]

이렇듯 세종은 상왕 태종의 섭정을 받는 동안 그야말로 "견습왕"[38]으로 지냈다고 할 정도로 상왕 모심의 정치에 충실하였다. 재위 1년 8월 10일에 상왕은 대마도 정벌을 마치고 돌아온 신하들의 노고를 치하하는 잔치를 열었고, 이 자리에서 영의정 유정현은 세종을 향해 "바라옵건대 전하께서는 날마다 창업의 어려움과 수성의 쉽지 않음을 생각하셔야 할 것입니다"[39]라고 말하였는데, 이에 상왕은 유정현의 말이 옳다며, 세종에게 잘 들어두라고 타이르듯이 말하였는데, 이것은 당시 세종이 독자적인 군주라기보다 말 그대로 수습 단계에 있던 군주였음을 잘 보여주는 대목이다.

심복 강상인과 사돈 심온의 처단

즉위 2주일이 지나는 8월 25일 이래로 세종은 매우 비극적인 사건을 경험하기 시작한다. 당시 세종은 창덕궁에서 집무하고 있었으나, 개축중이었기 때문에 그의 생가였던 장의동 본궁에 머물고 있었다. 그런데 군사 문제는 상왕이 직접 치결하겠다는 엄명이 있었음에도 병조에서 군사 문제를 세종에게 먼저 아뢰었다. 이에 세종은 "어찌

---

37) 《세종실록》 3년 5월 20일.
38) 이한우, 앞의 책, 34쪽.
39) 《세종실록》 1년 8월 10일.

하여 부왕께 주상하지 않느냐”며 물리쳤고, 이 사실이 상왕의 귀에 들어갔다. 상왕으로서는 참을 수 없는 일이었고, 즉시 병조참판 강상인(姜尙仁; ?~1418)과 좌랑 채지지를 의금부에 가두라고 명하였다. 강상인은 정안군(태종)의 가신으로 태종 2년에 강계 지방으로 파견되어 여진족을 제압하여 공을 세운 적이 있고, 태종 18년(1418)에 병조참판이 되었다. 세종이 즉위한 뒤에도 상왕 태종이 국가 중대사와 병권을 친히 관장하기로 함에 따라, 병조판서인 박습과 함께 병조의 핵심인물로 임명되었던 것이다. 그런데 어찌된 영문인지 태종의 의도와 달리 강상인은 병조의 일을 세종에게만 보고하곤 하였던 것이다. 상왕은 크게 노하였다. “내 일찍이 군국의 중요한 일은 내가 직접 청단하겠노라고 말하였는데, 강상인 등이 모든 군에 관한 일을 임금에게만 아뢰고 나에게는 아뢰지 않았다.”[40]

다음 날인 8월 26일에는 병조판서 박습(朴習; ?~1418)을 비롯한 병조 관리 6명이 의금부로 압송되었다. 박습은 여말선초의 문신으로 태종과 같은 해 문과에 급제한 동기생이었다. 태종 때 강원도와 경상도 관찰사를 거쳐 대사헌에 임명되었고, 1418년 형조판서에 올랐다가 곧바로 병조판서가 되었다. 이는 세종 즉위 이후 상왕이 직접 군사를 챙기기 위해 자신과 깊은 인연이 닿은 박습·강상인을 병조 수뇌부에 임명하는 이른바 ‘코드’ 인사였다. 8월 27일에 의금부에서 조사 결과를 보고하자, 상왕은 “박습은 재임한 지가 얼마 안 되니 그대로 두고, 강상인은 젊어서부터 나를 따라 오늘에 이르기까지 상의

---

40) 《세종실록》 원년 8월 25일.

원 제조가 되었고, 또 병조에서도 중요한 직임을 맡겼거늘, 나의 은혜를 생각하지 않고 거짓으로 속일 마음만 품었다. 단단히 고문을 하되 죽지 않을 한도까지만 하라"41)고 명하였다.

사건은 이렇게 일단락 될 것 같았다. 9월 2일 상왕은 세종의 장인 심온을 영의정에 임명하였고, 세종은 장의동 본궁에서 창덕궁으로 거처를 옮겼다. "이로부터 임금이 매일 상왕전에 나아가 문안하게 되어 생활방식이 안정되고, 종일토록 있다가 돌아오며, 모든 사무를 상왕에게 품신하였다."42) 세종이 잠시 장의동 본궁에 거처하는 동안 서로 멀리 떨어져 있음으로 해서 생긴 일종의 오해와 불신에서 비롯된 강상인 사건도 이로써 마무리되는 듯하였다.

그러나 11월 13일, 그 사이 상왕이 어떤 첩보를 또 접하였는지, 의금부로 하여금 병조판서 박습 등을 다시 불러 국문케 하면서 사건은 사돈 심온까지 엮어지는 지경으로 크게 확대되었다. 취조 받던 박습은 강상인이 자신의 부하이기는 하지만 오랫동안 상왕을 모셨고, 병조에는 자기보다 먼저 와서 일하고 있었기 때문에 강상인이 "모든 군무는 마땅히 주상전에 아뢰어야 한다"고 해서 그래야 하는 줄 알았다고 변명하였다. 또 병조참의 이각은 강상인과 함께 예전에 귀양가 있던 곳을 지나면서, 자신이 "군사는 마땅히 상왕전에 아뢰어야 될 것이다"라고 말하였는데, 강상인은 이 말에 빙긋이 웃으면서 대답하지 않았다고 털어놓았다.

---

41) 《세종실록》 원년 8월 27일.
42) 《세종실록》 원년 9월 2일.

이 두 사람의 말이 사실인지 여부는 알 길이 없으나, 군사를 직접 챙기겠다는 상왕의 엄명에 정반대되는 행동임에는 틀림없었다. 열흘 뒤인 11월 23일, 의금부가 그동안의 심문 결과를 보고하자, 상왕은 "과연 내가 전일에 말한 바와 같이 그 진상이 오늘에야 나타났구나. 마땅히 대간(大姦)을 제거해야 할 것이니 이를 잘 살펴 문초하라"[43] 하였다.

그런데 같은 날인 11월 13일, 세종은 상왕이 머무는 수강전으로 문안인사 가는 길에 벼락 같은 말을 들었다. 내관 김용기가 달려와 의금부에서 있었던 일을 고하는 중에 "심본방이 군사가 한곳에 모여야 된다는 말을 들었다고 하옵니다"라고 말하였던 것이다. 세종은 크게 놀랐다. 그는 즉시 서둘러 수강궁에 나아가 상왕에게 뭔가 오해가 있음을 밝히고 장인 심온에 대한 선처를 부탁하였다. 그러나 상왕은 "내가 들은 바는 다르다"며 세종의 말을 단호하게 잘랐다. 상왕은 이 문제를 마무리하기 위해 자신의 심복이자 심온의 라이벌인 박은을 증인으로 불러 세우고는 이렇게 말하였다. 상왕은 이미 측근인 원숙을 박습에게 보내 앞뒤 사정을 설명해 놓은 터였다.

> "심온이 군사가 한 곳에 모여야 된다는 말을 듣고 대답하기를 '군사가 반드시 한 곳에 모이는 것이 옳다'고 하였다 하니 경들은 이를 알아야 할 것이다."[44]

---

43) 《세종실록》 원년 11월 23일.
44) 위와 같음.

박은은 이에 맞장구쳤다.

> "심온이 말한 한 곳이 어찌 우리 상왕전을 가리킨 것이겠습니까? 반드시 주상전을 가리킨 것이오니 그 뜻을 묻지 않아도 알 수 있습니다. 신도 또한 아뢰올 일이 있으나 마땅히 두 임금 앞에 가서 친히 아뢰겠나이다."45)

다음 날, 상왕과 세종이 함께 있던 수강궁에 나타난 박은은 문제가 된 강상인 건과는 무관한 이야기를 늘어놓았다. 자신이 예전에 심온에게 좌의정을 대신 맡으라고 사람을 시켜 권하였더니 답이 오기를, 박은 자신에게 그런 방향으로 일이 되도록 노력해 달라고 하였다는 것이었다. 영의정은 실권이 없는 자리이니 자신이 좌의정을 맡도록 노력해 달라고 심온이 자신에게 부탁하였다는 말이다. 이에 상왕은 강상인·성달생·이관 등을 차례로 압슬형이라는 고문을 가해 억지 실토를 하게 하였고, 급기야 심온의 동생 심청을 잡아 고문하여 "형이 '군사는 마땅히 한곳에서 명령이 나와야 된다'고 하므로 내가 '형의 말이 옳다'고 대답하였다"는 말을 뱉게 하였다. 이로써 심온은 꼼짝없이 대역죄를 덮어쓰게 되었던 것이다.

그리하여 11월 26일, 상왕은 함께 모사에 가담하였던 박은·이원·조말생·원숙을 불러놓고 결말지어 말하였다. "강상인과 이관은 죄가 중하니 지금 마땅히 죽일 것이요, 심정과 박습은 상인에 비하면 죄가 가벼운 듯하다. '괴수' 심온이 (중국에서) 돌아오지 않았으

---

45) 《세종실록》 원년 11월 13일.

니 아직 남겨두었다가 대질시키는 것이 어떠한가?" 이에 박은은 "대질시키고자 한다면 상인만 남겨두고 세 사람은 형벌하는 것이 옳습니다. 그러나 심온이 저지른 죄는 사실의 증거가 명백하니 어찌 대질할 필요가 있겠습니까?"라며 형 집행을 재촉하였다. 결국 이 날 강상인·박습·이관·심청은 사형을 당하였고, 심온은 세종의 즉위를 명 황제에게 고하고 돌아오는 길에, 11월 25일에 한양에서 급파된 전의감 판사 이욱에게 의주에서 잡혀 의금부로 압송되었다. 그때가 12월 22일이었다. 상왕은 다음 날인 23일, 심온에게 사약을 내려 스스로 목숨을 끊을 명하였다.

다음 날인 24일 세종은 수강궁에 들어가 연회에 참석하여 상왕의 장수를 비는 술잔을 올리는 헌수(獻壽)의 예를 치렀다. 상왕은 신하들에게 술잔을 돌렸고, 여러 사람이 한 구씩 읊어 한 편의 시를 짓기도 하였다. 상왕은 자리에서 일어나 춤까지 추었고, 신하들도 덩달아 일어나 춤을 추었다. 이 연회 자리에서 세종은 사약을 기다리며 갇혀 있는 장인 심온의 목숨을 살려달라는 말 한마디 못하였다.46) 결국 심온은 12월 25일, 수원에서 사약을 받고 44세의 나이로 세상을 떴다. 그의 처와 여러 딸들은 이미 천안(賤案)에 올려졌고, 심온의 여러 형제들과 서자들까지 모두 각지로 유배당하였던 터였다.

---

46) 세종은 태종이 죽은 이후 심온이 태종의 뜻과 상관없이 유정현의 농간으로 죽음을 당하였다는 것이 밝혀지고 또 심온의 무죄를 청하는 상소들이 이어졌지만, 이때에도 헤아려 볼 것이라거나 묵묵부답으로 일관하였는데 이는 아마도 비록 부왕이 돌아가신 후에라도 부왕을 욕되게 해서는 안 된다는 자신의 역사관 혹은 효도관 때문에 그랬을 것이다.(이한우, 앞의 책, 48~49쪽 참조)

양녕 문제로 빚어진 신료와의 갈등

양녕이 폐세자 된 다음, 태종과 세종은 그에 대한 처우와 처소 문제로 많은 신경을 썼다. 특히 대신 세자가 되고 왕위에 오른 세종으로서는 형인 양녕에 대한 동생의 도리와 왕의 위치가 중첩되는 속에서, 대신들의 계속되는 양녕 내치기 상소에 대처하는 데 많은 공을 들였다. 세종은 기본적으로 형인 양녕을 관대하게 대우하고자 하였으며,47) 상왕 태종의 뜻대로 비록 성품이 안정되지 못하여 행동거지가 모범이 되지 못한다 해도 반역을 도모하지 않을 것으로 판단하여, 서울 근방에서 지내게 하고 싶었다.48)

그러나 양녕이 정치적으로 견제를 받으면서, 동시에 그의 행실이 주변의 칭찬을 받지 못하는 예가 다반사여서, 그에 대한 처우와 관련한 세종의 신료들과의 힘겨루기는 쉽지 않은 일이었다. 세종은 가능한 대로 양녕의 마음을 크게 상하지 않는 방향에서 그에 대한 처우와 처소 문제를 매듭지고자 노력하였지만, 줄기차게 양녕 내치기를 요구하는 신료들의 공세에 번번이 판정패하곤 하였다. 상왕이 살아 있는 동안에는 그래도 세종의 자신의 생각을 관철할 수 있었다. 재위 1년, 광주에서 살되 "매사냥이나 하면서 지내라"는 태종의 말에 "매 길들이는 자 등 종 3명을 붙여 달라"며 골치를 아프게 하던 양녕을, 철원이나 포천에 두자는 의견이 신하들 사이에 분분하였다.

47) 그래서 즉위한 지 5일 만에 양녕에게 술과 고기, 그리고 면포와 주견 각 10필, 포 100필을 보내주었다.(《세종실록》 원년 8월 15일)
48) 《세종실록》 1년(1419) 2월 3일.

조정에서는 미리 환관을 현지에 보내 형편이 어떠한지를 조사하게 하였다. 그 사이 해가 가기 전에 12월 20일 광주목사 문계종이 "양녕이 남의 첩을 뺏으려 한다"는 극비 보고를 보내왔는데, 조정에서는 즉시 내관 이촌을 보내 조사하였고, 결국 그것은 사실로 드러났다. 그래서 다음 해인 세종 2년 1월 26일, 3정승들이 양녕을 궁벽한 곳에 거처하게 할 것을 청하였지만 세종은 이를 허락하지 않았다. 뒤에 태종도 버티고 있었기 때문이다.

그러나 세종 4년 태종이 승하한 뒤부터는 사정이 달라지기 시작하였다. 세종 4년 5월 19일, 사헌부에서는 장남으로서 부왕의 상을 치르기 위해 궁궐에 머물러 있던 양녕을 "밖으로 내보내서 왕래를 끊으라" 하고, 사간원은 "열흘이 지나도 궁궐에 머물러 있으니 대소 신료들이 대단히 혐오스럽게 생각한다"며 당장 거처인 광주로 돌려보낼 것을 상소하였다. 또 5월 28일에는 의정부와 6조가 나서 "사헌부와 사간원이 양녕대군을 외방에 돌려보내기를 청하였으니 허락하시기 바랍니다"라고 하였으나, 세종은 일단 허락하지 않았다. 다시 6월 1일 의정부, 6조와 함께 대사헌 성엄은 "기해년(1419) 봄에 신이 광주에 있을 때, 양녕이 밤중에 걸어 나와 도망하였는데, 태상왕께서 여러 면으로 수색하여 겨우 잡아서 정부와 6조의 대신을 불러 이르기를 '이제 제(禔)를 경들에게 넘긴다'고 하였습니다"라고 하였다. 또 "제의 거취는 신들이 위임받은 것이니 전하도 사적으로 어떻게 할 수 없는 것입니다"라고까지 말하였다.

성엄의 이 말은 사실 "부왕이라는 후견인이 사라진 젊은 신참 국왕에 대한 무시 또는 사실상의 협박에" 가까웠고, 세종은 냉혹한 정치현실을 깨달을 수 있었을 것이다. 그래도 이때 세종은 성엄에게 "양녕의 일은 내가 다시 생각해 보고, 만일 대의상 돌려보내야 한다면 내가 직접 말하여 보내도록 하겠다"고 응수하였다. 그러나 5일 뒤인 6월 6일, 정부와 6조에서는 다시 계를 올려, "신들이 전일에 양녕의 일을 청하였을 때 말씀하시기를, '내가 친히 말해서 보내겠다'고 하셨는데, 지금까지 내보내지 않고 있으니 실로 미안한 일입니다"라고 하였다. 사실상 신하들이 임금의 말꼬리를 잡아 윽박지르는 것이었다.

이에 세종은 침착하게 "이제 부친상을 당하였으니, 졸곡 전에 어찌 차마 돌려보내겠는가? 비록 여러 달 동안 있는다 할지라도 그가 무엇을 할 수 있겠는가? 산릉 조성이 끝나면 반드시 돌아갈 것이니라"라고 맞섰다. 그러나 신료들도 "신들은 기어코 허락을 얻겠나이다"라며 물러서지 않았다. 결국 세종은 부왕을 잃은 슬픔 속에서, 또 정치현실의 차가움 속에서 신료들의 공세에 더 버티지 못하였다. 그래서 아직 상중인 바로 다음 날 6월 7일, 양녕대군은 이천으로 돌아갈 수밖에 없었다.49)

그런데 다음 날인 6월 8일에도 사헌부는 계속하여 양녕의 장인인 김한로를 먼 지방으로 보내, 두 사람 사이의 접촉을 차단해야 한다고 상소하였다. 이에 세종은 불쾌감을 참지 못하고 말하기를, "사헌부에서는 근일에 양녕의 일을 청하여 허락을 얻으니, 또 허락을 얻을 줄 알고 이러한 말을 하는 것이냐? 또 김한로는 쫓아버린 것이지 유배를

---

49) 《세종실록》 4년 6월 7일.

보낸 것이 아니며, 장인과 사위 사이에 소식을 서로 주고받는 것이 무엇이 불가한가? 다시는 이러한 말을 하지 말라"고 하였다.

그러나 사헌부는 6월 20일 다시 상소하며, 아직 "허락을 얻지 못하여 유감으로 생각하는 바입니다"라며 세종을 노골적으로 압박하였다. 그러던 중 7월 말에는 법을 어기고 양녕과 사사롭게 통교한 김인달에 대한 처형을 구하는 상소가 잇따랐고, 11월 14일에는 성엄에 이어 대사헌 원숙 등이 상소하여, 양녕이 "위로는 전하께 아뢰지도 않으며, 아래로는 현관에게 알리지도 않고 함부로 마을 사람들을 불러서 돌을 실어다가 집을 꾸몄는데, 소주를 지나치게 먹여서 인명을 상하게 하니, 이천 현수 박고가 그 마을 사람을 문초한 것은 진실로 그의 직책이온데, 도리어 원한을 품고 박고에게 죄를 돌려, 글을 올려 죄주기를 청하되, 말이 불손하여 '만약에 청을 들어주시지 않는다면 소신과 전하 사이가 이로부터 소원해질 것'이라는 말까지 하였사오니, 이는 본디 불충한 마음이 속에 쌓여 있다가 은연중에 이처럼 말로 나타난 것이온즉, 명의 죄를 범함이 이보다 큰 것이 어디 있겠습니까? 삼가 바라옵건대, 특히 해당 관청에 명을 내리시어 국문하시면 매우 다행이겠습니다"라고 주장하였다. 이후 같은 내용의 사헌부와 사간원의 상소도 이어졌다.

그러나 세종은 11월 24일, 지신사 김익정을 통해 이 같은 일을 풍문으로 다스릴 수는 없는 일이니, 다시 또 이런 상소를 올리면 그대들도 마땅히 죄를 받을 것이니, 다시는 말하지 말라고 간접 지시하였다. 그렇지만 세종의 수세를 감지한 신하들은 더 거세게 몰아붙였다. 11월 30일에 대사헌 원숙 등은 다시 소를 올려, 김한로와 양녕이 임금의 은혜를 생각하지 않고 틈 있는 대로 반역(反逆)의 마음을 가지고 지내고 있다는 소문을 말하며, 또다시 김한로를 처벌할 것을 주청하였다. 같은 내용의 소를 다음 날에도 반복하였다. 그러나 세종은 "김한로를 경기도 안에 두는 것은 태종의 명령이시니 어찌 고칠 수 있겠느냐"고 반박하였다. 다음 날에도 6조의 당상관들까지 같은 내용을 계속 주청하였고, 세종도 변함없이 "경들은 더 이상 말하지 말라"고 명하였지만, 실록에는 "김한로를 충청도 연기에 옮겨 안치하니, 이는 대간의 청을 따른 것이었다"[50]라고 기록되어 있는 것으로 보아, 이번에도 세종은 대신들의 기세에 늘려 자신의 뜻을 끝까지 지키지 못한 것이었다.

한편, 다음 달인 윤12월 26일. 세종이 자신의 일 때문에 말 못할 곤경에 빠졌음에도 양녕은 계속해서 사고를 쳤다. 아직 상중임에도 양녕은 어느 민가에 좋은 개가 있다는 소문을 듣고 찾아가 그 개를 빼앗아 사냥을 다녔고, 남의 오리까지 잡는 등 소란을 피워. 이를 목격하였던 임도하 등이 서울에 전하였던 것이다.

세종은 이를 보고받고 즉시 내시를 보내어 확인하고자 하였으나 양녕이 불복하였다. 하는수없이 임도하를 잡아 무고죄로 다스려 일단락 지었다. 그러나 다음 해인 세종 5년 2월 1일, 의금부는 임도하 건을 재검토하여, 임도하가 거짓으로 증언을 바꾼 것이 틀림없으므로, 그를 다시 추문하여 양녕의 불충효를 밝히고자 하였다. 이러한 공세에도 세종은 물론 윤허하지 않았다. 2월 19일에는 모든 백관들

---

50) 《세종실록》 4년 12월 24일.

이 궁궐의 내정과 외정에 다 나와 서서, 해가 지기까지 양녕에게 죄 주기를 청하였다. 결국 힘 빠진 세종은 "법에 처하려고 한다면 나는 차마 할 수 없다"[51]면서, 대신들에게 적당하게 처리할 것을 명하였다. 그리고 이어서 세종은 2월 25일과 3월 11일 두 차례에 걸쳐 양녕의 거처와 처우와 통교를 일정하게 제한하는 교지를 내릴 수밖에 없었다.[52]

이로써 세종은 왕위의 이양과정에 대한 체험적 관찰을 통해 정치세계의 냉혹함과 군주로서 신하들을 효과적으로 장악할 수 있어야 한다는 매우 귀중한 경험을 하였다고 할 수 있다. 그리고 양녕과 김한로의 문제로 계속되는 상소와, 이에 대한 대응을 통해 치열한 실전을 겪었던 때문인지, 세종은 점차 내공이 쌓인 모습과 자신 있는 태도를 보이기 시작하였다.

재위 5년 5월 21일, 자신의 이복동생인 경녕군 이비가 자신의 사랑하는 여인을 구하려고 옥졸에게 뇌물을 준 사건이 들통 났지만, 세종은 이에 대해 아무런 조치를 취하지 않았다. 그러자 대신들은 즉각 경녕군을 궁 밖으로 내쫓을 것을 상소하였다. 그러나 세종은 이번에는 직설적이고 단호한 어조로 "만일 그대들의 말과 같이 한다면 종실로서 보전할 자가 얼마나 되겠는가? 다시 말하지 말라"[53]고 잘라 말하였다. 요컨대, 세종은 섭정기간을 통해 제한적이나마 공론과정에 충실하였던 태종의 인내심, 예민하고도 현실적인 정치 감각,

---

51) 《세종실록》 5년 2월 19일.
52) 이한우, 앞의 책, 94~98쪽 참조.
53) 《세종실록》 5년 5월 21일.

그리고 권력의 효용성과 냉혹성을 동시에 체득하였을 것으로 생각된다.

5. 맺음말 — 요약과 함의

이상에서 필자는 세종의 성장 및 교육과정과 상왕정치기의 정치체험들을 중심으로 그의 정치 리더십 형성과정을 일잠하였다. 이러한 검토는 앞서 분석 목적에서 제시하였던 "세종의 초기 사회화 과정과 함께 상왕기 세종의 정치적 체험은 이후 그가 담당하였던 국가경영의 밑거름이었다"는 가설에 따른 것이었고, 이 과정에서 세종이 겪은 직·간접적인 체험들은 다음과 같이 요약될 수 있다.

첫째, 세종은 성장하는 동안 근면 성실한 생활을 하였고, 특히 책 읽는 습관이 있어 당대에 읽혔던 웬만한 경사의 서적들을 두루 읽었다. 또한 인내심 많고 덕스러운 성품으로 주변의 기대를 받으며 자랐다. 더욱이, 세종은 유교와 역사에 대한 각종 고전들은 물론, 성리학으로 '유신의 교화'를 추구하였던 태종대에 강조되었던 《대학연의》외 《맹자》, 《서경》 등과 같이 국가경영(starecraft)과 관련된 책들을 많이 읽었다.

둘째, 세자였던 양녕대군이 폐위되고 자신이 세자로 추대되는 과정을 직접 겪었던 세종은, 부왕인 태종이 신료들과 진지하고 신중하게 논의하는 과정은 물론, 경우에 따라서는 과단성 있게 행동하는 모습을 보며 왕조의 최고지도자로서 신중함과 결단력 같은 실천적 덕목들

(practical virtues)의 중요성을 마음에 깊이 새길 수 있었던 것으로 생각된다.

셋째, 상왕기 세종은 태종을 부왕으로서 극진하게 모셨을 뿐 아니라, 국정의 주요 부분에 대한 상왕의 의중과 처결을 그대로 따르는 충실한 팔로어십(follwership)을 통해 기본적인 리더십 훈련 기간을 거쳤다. 동시에 세종은 권력의 냉혹함과 효율성을 인식하였고, 계속 이어지는 신하들과의 갈등 과정에서 최고지도자로서의 내공과 경륜을 쌓았던 것 같다.

《세종실록》에 보면, 태종이 재위 2년에 서원 부원군 한상경과 "임금 노릇하기가 어렵다"(爲君難)는 《논어》의 가르침을 가지고 대화하는 중에, 한상경이 그것을 '아는 것'이 어려울 뿐 아니라 그 어려운 임금 노릇을 '실행하는 것'이 더 어려운 일임을 말한 다음, 또한 그것을 끝까지 실행하는 일이 쉽지 않음을 일러 "시초는 없지 않으나, 종말이 있기는 적습니다"54)라고 하여, 태종이 칭찬을 아끼지 않았다는 기록이 있다.55) 세종은 이 같은 생각을 가지고 있던 부왕 태종의 가르침이 주어지는 가운데, 군주의 국가경영을 매우 어렵게 생각하는 신중하고도 진지한 분위기 속에서 성장하며, 자신의 정치 리더십을 단련할 수 있었던 것으로 볼 수 있다.

---

54) 《세종실록》 5년 3월 7일.

55) 이 부분을 들어 세종 전반기 강의를 담당하였던 김영수 박사는 "군신간에 이루어진 아름다운 대화이며, 조선의 정치적 덕성을 보여주는 대표적인 대화이다. 정치가에게 필요한 덕목은 아마도 이 세 가지를 넘어서지 못할 것이다"라고 평가하였다.[한국학중앙연구원 세종국가경영연구소 편, 《세종실록에의 초대》(제3기 실록학교 교재, 2006) 25~26쪽 참조]

다른 한편, 태종의 상왕정치는 적어도 다음과 같은 현대적 함의를 지닌다.

첫째, 당초의 세자 양녕이 폐위되고 충녕이 양위를 받은 일은, 이른바 막스 베버의 '전통적 권위'(traditional authority)가 제도화되었던 왕조시대라 할지라도, 리더십 능력이 부족한 세자는 왕위를 제대로 이어받을 수 없다는 사실을 확인해 주는 사례다. 이는 정치 리더십의 핵심이 가문이나 제도가 아니라 개인의 지도자적 자질과 능력에 있음을 다시 한 번 일깨워 준다.

둘째, 태종이 군권을 장악하며 실시하였던 섭정은 어떤 시기든 권력교체기에는 정치체제의 안정이 현실적으로 중요함을 시사한다. 이는 군주가 사거한 뒤에도 국가가 잘 통치될 수 있도록 제도를 만들어 주는 군주를 가진 백성이 유복하다고 하였던 마키아벨리의 사상이 구체화되는 하나의 방법일 수 있으며, 중국이나 북한, 그리고 싱가포르의 예가 이의 현대적 변용이라고 할 수 있다. 성숙한 민주국가에서도 이 같은 원리에 따른 권력교체의 세련된 방법들이 나름대로 강구되는 것이 필요하다.

셋째, 태종의 섭정은 후임자에 대한 정치 수습의 기회를 준 것으로 볼 수 있으며, 이는 현대국가 차원에서 볼 때, 잠재적 정치지도자들인 청소년 및 대학생들이 성장과정에서 체계적인 리더십 훈련을 자연스럽게 받게 할 필요가 있음을 강하게 시사한다. 그런 점에서 우리나라 입시 위주의 중·고등학교 교육과 수요자 중심으로 대중화된 대학 교육은 심각한 보완을 필요로 한다.

참고문헌

《세종실록》
《세종실록에의 초대》(한국학중앙연구원 세종국가경영연구소 제3기 실록학교 교
　　재), 2006.

박홍규·이세형, 〈태종과 공론정치 — '유신의 교화'〉, 《한국정치학회보》 40집 3
　　호, 2006.
박현모, 《세종의 수성 리더십》, 삼성경제연구소, 2006.
이한우, 《세종 — 조선의 표준을 세우다》, 해냄, 2006.
정윤재, 《정치리더십과 한국민주주의》, 나남출판, 2003.
정윤재 외, 《세종의 국가경영》, 지식산업사, 2006.
제임스 번스(James M. Burns) 지음/ 한국리더십연구회 옮김, 《리더십 강의》, 생각
　　의나무/미래인력연구센터, 2001.
최승희, 〈태종말 세자폐위사건의 정치사적 의의〉, 《조선초기정치사연구》, 지식산
　　업사, 2002.

Paige, Glenn, D., *The Scientific Study of Political Leadership*, New York: The Free Press, 1977.
Tsurutani, Takestugu, *The Politics of National Development*, New York: Chandler Publishing
　　Co., 1973.

세종조 정치 엘리트 양성과 인사운용의 특성

박 병 련

한국학중앙연구원 교수

태종과 세종시대에는 군주가 우월한 학식과 강력한 정치 리더십을 갖고
인재를 발탁하고 훈육해 나가는 유교적 '군사(君師) 모델'이 모범적으로 작용하였다.

이는 군주가 정치권력의 행사자에다 관료단 교육의 최고수장 지위까지 가졌음을 의미한다.

고려조는 지공거(知貢擧)와 과거 합격자가 좌주(座主)-문생(門生) 관계가 되어 일종의 파벌화가
이루어졌던 데 반해, 조선조는 전시(殿試)를 통해 과거합격자를 국왕의 문생으로 의제하는
교육적 관계를 설정하고 있다.

태종과 세종시대에는 다음 시대의 정치와 행정을 맡을 기둥으로 인재를 키우는 것이 군주의 중요
임무 가운데 하나였으며, 집현전, 경연(經筵), 사가독서(賜暇讀書) 같은 조선 특유의 제도는 이러한
배경에서 형성되었다.

인사운용에서도 작은 허물이나 과실 때문에 더 큰 재능을 사장시키지 않도록 하였으며, 문반과 무
반을 차별하지 않고 서로의 업무영역에 대한 지식을 확대하게 하였다.

뛰어난 인재는 중앙과 지방의 요직을 거치게 하여 종합적 안목에다 특정 영역의 전문성도 아울러
갖추게 하였으며, 명성만 보고 관직을 주지 않고 실무과정에서 능력이 검증된 인사를 중용하였다.

1. 머리말

조선조는 유교를 개국의 국시(國是)로 하였으나, 사상사적으로 세종시대는 불교적 영향에서 유교화로 전환하는 과도기적 시기였으므로, 국가경영의 철학과 방식에서도 다양한 특징들을 드러내기 시작했다. 태종에서 세종에 걸치는 시기는 조선조 국가운영의 '대강'(大綱)이 형성되는 중요한 시기였다. 특히 이렇게 형성된 '대강'은 후대의 국왕들이 '조종(祖宗)의 성헌(成憲)'으로 지켜야 할 입법정신, 또는 자자손손 지켜야 할 규정으로 '권위'를 획득하면서 《경국대전》(經國大典) 체제의 골격을 형성하였다.

세종과 세종시대에 관한 학계의 연구는 하나하나 다 들 수 없을 정도로 풍부하다. 단행본 23권, 박사논문 2편, 연구논문이 196편에 이른다는 조사[1]가 있다. 그러나 이 가운데서 정치학자나 행정학자의 연구는 얼마 되지 않는데, 이것은 과거의 역사를 정치학적 또는 행정학적 문제의식으로 다루고 해석해 내는 데 익숙하지 못한 학계의 풍토와도 관련이 있을 것이다.

최근 세종시대를 '가(家)와 국가(國家)',[2] '정치 리더십', '국가경영'

---

1) 박현모, 〈세종의 공론형성과 국가경영〉, 정윤재 외, 《세종의 국가경영》(지식산업사, 2006), 222쪽 참조.
2) 이한수, 《세종시대의 가(家)와 국가》(한국학술정보(주), 2006).

과 같은 개념 틀에 따라서 접근해 보려는 시도3)가 있었는데, 이것은 세종시대의 이해를 한 걸음 더 나아가게 한 것이라 평가할 만하다.

그런데 세종시대는 세종 혼자서 열어간 것이 아니라, 수많은 인재들의 보좌와 협력의 산물이었음에도, 세종의 '정치 팀'이 어떤 '인사'(人事)를 통해 구성되고, 어떻게 능력을 발휘할 수 있었던가에 대한 체계적 연구는 거의 없다. 어떻게 보면 세종과 세종시대에 관한 많은 분절적 연구는 아직 '하나의 모습'으로 우리에게 다가오지 않는다. 한번쯤은 총체사(總體史; total history)의 관점에서 종합해볼 필요성도 있다.

세종이 많은 인재들의 협력으로 '세종시대'를 열었다면, 다양한 재능의 인재들을 잘 활용하였던 '인사운용'이야말로 세종시대의 본질을 꿰뚫는 중심적인 연구 단위일 것이다.

세종이 구상한 '유교국가'의 모습은 성리학이 조선의 정치사회를 주도하였던 시기의 '유교국가'와는 일정한 차별성이 존재하였고, 그것은 '인사'와 '제도', '운영' 면에서 두루 나타나고 있다. 그럼에도 유교국가의 조선 후기적 양상은 조선 초기의 정치사상과 인재등용 등, 국가경영의 참모습을 인식하는 데 장애요인이 되었다.

조선 후기 성리학자들은 많은 경우 조선 전기의 학문을 '순정'(純正)하지 못한 것으로 폄하하는 경향을 보인다. 즉 정치적 맥락을 경시하는 윤리적 시각에 따라 정도전·권근·하윤·변계량·황희 등 이른바 참여파 지식인들을 무시하고 길재(吉再)를 조선 초기 학자의

---

3) 정윤재 외, 《세종의 국가경영》(지식산업사, 2006).

유일한 '전범'(典範)으로 추앙하면서, 많은 뛰어난 학자관료들이 유학적 '가치평가'의 맥락에서 배제되어 버렸다.

이처럼 도학적(道學的) 관점에 따른 문제의식은 세종조의 정치행정마저도 '도학적 잣대'에 맞추어 재단하려는 경향을 보여, 세종조의 정치행정이 마치 계유정난(癸酉靖難)에 희생된 '집현전 학사' 중심으로 운영되었던 것처럼 생각하게 하였다. 그러나 세종조에서 해결하려는 정치적 문제와 조선 후기의 도학정치가 해결하려는 정치적 문제 사이에는 많은 차이가 있을 뿐 아니라, '무엇을 정치적 문제로 인식하는가?'와 '어떤 인물을 인재로 보는가?' 하는 '사상적 배경'과 인재를 기용해서 쓰는 '인사의 원칙과 운용'에서도 유의미한 차이를 나타내고 있다.

이 글에서는 세종조에 이루어졌던 인사에 관한 풍부한 사료를 기초로 인사의 원칙과 운용에 대한 시론적인 분석을 시도해 보고, 그 구체적인 특성을 구명해 보려 한다. 사실 상식적으로 알고 있는 것과는 달리 세종조 정치행정의 중심에 있던 인재들은 세종 스스로가 발탁해서 등용한 인물이기보다는 대부분 태종이 발탁한 인물이었으며, 세종은 그들을 잘 활용하여 자신의 치세를 정치적으로 성공시켰던 것이다

또한 세종조의 유교정치는 조선 후기의 이른바 도학정치와는 상당한 차이를 보이는데, 민생(民生) 노선과 실용(實用) 노선을 기조로 이상과 현실의 조화, 문과 무의 조화, 임금과 백성의 협화(協和), 군신 사이의 신뢰와 역할의 확립, 선후배 사이의 친밀한 관계가 군주의 탁월한 리더십 아래에서 국가목표를 효과적으로 달성하는 데 기

여하고 있다.[4]

이런 의미에서 유교화를 위한 설계도를 만든 정도전이 1차 유교화(儒敎化) 기획 담당자였다면, 유교화 기획을 현실 정치에서 구현해 나간 세종은 2차 조선조 유교화 기획의 입안자요 총체적 추진자였다고 할 수 있다. 그러나 세종시대의 '풍평지치'(豊平之治)[5]는 뛰어난 신료들의 도움이 있었기에 가능하였는데, 세종이 어떠한 '인사의 원칙과 운용'을 통하여 그들의 재능을 활용하였는가 하는 것은 세종시대 정치와 행정을 이해하는 첫걸음에 해당한다.

2. 세종조의 인재구성과 정치의 유교화

강력한 왕권의 정치적 정당화 — '군사(君師) 모델'

고려 조정에서의 인재 충원은 계급적 특성이 반영되어 있어서, 역사학계에서는 고려 정치체제의 기본 특성이 '관료제'인가 '귀족제'인가의 오래된 논쟁[6]이 있을 정도다. 어떻든 고려조는 조선조에 비하여 관료단 구성에 귀족적 요소가 더 많았던 것만은 사실이고, 고려

---

4) 《세종실록》 22년 12월 4일(癸酉). 함경도 도절제사 김종서와 신임 함길도 도절제사 이세형(李世衡)의 임무교대를 전후해서, 신임을 선발하는 과정과 업무인수인계에 대한 지시 등에서도 이 시기 인사의 신중함과 철저한 인수인계 상황을 알 수 있다.
5) 《세종실록》 6년 10월 15일(丙辰).
6) 박창희(朴菖熙)와 김의규(金毅圭) 사이의 논쟁이 대표적이다.(김의규 편, 《고려사회의 귀족제설과 관료제설》, 지식산업사, 1985)

초기의 호족세력은 차치하고라도 인주이씨(仁州李氏) 등 강력한 귀족가문의 존재는 재추(宰樞)의 권력강화와 맞물려 귀족제적 집단지도체제의 특성을 드러내기도 하였다.

이것은 고려조가 인재등용의 중요한 수단으로 '과거제'를 도입하였지만, 과거제와 병행하여 '음서제'(蔭敍制)가 광범하게 인정되었던 현상과도 표리관계를 이루는 것이었다. 특히 '과거제'의 경우에도 해당 과거에서 합격자를 선발하는 책임자인 지공거(知貢擧)와 해당 과거의 합격자 사이에는 '좌주(座主) – 문생(門生)'의 관계가 성립되었으며, 이러한 좌주-문생의 관계는 평생을 지속하는 끈끈한 것이었고, 정치세력화의 통로 구실을 하였다. 이러한 체제 아래에서 국왕이 갖는 실질적 권력의 제약은 물론, 국왕의 권위에서 나오는 정치적 리더십도 제약될 수밖에 없었다.

반대로 조선조에서는 관료 충원에서 '과거제'의 우위를 확고하게 하였는데, 비록 벌열가의 자제라도 과거를 통하지 않고서는 '청요직'(淸要職)에 진출하는 것이 제한되었다. 또한 좌주-문생 관계를 해체하고, '전시'(殿試)를 통하여 과거합격자들을 모두 군주의 '문생'(門生)으로 의제하였다.

따라시, 군주의 관료 사이에는 정치적 행정적 보좌라는 현대적 의미의 성격뿐만 아니라, 스승과 제자라는 '교육적 관계'까지 설정된다. 이것이 유교정치사상의 조선적 실현과정에서 나타나는 중요한 속성으로 '군사(君師) 모델'의 실천이라 할 수 있다. 유교적 관료체제의 작동에서 나타나는 여러 가지 특징들 가운데 상당 부분은 바로 이 '군사 모델'이 갖는 속성으로부터 나타나는 것이다. 태종 이방원은 정적들을 숙청한 뒤, 이 모델에 따라 왕권을 강화하고 정당화하면서 관료 인사에서도 '교육적 맥락'에서 접근하는 경우가 많았다. 심지어는 '유배'까지도 '큰 그릇 만들기'라는 교육적 맥락에서 접근하는 경우가 있었다.

이러한 형태의 리더십은 조선 전기 국왕인 세종과 성종에게서 더욱 확고해졌고, 후기의 정조에게서도 이러한 정치 리더십이 부활하고 있다. 특히 태종은 살아 있을 때 스스로의 결단으로 왕권을 이양한 보기 드문 영명한 군주였다. 그는 고려조의 문과 출신답게 학문에도 어느 정도 자신이 있었고, 정치적 식견이 탁월하여 유능한 인재들을 측근에 두고 '훈육'(訓育)한다는 입장에서 젊은 관료들을 발탁하고 단련시켰다. 그리고 그들을 통해 자연스러운 권력이양을 달성하여 창업 초기 정치권력의 안정을 도모하였다.

어떻든 세종은 태종의 정치운용의 틀을 계승하면서, 정치 리더십으로서 '군사 모델'을 수용하였다고 할 수 있고, 그것은 강력한 왕권을 정당화하는 이론적 바탕을 제공하면서 다른 한편으로는 인재의 등용과 발탁은 물론 인재의 양성과 제도의 운용에도 중요한 표준이 되었다.

인재 '풀'(pool)제와 세종조 인재 구성의 특징

조선조 관료체제 구성이 갖는 특징은 문과, 무과를 따지지 않고 '과거' 출신자 중심으로 관료단을 구성하는 것이었다. 조선조가 유교를 국가의 통치이데올로기로 확정한 데 대해 개국공신들도 별다른 이론(異論)이 없었고, 조선조의 창업에 참여한 핵심 엘리트들 사이에서도 '정치적 합의'는 이루어져 있었다. 그리고 제도적으로도 유학에 근거한 새로운 유형의 관료단을 형성하기 위해 '음서'(蔭敍)를 축소하고 유교 경전과 연계된 '과거'(科擧)의 비중을 높여서 과거가 핵심관료 충원의 중심 통로가 되게 하였다.

조선조의 과거는 자격시험과 임용시험의 성격을 동시에 가졌다고 할 수 있지만, 사마시(司馬試)가 거의 순수한 자격시험이었던 것과는 달리 '임용시험'적인 성격이 상대적으로 강하였다. 또한 인사에서는 과거를 통과한 인재들로 '인재 풀(pool)'을 구성하여 운용하는 특징을 가졌다. 즉, 과거 합격을 한 인재들은 탄핵 당하여 파직되거나, 정치 행정적 문제로 '유배'를 가더라도 공직을 담당하는 데에서 완전히 배제되는 것이 아니었다. 그들은 언제나 다시 '공직'을 담당할 수 있는 인재 풀 속에 있었다.

태종과 세종은, 군주는 스승의 역할도 수행해야 한다는 유교국가 특유의 '군사 모델'을 수용하여 인재 풀의 기반 위에 있는 관료체제를 인재를 양성하는 커다란 학교와 같이 보았다. 즉 국가경영의 중추적 인재들을 교육적 입장에서 면밀한 인사관리를 통해 관리하였다. 선발된 인재들을 다양한 직무를 거치면서 전문지식과 아울러 종합적 안목을 갖추게 하여 장래 국가경영의 중추적 인물로 가다듬어 나갔던 것이다.

조선조의 과거는 고려 때부터 권위를 축적해 왔던 과거제도를 강화함으로써 관료단 구성에서 귀족제적인 요소를 극복해 나감과 동시에 '유학의 세례(洗禮)'를 받은 관료들로 조선조의 지배층을 재구성하고 국가를 지탱하는 중심세력으로 삼았다. 조선 초기의 태조와 태종은 물론 정도전·권근·변계량 등으로 대표되는 학자 관료들도 과거에 큰 관심을 기울였고, 고려조의 문과 출신자인 태종은 특히 과거 출신자들을 중용하였다. 태종은 이들 가운데서 학문과 재능이 있는 인물을 발탁하여 측근에 두고, 정무에 관여시켜 국가경영의 능력을 높여갔던 것이다.

일반적으로 세종시대의 핵심 인재들은 집현전을 통하여 양성되었다고 생각하겠지만, 집현전 출신들은 다음 시대의 정치 주역이었지 세종시대의 주역은 아니었다. 세종은 태종이 양성하여 넘겨준 인재들을 중심으로 자신의 시대를 열어가면서, 동시에 집현전과 경연을 통해서 다음 세대의 중심인물들을 양성해 갔던 것이다.

태종에서 세종으로의 권력이양 과정은 동양적 왕조체제에서는 보기 드문 사례인데, 태종의 정치적 영명성(英明性)이 돋보인다. 태종은 세종으로 권력 승계가 원활히 이루어지게 하기 위해서 여러 가지를 배려하였는데, 특히 승계 권력의 안정을 위해서 애쓴 흔적이 역력하다.

세종이 즉위(1418. 8. 10)한 다음 날 단행된 인사는 태종의 작품이었다. 세자 시절 사빈(師賓)을 겸하였던 사람들의 관직 명칭을 바꾸는 선에서 안정을 기하면서도, 자신의 지신사(知申事)로 발탁되어 한 달도 채 안 된 이명덕(李明德)을 이조참판으로 물러나게 하고, 하연(河演)을 지신사로 승진시켰다. 또한 세종을 가르쳤던 사재감정 이수(李隨)를 동부대언으로 특진(特進)시켜 세종의 측근에 있게 하였다.

이때 태종이 세종을 위하여 배치한 인사는 다음과 같다.

> 경연관 — 박은(朴訔; 左議政 領經筵事), 이원(李原; 右議政 領經筵
> 事), 변계량(卞季良; 禮曹判書 知經筵事), 류관(柳寬; 藝
> 文館大提學 知經筵事), 이지강(李之剛; 戶曹參判 同知經
> 筵事), 윤회(尹淮; 判承文院事 經筵侍講官), 정초(鄭招;
> 判軍資監事 經筵侍講官).
> 승정원 — 하연(河演; 知申事), 성엄(成揜; 左副代言), 이수(李隨;
> 同副代言).

이 가운데 이명덕은 젊은 세종이 다루기 어려운 인물이므로, "이
명덕은 지신사가 된 지 한 달이 넘지 않았으나, 내가 이미 왕위를 내
어 놓았으니 명덕도 역시 벼슬을 내어 놓아야 한다"[7]는 이유를 들
어 자신의 퇴진과 이명덕의 지신사 퇴진을 묶어서 세종의 정치를 돕
고 있다.

특히, 태종은 자신이 방축(放逐)하였던 이직(李稷)과 황희(黃喜)를
불러 올렸는데, 이것은 세종이 이들을 편히 등용할 수 있게 장애를
제거해 주는 것이었니. 유징현·이직·황희·하연 등은 태종이 신
임하였던 인물들로 세송조의 수상(首相)을 차례대로 담당하였으며,
황희와 하연은 태종의 지신사를 역임하였던 최측근이기도 하였다.
아울러 태종의 지우(知遇)를 빌았던 박은·이원·류관·맹사성·
허조·신개·최윤덕 등이 좌우의 의정을 맡아 안정적인 정국 운영

---

7) 《세종실록》 즉위년 8월 11일(戊子).

을 주도하도록 하였다.

정치의 유교화와 중심인재의 양성 ─ 승정원과 집현전, 그리고 경연

　조선조가 유교를 통치이데올로기로 삼았음에도 '조선조 정치, 행
정의 유교화'를 '어떻게' 달성해 나갈 것인가에 대한 명확한 비전이
있었던 것은 아니었다. 고려조 역시 불교의 영향이 강하였다 해도,
'과거'는 물론이거니와 현실의 정치와 행정에서도 유교는 나름의 '준
거'(準據)로서 기능하였다고 할 수 있었으므로, 고려조와 다른 새로
운 '유교화'를 모색한다는 것은 이론적으로 그렇게 쉬운 문제는 아니
었다.

　물론, 정도전의 유교화 구상이 있었으며, 정책적으로 '숭유억불'
(崇儒抑佛)을 내세워 사원경제를 축소시키고, 승려의 권위를 낮추며,
숫자를 줄이는 등의 정책은 강력히 실시되었지만, 어디까지나 표피
적인 것이었다. 그것은 당시의 많은 관료와 유학자들이 '외유내불'
(外儒內佛)의 정신상황 속에 있었다[8)는 것에서도 알 수 있다.

　태종이 유교국가의 완성을 위하여 강력한 억불정책을 실시하였다

---

8) 이 문제는 좀 더 깊이 구명해볼 필요가 있는 주제이다. 여말선초의 학자들에 관해 후
　대에 편집된 글에서는 대부분 정통 유학자였음을 부각하기 위하여, 철저한 배불론자
　로 꾸미거나 불교를 숭앙하였음을 숨겼지만, 많은 경우 정신적으로는 불교를 받아들
　이고 있었음을 알 수 있다. 역대 왕들 가운데서도 태종을 제외한 태조·세종·세조에
　게서도 독실한 불교신앙을 엿볼 수 있다. 여말선초의 목은 이색은 물론이고, 후일 서
　원 입사 문제로 말썽이 생겼던 이조년(李兆年) 초상의 불교적 색채와 나아가 근래 태
　풍으로 인해 무덤이 무너져 발굴된 박익(朴翊)의 묘에서는 불교뿐 아니라 전통적 사
　유의 흔적까지 나타났다.

면, 세종은 관료층과 지식계급의 유교화 프로그램을 만들고 가동시켜 나갔다. 세종은 유교적 학문지식을 정치와 행정에 연결시켜 정치 행정의 조선적 '유교화'의 틀을 정립한 군주였다. 그는 유교 경전과 유교적 관점으로 기술된 '역사서'에 관한 연구 결과를 현실의 정치와 행정을 정당화하는 '근거'로 삼고자 하였다. 따라서 그는 피상적인 연구가 아니라 본인 스스로 학문에 정통하기 위하여 뼈를 깎는 노력을 기울였고, 관료들에게도 경사(經史)에 관한 철저한 지식을 요구하였다.

나중에 조선적인 제도의 특징으로 자리 잡는 '경연'(經筵), '집현전'(集賢殿), '사가독서'(賜暇讀書)와 같은 제도들은 모두 세종과 세종 시대 학자 관료들의 구상이 현실화된 것이었다. 특히 승정원과 집현전은 '경연'을 고리로 연결되어 세종의 측근 집단을 구성하였고, 이 측근 집단에 들어가려면 당대 최일류의 재능과 식견을 갖추어야만 하였다. 과거에서 발탁된 인재들이 승정원과 집현전을 통하여 유교적 가치관으로 정치적 문제를 진단하고 처방을 건의함으로써, 유교적 경사(經史)에 관한 지식이 현실의 정치와 행정에 연결되었으며, '유교화'가 진행될 수 있었던 것이다.

나아가 세종은 이러한 시스템을 안정적으로 지원히기 위하여 중국으로부터 서적을 들여와서 인쇄·출판·보급하는 일을 열성적으로 추진하였다.9)

---

9) 《세종실록》 8년 11월 24일. 중국으로부터 《성리대전》(性理大全)을 구하여 인쇄, 보급한 것도 이때다.

그런데 세종조에서 주요한 정책결정에 참여한 핵심 인재들은 앞에서 언급한 바와 같이 집현전 출신의 학자 관료이기보다는 태종시대에 양성된 인재들이었다. 태종은 자기 시대에 인재를 양성하여 세종시대를 열게 해야 한다는 정치적 의도를 가졌다고 볼 여러 가지 증거들이 있다. 특히 폐세자 양녕대군의 보도(輔導)를 맡았던 변계량(卞季良) 등을 벌하지 않고, 순조로운 왕위계승에 공로를 세워 세종의 치세에 기여하게 한 것에서도 알 수 있다. 태종은 과거출신자 가운데에서 인재라는 판단이 서면 측근에 배치하여 중요한 정책결정과 집행에 관여시켜 능력을 키우게 하였다.

태종과 세종시대에는 문반에서 국가경영의 최고직임(最高職任)을 맡았던 인재들은 대부분 승정원을 거친 인물들이었다. 이 시대에는 승정원의 지신사(知申事; 도승지)와 대언(代言; 승지)들이 임금과 정사를 논하기도 하고, 특히 지신사의 경우 지이조(知吏曹)를 겸하는 경우가 많아서 관료의 인사에도 강력한 영향력을 갖고 있었다.10) 아울러 군주의 의향을 가지고 의정부의 대신들과 의논하는 경우도 많아서, 이들이 갖는 정치적 영향력은 매우 컸으며, 국정의 중추기무(中樞機務)에 깊숙이 관여할 수 있었다.

> "공신이 비록 많지만 어찌 사람마다 정사(政事)를 의논할 수 있겠으며, 비록 공신이 아니더라도 승선(承宣) 출신인 자는 보기를 공신같이 한다."11)

---

10) 《태종실록》 8년 2월 4일(癸未). 지신사 황희가 지이조(知吏曹)를 겸하여 인사를 전단(專斷)한다고 비판하는 기사가 있다.

이처럼 승정원의 구성원들은 3정승과 6조판서 및 해당 분야의 고관들과 정무를 논하는 역할이 부여되었고, 또 정무에 관하여 국왕과 자유로이 의견을 펼 수 있는 기회가 많았기 때문에 최고위 관직으로 나가는 엘리트 과정이었다. 그리고 여러 고관들 가운데서 사안에 따라 어떤 인물을 의논대상으로 하는가는 오로지 국왕의 뜻에 따르는 경우가 많았던 만큼, 국가의 중요한 정무 논의에 언제든지 참여할 수 있었던 승정원의 지신사와 좌·우대언은 그야말로 요직 가운데 요직이었다. 그리고 세종의 경우, 국방에 관한 일은 반드시 무관 출신 고관들도 불러 의논에 참여시켰기 때문에 무관의 위상도 유지될 수 있었던 것이다.

세종조의 대표적인 영의정으로 20년 이상을 정승 자리에 있었던 황희는, 오늘날 '황희 정승 같은 사람'으로 일컬어지면서, 널리 '관대함'의 대명사처럼 알려져 있지만, 하윤 같은 정승은 그를 '간악한 소인(小人)'으로 평가12)하기도 하였고, 양녕대군 사건에 연루되어 전리(田里)에 방축(放逐)13)되고 서인(庶人)이 되기도 하였다. 그러나 태종은 그의 장점을 보아서 측근에 두고 끊임없는 정치적 훈육을 통하여 그 그릇을 완성시켰고, 세종시대의 이름난 재상[名相]이 되게 하였던 것이다.

---

11) 《태종실록》 18년 5월 11일(庚申).
12) 《태종실록》 16년 6월 22일(壬午). 정승 하윤이 실봉(實封)한 글을 통하여 심온(沈溫)과 황희(黃喜)는 간악한 소인이니 전선(銓選)을 맡겨서는 안 된다는 의견을 올리고 있다.
13) 《태종실록》 18년 5월 11일(庚申).

"내가 황희에 대해서는 사람이 남의 자식을 양육하는 것 같이 하였고, 또 부모가 자식을 무육(撫育)하여 기르는 것 같이 하였다. 대언(代言)에 구임(久任)하였다가 전직시켜 성재(省宰)에 이르게 한 것은 공신에 비할 바가 아니었다."14)

태종은 황희의 약점을 알면서도, 그의 장점을 높이 보아 의도적으로 측근에 오래 두면서 능력을 발휘하게 한 다음, 중요한 부서를 차례로 거치게 하여 국가운영의 경험을 쌓도록 하였다. 그리고 태종은 세종이 왕위를 물려받은 뒤에 양녕대군 문제에 연루되어 방축되어 있던 황희를 "이직(李稷)과 황희는 비록 죄를 범하였으나 일에 익숙한 구인(舊人)이므로 버릴 수 없으니 가히 불러서 쓸 만하다"15)고 세종에게 추천하였고, 결국 소환하여 중책을 맡겼던 것이다.

이처럼, 태종과 세종대의 의정부가 노성한 대신들의 경륜과 지혜를 모으는 기관이었다면, 승정원과 집현전은 앞으로 국가를 짊어지고 나갈 동량을 양성하는 정치훈련의 핵심 장소였다. 더구나 태종조에서 양성되었던 인재들이 순조로운 권력이양에 기여하고 자연스럽게 은퇴하는 과정에서도 이 시기의 인재 활용이 국가발전에 큰 기여를 하고 있음을 알게 한다.

그리고 세종의 집현전 설치는 조선조 관료단의 학문 수준을 획기적으로 높이는 계기가 되었고, 정치와 제도의 학문적 역사적 근거를 확보하는 데 기여함으로써 '정치의 유교화'에 크게 기여하였다. 사실

---

14) 《태종실록》 18년 5월 12일(辛酉).
15) 위의 실록과 동일자 기록.

‘문과’를 통과한 인물들의 유학적 지식만으로 유교화된 정치를 이룩하기 어렵다는 것은 ‘호학(好學)한 세종이 누구보다 잘 알고 있었다. 그는 경연관의 학문을 넘어섰고, 당시 조정에서 권근과 변계량을 제외하고는 세종의 학문에 필적할 만한 사람이 없었다. 그러한 호학을 바탕으로 세종은 새로운 왕조의 제도 설계와 운영에 관해서 구체적 근거를 경(經)과 사(史)에서 구하려는 태도를 가졌다.

따라서 조선왕조의 특징적인 제도인 ‘경연’의 형식과 내용이 결정된 것도 세종시대이며, 당시 신료들의 지식이 세종의 의문을 해소시키지 못하였기 때문에 ‘경연’을 전담할 연구기관으로 ‘집현전’이 제도화된 것이다. 세종조의 경연은 정치의 유교화[16]에 기여한 것은 물론, 각종 제도와 제도의 운영에 관한 역사적 경학적 근거를 확보하기 위한 현실적인 요구를 충족시키기 위한 측면이 강하였던 것이다.

집현전은 경사(經史)에 관한 연구뿐 아니라, 세종의 정책을 뒷받침하는 연구와 조사 기능을 함께 갖고 있었다. 예를 들면, 같은 사람에 대한 상관의 포폄(褒貶)이 높거나 낮아 일시적 감정에 좌우되는 폐단이 문제가 되자, 세종은 “집현전으로 하여금 옛적의 자료를 참고하여 성적을 고사(考査)하는 방법을 조사해 올리게 하겠다”[17] 하면서 집현전에서 고금의 관리 포폄과 성적 고사에 관한 제도를 조사시키고 있다.

이처럼 집현전은 유교나 성리학의 이론만 탐구하는 기관이 아니

---

16) 권연웅, 〈세종조의 경연(經筵)과 유학〉, 한국정신문화연구원 편, 《세종조문화연구 (I)》(박영사, 1982).
17) 《세종실록》 12년 12월 27일(癸巳).

라, 현실정치에의 '실용'을 전제로 한 접근도 수용하였으니, 훈민정음 창제에 깊이 관여한 것 등이 그것이다.

경연과 집현전이 활성화된 세종시대에서는 과거를 통과한 것만으로는 고위직으로 나갈 수 없었다. 경연과 집현전에서 유학에 관한 자신의 실력과 이에 근거한 정치적 식견을 인정받아야만 가능하였다. 그것은 승정원의 구성원이 경연관을 겸하는 제도적 장치와 맞물려 더욱 그러하였다. 다시 말하면, 경연의 활성화와 집현전의 설치는 세종시대 '정치유교화'의 기본 동력을 제공하는 것이었다.

그러나 앞에서 언급하였듯이, 집현전을 구성한 엘리트 관료들은 세종시대 국정운영의 중추는 아니었다. 그들은 문종과 단종시대에 크게 성장하였다가, 계유정난(癸酉靖難)을 계기로 대부분 희생되거나 좌절되고, 양성지(梁誠之)와 신숙주(申叔舟) 등 몇 사람이 세조시대의 중심인물로 떠오르는 정도였다.

3. 세종시대 중심인재들의 관력(官歷)에 관한 예비적 분석

세종의 치세가 국내외적으로 많은 도전을 받았음에도 '풍평지치'(豐平之治)를 이룩해 낸 것은 많은 인재들의 도움이 있었기에 가능하였다. 그러나 비록 뛰어난 재능과 인품을 갖추었더라도, 그것을 알아보는 군주가 적재적소에 배치하고 능력을 신장시켜가는 '인사'가 뒷받침되지 않고는 자신의 재능을 최대한으로 발휘하기 어려운 것 또한 왕조체제의 현실이었다. 여기서 태종의 지신사 출신으로 세종조에서 영의정을 지낸 황희와 하연, 그리고 태종조에 무과 급제한 세종조의 대표적 무장으로 사군을 개척하고 좌의정을 지낸 최윤덕과, 문관 출신으로 세종의 지우를 입어 6진 설치의 무공을 세운 김종서의 관력을 구체적으로 분석하여, 이 시기 인사의 특징을 살펴보기로 하자.

황희(黃喜)

장무습유(掌務拾遺; 1397, 태조 6)→정자우습유(正字右拾遺; 1398, 태조 7)→보궐(補闕; 1398, 정종 원년)→파직(罷職; 1399. 9, 정종 1년)→경력(經歷; 1401, 태종 1)→좌우사간대부(左右司諫大夫; 1404. 10. 23, 태종 4)→좌부대언(左副代言; 1405, 태종 5)→승정원지신사겸상서윤지이조(承政院知申事兼尙瑞尹知吏曹; 1405. 12. 6, 태종 5)→참지의정부사(參知議政府事; 1409. 8. 10, 태종 9)→형조판서(刑曹判書; 1409. 12. 6, 태종 9)→지의정부사(知議政府事; 1410. 2. 13, 태종 10)→사헌부 대사헌(司憲府大司憲; 1410. 7. 6, 태종 10)→병조판서(兵曹判書; 1411. 7. 20, 태종 11)→예조판서(禮曹判書; 1413. 4. 7, 태종 13)→이조판서(吏曹判書; 1415. 5. 17, 태종 15)→의정부참찬(議政府參贊; 1415. 11. 7, 태종 15)→호조판서(戶曹判書; 1415. 12. 28, 태종 15)→*1416. 6. 22(태종 16) 하윤(河崙)이 실봉(實封)한 글을 통해 심온(沈溫), 황희(黃喜)를 매우 간악한 소인이라 지목함→공조판서(工曹判書; 1416. 11. 2, 태종 16)→평안도도순문사겸평양윤(平安道都巡問使兼平壤尹; 1417. 2. 22, 태종 17)→형조판서(1417. 12. 3, 태종 17)→판한성부사(判漢城府事; 1418. 1. 11, 태

종 18)→전리방축(田里放逐; 1418. 5. 11, 태종 18. 세자 양녕의 亂行을 비호하였다는 이유)→남원부(南原府)에 안치됨(1418. 5. 28, 태종 18)→소환(1422. 2. 12, 세종 4)→환급직첩(還給職牒; 1422. 2. 20, 세종 4)→지사간(知司諫) 허성(許誠)의 처벌요청 상소(1422. 2. 22, 세종 4)→환급과전(還給科田; 1422. 3. 18, 세종 4)→태상왕(太上王)이 황희와 이직(李稷)을 불러올린 이유를 말함(1422. 4. 11, 세종 4)→경시서제조(京市署提調; 1422, 10. 13, 세종 4)→의정부참찬(議政府參贊; 1422. 10. 28, 세종 4)→사신관반(使臣館伴; 1423. 3. 27, 세종 5)→예조판서(1423. 5. 27, 세종 5)→강원도도관찰사(1423. 7. 16, 세종 5)→판우군도총제부사(判右軍都摠制府事; 1423. 12. 11, 세종 5)→의정부찬성(議政府贊成; 1424. 6. 20, 세종 6)→겸대사헌(兼大司憲; 1425. 3. 1, 세종 7)→의정부찬성사(議政府贊成事; 1425. 5. 21, 세종 7)→이조판서(1426. 2. 10, 세종 8)→우의정(1426. 5. 13, 세종 8)→좌의정(1427. 1. 25, 세종 9)→파직(1427. 6. 21, 세종 9. *사위 徐達 사건)→좌의정 복직(1427. 7. 4, 세종 9)→기복(起復)좌의정(1427. 10. 7, 세종 9)→기복, 상제(喪制) 문제로 인한 사퇴(1428. 6. 25, 세종 10)→탄핵상소(太石鈞 문제)→사헌부의 탄핵, 파면(1430. 11. 24, 세종 12)→영의정(1431. 9. 3, 세종 13)

실록에 나타난 황희의 관력을 따져보면 태종시대에 이미 요직을 두루 거쳤음을 알 수 있는데, 태종 5년에 승정원의 우부대언으로 태종의 측근에서 근무하기 시작한 뒤 바로 지신사(知申事)가 되었고, 곧 6조판서를 두루 역임하고 대사헌과 의정부의 참찬을 거친 다음, 평양윤(平壤尹)과 판한성부사(判漢城府事)를 거치고 있다. 이렇게 중요한 부서를 두루 거치게 한 것은 태종이 세종시대를 이끌 인재로서 황희를 염두에 두고 경험을 쌓게 한 것인데, 그것은 양녕대군 사건으로 전리에 방축시킨 다음, 세종의 왕위계승이 이루어진 다음, 상왕으로 있을 때 다시 불러올려 세종의 조정에서 벼슬을 할 수 있도록 조치18)하는 데서 능히 짐작할 수 있다.

위에서 보다시피, 황희 또한 벼슬길에서 많은 고비를 맞았는데, 양녕대군 문제와 사위 서달(徐達) 사건과 태석균(太石鈞) 사건으로 인한 탄핵과 파직 등이 그것이다. 특히 태종의 고굉지신(股肱之臣)이었던 하윤이 황희를 '간악한 소인'으로 지목한 것은 황희의 정치생명에 치명타를 가할 수 있었던 것임에도, 태종은 황희의 장점을 살리는 쪽으로 방향을 잡고 있다.

이처럼 태종과 세종은 파직(罷職)과 방축(放逐)까지도 황희라는 '큰 그릇 만들기'를 위한 '과정'으로 만들어 버리는 리더십을 발휘하고 있었으며, 자잘한 잘못에 대한 대간의 탄핵이 있어도 '대신은 가볍게 죄를 줄 수 없다'19)는 원칙을 내세워 보호하였다. 만약 태종과 세종이 견지하였던 좋은 인재를 다듬어 완성시켜가는 인사원칙이 없었디면 세종조의 명상 '황희'는 존재할 수 없었을 것이다.

---

18) 《세종실록》 4년 4월 11일(丁酉).
19) 《세종실록》 12년 11월 21일(戊午).

하연(河演)

봉상주부(奉常主簿; 1403, 태종 3, 甲士를 희롱하다 큰 사건이 됨)→이조정랑(吏曹正郎)으로 도목정(都目政)의 착오로 탄핵 당함→이조정랑으로 다시 출사함(1405. 7. 17, 태종 5)→파직(1405. 11. 11, 태종 5. 轉動政 할 때의 실수)→봉상부령(奉常副令)으로 경차관(敬差官)이 됨(1407. 3. 8, 태종 7)→함주목사(咸州牧使) 이양(李揚)이 처제인 경차관 예빈소윤(禮賓少尹) 하연을 위하여 연회를 베푼 일로 파직됨(1411. 5. 13, 태종 11)→파직(1411. 6. 20, 태종 11. 경차관으로서 宴飮한 일로 사헌부의 탄핵을 받음)→전사부령(典祀副令; 1414, 태종 14, 河崙과 연계됨)→사헌부 장령(掌令; 1414, 태종 14)→의금부 부진무(副鎭撫; 1416. 2. 1, 태종 16 당시)→사헌부 집의(執義; 1416. 7. 12, 태종 16 당시)→동부대언(同副代言; 1417. 윤5. 11, 태종 17 당시)→우대언(右代言; 1417. 7. 20, 태종 17 당시. *5도에 저축한 쌀과 곡식 415만 5천 두)→좌대언(左代言; 知兵曹代言, 1418. 8. 10, 태종 18. 세종 즉위시의 관직)→승정원 지신사(知申事; 1418. 8. 11, 세종 즉위년)→파직(1418. 12. 7, 세종 즉위년, 密旨稱託건)→강원도관찰사 대행(1419. 2. 10, 세종 1)→우군동지총제(右軍同知摠制; 1419. 10. 24, 세종 1)→예조참판(1420. 1. 7, 세종 2. 이 해 5월 18일 상주문에 날짜를 빼 먹은 일로 사헌부의 탄핵을 받아 대죄하였으나 행공을 命 받음)→전라도관찰사(1421. 10. 19, 세종 3)→병조참판(1422. 12. 13, 세종 4)→대사헌(1423. 3. 12, 세종 5)→형조참판(1424. 4. 7, 세종 6)→중군동지총제(中軍同知摠制) 경상도도관찰사(慶尙道都觀察使; 1424. 12. 4, 세종 6)→이조참판(1425. 12. 4, 세종 7)→예조참판(1426. 1. 5, 세종 8)→

직첩(職牒)을 회수 당함(1426. 3. 20, 세종 8. 대사헌 때의 일로 인함)→평안도도관찰사(1427. 7. 29, 세종 9)→충청도 천안에 정배(定配; 1427. 12. 6, 세종 9. 마음대로 進鷹使 이사검을 멈추게 한 일)→병조참판(1429. 4. 11, 세종 11)→우군총제(右軍摠制; 1429. 8. 16, 세종 11)→형조판서(1430. 윤12. 3, 세종 12)→예문관대제학(藝文館大提學; 1431. 12. 1, 세종 13)→대사헌(1433. 윤8. 20, 세종 15)→형조판서(1436. 4. 14, 세종 18)→의정부참찬(議政府參贊; 1436. 6. 22, 세종 18)→예조판서(1436. 12. 3, 세종 18)→좌참찬 겸 판이조사(左參贊兼判吏曹事; 1439. 6. 12, 세종 21)→우찬성(右贊成; 1440. 5. 3, 세종 22)→좌찬성(左贊成; 1441. 1. 21, 세종 23)→좌찬성 겸 판호조사(左贊成兼判戶曹事; 1444. 윤7. 14, 세종 26)→우의정(1445. 2. 7, 세종 27 당시)→좌의정(1447. 6. 10, 세종 29), 영집현전사(領集賢殿事; 1447. 8. 18, 세종 29 당시), 전제상정소 도제조(田制詳定所都提調; 1449. 1. 7, 세종 31 당시)→영의정부사(領議政府事; 1449. 10. 5, 세종 31. 황희의 뒤를 이음)

하연 역시 태종이 대언(代言)으로 발탁하여 자신의 측근에 두었던 인물로, 세종에게 왕위를 전위할 때 지신사로 삼아 자기와 세종 사이의 의사소통을 원활하게 유지하게 하고, 권력의 안정성과 정치의 연속성을 담보할 수 있게 배치한 인물이었다. 그 역시 실록의 기록으로 보면, 젊었을 때는 여러 가지 자잘한 실수를 잘 저지르는 인물이었던 것 같다. 그럼에도 태종과 세종의 지우(知遇)와 '인재 만들기' 계획 속에 포함되어, 의정의 자리에 오르기 전에 이미 다양한 부서의 관직을 거쳤고, 고관에 올랐을 때는 황희 등 선배 정승들과 함께

일하면서 '국가경영'의 철학과 방법, 지식 등을 습득하게 하였음을
알 수 있다.

최윤덕(崔潤德, 崔閏德)

무과(武科) 전시(殿試)의 방말(榜末)에 이름을 넣음(會試에 합격하
고 부친을 따라 泥城 수비를 命 받았기 때문에 방의 끝에 이름을 넣게 지시
함. 1402. 4. 10, 태종 2)→상호군(上護軍)→동북면조전지병마사(東北面
助戰知兵馬使)→경성병마사(鏡城兵馬使; 1410. 6. 1, 태종 10)→경성절
제사(鏡城節制使; 1411. 1. 12, 태종 11)→우군동지총제(右軍同知摠制;
1411. 8. 2, 태종 11)→경성등처도병마사(鏡城等處都兵馬使; 1411. 8. 5,
태종 11)→중군절제사(中軍節制使; 1412. 7. 25, 태종 12)→우군절제사
(右軍節制使; 1413. 8. 23, 태종 13)→우군총제(右軍摠制; 1415. 4. 18, 태
종 15)→도진무(都鎭撫; 1417. 3. 10 당시)→총제(摠制; 1417. 4. 8, 태종
17 당시)→중군도총제(中軍都摠制; 1418. 8. 27, 세종 즉위년)→의정부
참찬(議政府參贊; 1419. 4. 8, 세종 1)→삼군도절제사(三軍都節制使;
1419. 5. 20, 세종 1)→도진무(都鎭撫; 1419. 12. 17, 세종 1, 上王이 베푼
연회참석 당시)→공조판서(工曹判書; 1422. 7. 4, 세종 3)→평안도병마
도절제사(平安道兵馬都節制使; 1424. 1. 25, 세종 5)→우군도총제(右軍
都摠制; 1424. 12. 11, 세종 5)→의정부좌참찬(議政府左參贊; 1426. 7. 5,
세종 7)→찬성(贊成; 1427. 9. 24, 세종 8 당시)→판좌군부사(判左軍府
事; 1428. 1. 25, 세종 9)→왕명으로 상호군 김오문(金五文)의 집에 납
폐함(1428. 2. 19, 세종 9)→병조판서(1429. 윤4. 20, 세종 10)→충청·전

라·경상 삼도도순무사(三道都巡撫使; 1430. 2. 4, 세종 11)→판중군부사(判中軍府事; 1431. 1. 8, 세종 12)→충청도 도순찰사(都巡察使; 1431. 9. 1, 세종 12, 海寇방어책)→판중추원사(判中樞院事; 1433. 3. 18, 세종 14)→1433년(세종 14) 6월 9일에 세종이 좌대언 김종서에게 최윤덕의 인품을 물음→1434년(세종 15) 3월 24일, 5월 3일 당시 도원수(都元帥)로 출정→우의정(1434. 5. 16, 세종 15. 맹사성이 자기 벼슬을 주고자 함)→세종이 근정전에서 우의정 최윤덕을 위시한 출전 장수들을 위로하는 잔치를 베풂(1434. 5. 28, 세종 15)→사정전에서 왕세자와 6승지, 종친 등과 함께 우의정 최윤덕을 위로하는 잔치를 베풂(1435. 3. 1, 세종 16)→좌의정(1436. 2. 1, 세종 17, 맹사성의 좌의정 致仕)→영중추원사(1445. 11. 17, 세종 26)→궤장(几杖) 하사(1446. 11. 6, 세종 27)

관력에서 보듯이 무관인 최윤덕은 중군도총제(中軍都摠制) 다음에 의정부의 참찬(參贊)으로 옮겼는데, 이것도 상왕으로 있던 태종의 인사였다. 세종은 뒷날 최윤덕을 정승의 반열에 등용할 생각을 가지고 김종서와 그의 인품을 논하는 과정에서 "곧고 착실하며, 근신하여 직무를 봉행(奉行)하므로 태종께서도 인재라고 생각하시어 성부에 시용(試用)"[20] 하였음을 지적한 것은, 이 참찬 등용을 두고 한 말이었다. 어떻든 이 시기에는 무반 고위 실무직을 거쳐서 6조의 참판과 판서(특히 兵曹와 工曹)로 진출하기도 하고, 나아가 의정부의 참찬, 찬성에까지 나갈 수 있었으며, 성리학이 번성하였던 조선 후

---

20) 《세종실록》 14년 6월 9일(丙申).

기와 달리 무반 출신이라 해서 얕보거나 고위 정무직에 등용할 수 없다는 편견은 약하였다. 이것은 최윤덕을 정승으로 등용하고자 했을 때, 젊은 그룹의 대표격인 좌대언 김종서도 찬성하였고, 원로인 맹사성은 자기를 치사(致仕)시키고 그 자리를 주자고 한 데서도 알 수 있다.

김종서(金宗瑞)

직장(直長) 김종서 파면(1415. 4. 21, 태종 15, 巡牌를 주는 데 직접 관여치 않은 것으로 인해)→죽산현감(竹山縣監) 시 태(笞) 50대를 맞고 환임(還任; 1418. 1. 17, 태종 18)→강원도 행대감찰(行臺監察; 1418. 11. 29, 세종 즉위년 당시. 강원도 檢踏)→기민(饑民) 729명에게 조세 면제를 장계(狀啓)함(1419. 1. 6, 세종 1)→충청도 행대감찰(1419. 3. 6, 세종 1)→사간원 우정언(右正言; 1419. 10. 24, 세종 1)→廣州牧 판관(廣州牧判官; 1420. 윤1. 13, 세종 2)→봉상판관(奉常判官)으로 의주·삭주도(朔州道) 경차관(敬差官)이 됨(1423. 1. 19, 세종 5)→우헌납(右獻納; 1423. 5. 27, 세종 5)→사헌부 지평(持平; 1423. 12. 22, 세종 5)→이조정랑(吏曹正郎; 1425. 윤7. 24, 세종 7 당시)→의정부 사인(舍人; 1427. 1. 8, 세종 9 당시)→황해도 경차관(1427. 2. 14, 세종 9 당시)→사헌부 집의(執義; 1427. 7. 4, 세종 9)→전농윤(典農尹)으로 좌천(1428. 2. 7, 세종 10)→의금부에 수금(囚禁)됨(1428. 2. 23, 세종 10. 臺員으로 있을 때 미곡을 추징하지 않은 일로 인해)→속장(贖杖) 80대에 처함(1428. 2. 30, 세종 10)→우부대언겸경연참찬관(右副代言兼經筵參贊官; 1429. 9. 30, 세종

11)→좌부대언(左副代言; 1430. 5. 28, 세종 12 당시)→우대언(右代言; 1430. 8. 16, 세종 12. 이때 皇甫仁이 知申事가 됨)→좌대언(左代言; 1431. 1. 24, 세종 13 당시. 이때 사헌부의 탄핵이 있었음)→의금부 수금(囚擒; 1432. 10. 27, 세종 14. 李侃, 朴用 등의 招辭와 관련)→석방(10.29)→이조우참판, 함길도관찰사(吏曹右參判, 咸吉道觀察使; 1433. 12. 9, 세종 15)→함길도도관찰사(1434. 10. 30, 세종 16)→함길도병마도절제사(咸吉道兵馬都節制使; 1435. 3. 27, 세종 17)→기복출사(起復出仕)에 관한 내지(內旨)를 받음(1436. 1. 21, 세종 18)→함길도병마도절제사(1436. 2. 1, 세종 18)→가정대부(嘉靖大夫) 승진(陞進; 1438. 1. 1, 세종 20)→자헌대부(資憲大夫) 가자(加資)→김종서에 대한 문책을 의논(1440. 7. 5, 세종 22)→형조판서(1440. 12. 3, 세종 22)→예조판서 겸 우빈객(禮曹判書兼右賓客; 1441. 11. 14, 세종 23)→사헌부의 탄핵(1444. 12. 18, 세종 26. 특명으로 논하지 말게 함)→사직상서(辭職上書; 12. 19)→의정부우찬성 겸 판예조사(議政府右贊成兼判禮曹事; 1446. 1. 24, 세종 28)→충청도도순찰사(1447. 4. 5, 세종 29 당시)→의정부우찬성지춘추관사 겸 판병조사(議政府右贊成知春秋館事兼判兵曹事; 1449. 2. 1, 세종 31)→요동변란으로 함길도도절제사(1449. 8. 2, 세종 31)

김종서의 관력을 보면, 김종서야말로 세종이 발탁하여 '출장입상'(出將入相)하는 그릇으로 다듬어 나갔음을 알 수 있다. 김종서가 행대감찰의 직임을 수행할 때, 정확한 보고와 대책을 올려 세종의 지우를 받았는데, 백성의 입장에 서는 태도가 더욱 세종의 마음에 들었던 것 같다. 이후 사헌부와 사간원의 직책과 이조정랑의 직책을 거치게 한 다음, 우부대언으로 발탁하여 최측근에 두고 있다. 또 실무 처리 능력을 인정받은 그가 함길도관찰사가 되면서부터 북방의 국방 문제와 그는 떼어놓을 수 없는 인연을 갖게 됨도 알 수 있고, 세종 역시 북방 문제에 대해서는 그의 전문성을 높이 인정하고 있음도 알 수 있다. 즉, 최윤덕이 무장으로 문관의 일도 보았다면, 김종서의 경우는 문관으로 무장의 일에 능통한 사람으로 두 사람 다 이른바 '출장입상'의 전형이라 할 만하였다. 더욱이 김종서는 세자우빈객(世子右賓客)에 발탁되어 세종을 잇는 문종과 단종시대를 짊어지고 나갈 인재 가운데 핵심으로 인정되어 세종의 깊은 신임을 받았다.

세종도 태종을 본받아 다음 세대의 왕정을 보필할 인재의 중심을 양성하였는데, 집현전 그룹과 좌찬성 황보인(皇甫仁), 우찬성 김종서(金宗瑞), 좌참찬 정분(鄭苯), 우참찬 정갑손(鄭甲孫), 병조판서 민신(閔伸), 참판 박중림(朴仲林), 그리고 무장으로 이징석(李澄石)과 이징옥(李澄玉) 형제들이 그들이었다. 이로써 보면, 계유정난은 단순한 권력투쟁이 아니라 조선조 특유의 '인재 만들기' 과정이 무너지는 것과 아울러 '인재의 양성과 승계'의 패턴을 단절시키고, '공론을 이끌어 내던 정무 논의의 사상과 구조'마저도 뒤흔든 정치적 사변이었음을 알 수 있다. 즉, 수십 년에 걸친 학문과 업무를 통하여 '검증되고 다듬어진' 인재보다는 많은 경우 '기회를 봐서 출세하기'(見機出世)를 노리는 이류의 인물들이 고위직으로 대거 진출하는 계기가 되었음도 알 수 있는 것이다. 이들이 '훈구'(勳舊)를 구성하여 후일 '사림'(士林)과 일대 정치투쟁을 벌였고, 그 반동의 여파가 조선의 정치를 극단적 도학주의 모델로 기울어지게 한 하나의 원인을 제공하였던 것이다.

위의 몇 사례에서 알 수 있는 것은, 조선 초기의 인재들은 현명한 군주의 신임과 훈도를 받아 용의주도하게 양성되었다는 것이다. 특히 태종은 세종조의 정치적 안정을 가져온 인재들을 양성하여 세종에게 인계하였다. 앞서 살펴보았듯이 황희는 세종조에서 중책을 맡아 능력을 발휘한 인물로 알지만, 실제로는 태종의 측근에서 태종의 신임을 받으면서 '그릇'을 키워갔던 것이다. 태종은 그를 승정원의 여러 직책을 거치게 한 뒤, 중요한 외직(外職)과 6조판서를 두루 경험시키면서 능력을 가다듬게 하였다. 심지어 황희가 권력 남용의 물의21)를 일으키기도 하고, 태종과 휴척(休戚)을 같이한 최고의 심복이자 동지인 정승 하윤으로부터 '간악한 소인'으로 지목되기도 하는 등, 황희와 관련한 실록의 기록은 황희의 관력에서도 수많은 '우여곡절'이 있었음을 알려준다. 즉, 황희는 처음부터 '정승 황희'가 아니라 태종의 끊임없는 '관심' 속에서 자신을 갈고 닦았으며, 심지어는 '유배'까지도 정치적 교육의 일환으로 활용하였음을 알 수 있다.

어떻든 세종조에 수상을 지냈던 이직(李稷), 황희(黃喜), 하연(河演)과 정승으로 이름을 떨친 허조(許稠), 맹사성(孟思誠), 유관(柳寬), 최윤덕(崔閏德) 등은 모두 태종조에 양성된 인재들이었으며, 세종은 그들을 잘 활용하여 자신의 치세를 열어나갔던 것이다.

---

21) 《태종실록》 8년 8월 18일(癸巳).

4. 세종조 인사운용의 특성

태종에서 세종 치세에 걸친 인사운용의 특징이나 원칙을 하나의 '유형'이나 '패턴'으로 요약하기에는 좀 더 많은 연구가 필요하다. 그것은 비교의 준거를 분명히 하고, 더 많은 특징적인 사례들을 종합하여 하나의 개념망(槪念網)이나 이론 틀을 구성할 단계까지 나가는 것을 요구한다. 다만 이 시기에는 유교적인 '군사(君師) 모델'이 인사운용의 중심에 있었던 것으로 이해할 수 있다. 이 글에서는 조선 후기 인사운용의 '일반적 특징'을 비교준거로 하여, 이 시기 인사운용의 중요한 특징을 개괄적으로 드러내어 보이고자 한다.

'작은 허물'로 '큰 재능'을 버리지 않는다

앞에서 세종조 정치에 관여한 대표적 인물들의 개략적인 관력(官歷)에서 보듯이, 태종과 세종은 '인간의 완전성'을 전제하지 않고, 한 인간이 '형성되어 가는 과정'을 중시하는 인재관을 갖고 있었다. 즉, 한 사람의 인재를 필요할 때 사용하고 버린다는 개념이 아니라, 관직을 통하여 '인재를 완성'해 간다는 군사(君師) 모델을 적용하고 있다. 세종은 대신들의 '작은 허물'에 대해서 상당히 너그러웠다. 작은 허물을 탓하여 큰 능력을 발휘하지 못하게 해서는 안 된다는 입장을 견지하였다. 또한, 고위 관직자의 '구임'(久任)을 선호하면서도 고위 관직자가 국정의 대체를 파악할 수 있도록 적정한 순환보직을 통하

여 능력 신장을 할 수 있도록 하였는데, 이는 태종 이래의 인사법이
었다. 특히 중국 왕조 가운데 정치가 잘 되었을 때 6부의 상서가 구
임한 것을 높이 평가하면서 '구임'의 인사정책을 선호하였다.

> "작은 과실을 이유로 졸연히 대신을 죄주는 것은 불가하다. 중국의
> 육부상서(六部尙書) 중에 20, 30년에 이르도록 근무하는 자가 있었던
> 것은 진실로 작은 허물은 용서하고 우대해서일 것이다. 우리나라가 이
> 와 같지 못한 것은 작은 허물을 용서하지 못해서이니, 내가 중국의 제
> 도를 사모하고 우리나라의 그렇지 못한 것을 깊이 부끄러워한다."22)

이처럼 '작은 허물'로 대신이나 모습을 갖추어가는 인재의 '전도'
(前途)를 막는 인사를 하지 않는 것은 태종·세종시대를 관철하는
인사 원칙이었다. 변계량은 태종과 세종시대를 통하여 국가의 문형
(文衡)을 장악한 당대의 거유(巨儒)이자 박식한 학자였으나, 보는 사
람에 따라서는 '허물'이 많은 사람이었다. 변계량의 중형 변중량은
태조의 형인 이원계의 사위였으나 정몽주와 같은 정치적 노선을 걸
어, 한때 변계량 가문은 심각한 정치적 위기에 봉착하기도 하고, 이
복 누나가 난행을 저지르고 변계량을 무함하려다 죽임을 낭하는 시
건도 있었다. 자신의 약점으로는 여러 가지 사유로 서너 번의 장가
를 들기도 하였는데, "아내가 있으면서 아내를 얻은 일"로 전처의 아
버지로부터 고발당하기도 하였다.23)

---

22) 《세종실록》 23년 6월 12일(丁丑).
23) 박병련, 〈춘정(春亭) 변계량(卞季良)의 정치사상과 정치활동〉, 밀양문화원 주최 '춘

그럼에도 태종은 "비록 성인이라도 작은 허물이 있음을 면치 못하거늘, 하물며 그 아래 가는 사람이겠는가. 만일 지금 그를 파직하면 문한의 임무를 누가 감당하겠는가" 하면서 동방(同榜)의 최연소 합격자(17세)였던 변계량의 학문과 천재성을 인정하고 그를 비호하였다. 이에 부응하여 변계량은 수많은 외교문서 작성에 능력을 발휘하였을 뿐 아니라 '집현전' 설치를 건의하여 실현시키고, '사가독서'(賜暇讀書) 제도를 건의하여 젊은 신진관료들이 학문 수준을 높이는 계기를 만들고 있다. 그리고 신하들의 학문 수준을 넘고 있던 세종도 학문에 관한 최종의 '권위'로 받아들였던 인물이 권근과 변계량이기도 하였다.

세종 역시 당시 좌의정이었던 황희가 '태석균'(太石鈞) 사건으로 사헌부의 탄핵을 받고 있을 때, "대신은 가볍게 죄를 줄 수 없다"[24]는 이유를 들어 반대하였으며, 일단 파직을 하였더라도 다시 중용하는 방법으로 대신들을 우대하여 '경륜'을 활용하고 정치적 안정성을 유지하였다.

이처럼 '작은 허물'을 결정적인 흠으로 보지 않고 인재를 만들어가는 태종과 세종의 리더십은 유교적 '군사 모델'의 전형적인 모습이라 할 수 있을 것이다.

정변계량선생의 경륜과 학문' 학술회의 발표문(2006. 6. 28).
24) 《세종실록》 12년 11월 21일(戊午).

'신분'보다는 '능력'을 중시한다

세종은 새 시대와 왕조를 안정적으로 이끌어 나갈 인재를 키우는 일을 매우 중요시하였다. 대표적인 제도가 집현전이었음은 더 말할 것도 없지만, 그것에만 머물지 않았다. 세종은 중국적 세계질서 속에서 문화와 학술의 중심 국가인 중국에 유학생 파견을 구상하기도 하였다.

> "모름지기 나이가 적으며, 또 총명하고 민첩한 자를 가려서 중국에 입학시켜 전심으로 학업을 닦게 하여야 후일에 크게 쓰이게 될 것이다.…… 사대부 집 자제이거나 시골에서 뽑아 올린 보통 백성이거나를 물론하고 나이 적고 총명하고 민첩한 자를 선택하게 하라. 대개 시골에서 뽑혀온 보통 백성의 자제는 가문을 일으키고자 하는 자들이니, 혹은 꺼리지 않고 기꺼이 하려는 자가 더러 있을 것이다."[25]

도승지[知申事] 안숭선(安崇善)이 사대부집 자제로 제한하자고 하였으나, 세종은 '보통 백성의 자제라고 어찌 취할 만한 자가 없겠는가' 하고, "25세 이하 15세 이상 된 자제 20인을 선발하라"는 지시를 내리고 있다. 그러나 불행히도 이러한 지시가 구체적으로 이행된 것 같지는 않지만, 세종의 인재 양성에 대한 관심의 폭과 깊이를 짐작할 수 있다.

또한 세종은 신분제와 연좌제로 인한 인재등용 통로의 제약을 가

---

25) 《세종실록》 15년 9월 17일(丙申).

급적 완화시키는 방향으로 인사를 운용하고자 하였다. 이러한 세종의 인사방침에 호응해 준 신하는 황희·맹사성·김종서 등이었고, 강력한 신분제적 제약을 주장한 신하는 허조(許稠)와 안숭선 등이 대표적이었다.

장리(贓吏)의 자손을 등용하는데, 청직(淸職)으로의 진출은 봉쇄해야 한다는 주장에 대하여, 황희와 맹사성은 반론을 제기한다.

> "(현명한 군주들이) 사람을 쓰는 것은 세계(世系)나 친속(親屬)의 일에는 구애하지 않는 것이 오래입니다. 비록 장리의 자손일지라도 현능하다면 써야 할 것이니, 어찌 정부·육조·대간의 벼슬은 제한하고 반드시 군관직(軍官職)에만 써야 하겠습니까. 사람을 씀에 한계를 정하여 놓고 쓴다는 것은 사람 쓰는 도리에 어찌 도량이 좁다고 하지 않겠습니까."[26]

세종조의 과학기술 발달에 지대한 공을 세운 장영실(蔣英實)에게 벼슬을 내리는 문제에서도 허조는 "기생의 소생임"을 문제로 삼아 반대 의견을 피력하고 있으나, 황희와 맹사성 등은 세종의 의견에 따라 '호군'(護軍) 벼슬을 주는 데 동의하고 있다.

> "김인(金忍)은 평양의 관노였으나 날래고 용맹함이 보통 사람에 뛰어나므로 태종께서 특별히 호군을 제수하셨고, 그것만이 특례가 아니오라 이 같은 무리들로 호군 이상의 관직을 받는 자가 매우 많사온데, 유독 영실에게만 어찌 불가할 리 있겠습니까."[27]

---

26) 《세종실록》 14년 5월 14일(辛未).

　　그러나 이러한 신분 완화의 인사정책은 신분적 관점에 물들기 쉬운 신진 기예의 인사들이 많이 포진하는 대간(臺諫)의 '서경'(署經)을 피해가기 어려웠다. 결국《경국대전》에는 핵심 직위에 대해서는 '내외사조(內外四祖)와 본인에게 허물이 없을 것'28)을 요구하게 되었는데, 이 걸름 장치가 '조그만 허물이나 신분적 흠'이 있어도 요직에 나갈 수 없게 만들었던 것이다. 이것은 태종과 세종조의 '조그만 허물'은 무시하고 능력을 중시하던 인사관(人事觀)과는 차이가 나는 것이었다. 대간의 '서경제'(署經制)가 장점도 있었지만, 조선조 관료 체제에서 기득권과 신분제를 옹호하는 보루가 되었던 점도 간과할 수 없다는 것이다.

　　이처럼 태종과 세종의 시대에는 상대적으로 신분보다는 '능력'을 중요시하는 인사방침이 살아 있었고, 또 청렴이나 강직 등의 도덕적 장점이나 신분만으로 인재를 기용하는 것이 아니라 업무에 대한 전문성을 우선 고려하였다. 이것은 "이천(李蕆)과 최해산(崔海山)이 오랫동안 군기감(軍器監) 제조(提調)가 되어 불의한 짓을 많이 행하였다 하니" 마땅히 강직 공정하고 청렴한 사람으로 바꾸자는 지신사 인숭선의 건의에 대하여 세종이 "군기감의 사무는 다른 사람이 어찌 이 두 사람의 재능을 바라길 수 있겠는가"29) 하면서 반대하는 것에서도 세종의 인사관을 엿볼 수 있다.

---

27) 《세종실록》 15년 9월 16일(乙未).
28) 《經國大典》, 吏典, 告身.
29) 《세종실록》 13년 10월 13일(甲辰).

문(文)과 무(武)의 조화와 균형을 도모한다

태종과 세종의 시대에는 국정 운영에서, 언제나 국방의 중요성을 염두에 두고, '무사'(武事)에 능통한 인물들을 양성하고 대우하였다. 조선 중기 이후 무관(武官)에 대한 하시(下視)와 국방에 대한 전문지식을 가벼이 여긴 것은 태종·세종시대의 국가경영 방식에서 일탈한 가장 큰 사례 가운데 하나이다. 태종은 "문과 무는 어느 하나를 편벽되이 폐할 수 없는 것"30)을 원칙으로 하였으며, 문과와 무과를 동시에 실시하는 경우가 많았고, 심지어는 문과의 중시(重試)와 함께 무과도 중시를 보아31) 무관들이 언제나 자기 단련을 할 수 있도록 하였다.

또한 문관이라고 하여 국방에 관한 일을 몰라도 되는 것으로 하지 않고, 국방 관련 부서에 보임하고는 '변사'(邊事)에 대해서 공부하는 자세를 가질 것을 요구하였다.32) 이것은 문과 장원들을 예문관이나 승문원에 보임하던 조선 중기 이후와 달리 '전사소윤'(典祀少尹)33) 이나 '광흥창부사'(廣興倉副使)34) 등에 임용한 것으로 보아 문관도

---

30) 《세종실록》 즉위년 10월 9일(乙酉).

31) 《세종실록》 18년 4월 14일(庚戌). 이날 문과 중시 장원인 남수문(南秀文)에게 집현전 응교(應敎)를, 무과 중시의 장원인 이종번(李宗蕃)에게 군기부정(軍器副正)을 제수하고 있다. 또한 세종 29년에도 문과 중시는 근정전 뜰에서 영집현전사(領集賢殿事) 하연(河演)으로 주관하게 하고, 무과 중시는 광화문 밖에서 금성대군(錦城大君) 유(瑜)와 영중추원사 이순몽(李順蒙), 우찬성 김종서(金宗瑞) 등으로 주관하게 하고 있다.

32) 《세종실록》 18년 12월 3일(甲子).

33) 《태종실록》 17년 4월 8일(甲子).

행정실무에 관해 전문지식을 갖출 것을 요구하였음을 알 수 있다.

세종은 태종의 방침을 이어받아 문과와 무과를 차별하지 않고 같이 중시하였으며, 합격자들을 위한 은영연(恩榮宴)도 함께 베풀었다. 세종 16년 3월 1일에 있은 문과와 무과의 은영연에서는 영의정 황희와 무관들의 우두머리인 우의정 최윤덕을 압연관(壓宴官)으로 삼아서 행사를 주관하게 하였다. 조선의 역사가 진행되면서 과거로서의 무과가 점점 '권위'가 떨어진 것은 군주를 비롯한 지도층의 '무사'(武事)에 대한 관심이 점점 약해졌기 때문임을 알 수 있다.

따라서 세종시대에는 무관으로 좌의정까지 오른 최윤덕을 비롯해서 성달생(成達生), 이순몽(李順蒙), 이춘생(李春生), 이종무(李從茂), 하경복(河敬復), 조비형(曺備衡), 마천목(馬天牧), 이천(李蕆), 최해산(崔海山), 박호문(朴好問), 홍사석(洪師錫), 박초(朴礎), 우박(禹博) 등의 무관이 국가의 중요 관직에 취임하였고, 황희(黃喜), 안숭선(安崇善), 김종서(金宗瑞), 황보인(皇甫仁) 등을 비롯한 문관 출신들도 세종의 관심에 따라 '국방'과 '군사'에 대하여 상당한 지식과 식견을 갖추고 있었다.

특히 이때는 무과에도 뛰어난 인재들이 응시하였으니, 심지어는 문과 합격자가 무과에 응시하여 합격하는 사례도 있었다.[35] 문관들이 문과 합격자가 다시 무과에 응시하는 것을 막아달라는 요청을 하였으나 태종은 이를 받아들이지 않을 정도로 무과의 비중을 인정하

---

34) 《태종실록》 18년 4월 14일(庚戌).

35) 《태종실록》 2년 4월 10일(임술). 마암(馬巖)에 행차하여 시행한 무과 복시에 문과합격자인 전(前) 감무(監務) 장온(張蘊)이 4등으로 합격하였다.

고 있었는데, 문과·무과의 복시(覆試)를 같은 때 비슷한 장소에서 실시36)하는 경우도 많았다.

태종과 세종은 정기적으로 군사훈련을 시행하였고, 특히 '대열'(大閱) 때는 문반의 핵심 관료들도 군직을 띤 자는 모두 참여하여 장수의 지휘를 받았다.37) 즉, 다양한 군사훈련과 국방계획에 문무관이 합동으로 참여하는 회의와 행사가 많았기 때문에 자연히 문관과 무관 사이의 알력은 두드러지지 않았고, 무장(武將)도 자신의 전문지식을 피력할 수 있는 기회가 많았다. 이것은 태종과 세종 모두 군사지식이 풍부하였던 것에서 유래한다 할 수 있다.

또한 이때는 무비와 전쟁에 관한 문제는 '군사를 아는 사람'들의 견해가 왜곡 없이 반영되었고, 조정에서는 '기습'과 '적을 속이는' 논의38)가 아무런 이념상의 제약 없이 논의될 수 있었다.

> "피차 서로 왕래하면 반드시 소문이 날 것인데, 하물며 지금 다리를 만들고 배를 만들면, 어찌 능히 저들로 하여금 알지 못하게 하오리까. 비록 사람을 보내 위유할지라도 반드시 믿지 않고, 도리어 의심을 품을 것이니, 서서히 얼음이 얼기를 기다린 뒤에 그 뜻하지 아니할 때를 타서 가볍게 가서 습격할 일입니다."39)

---

36) 《태종실록》 17년 4월 8일(甲子). 경회루 아래에서 문·무과 복시를 함께 실시하여, 문과는 한혜(韓惠) 등 33인을 뽑고, 무과는 전선생(田善生) 등 28인을 뽑았다.
37) 《세종실록》 3년 5월 14일(乙亥).
38) 《세종실록》 15년 2월 28일(壬子).
39) 위와 같음.

이처럼 '기습'을 권하고, 세종 역시 그 지역 안의 '권모와 지략이 있는 자와 비밀히 의논할 것을 주문하고 있다. 이것은 중종 때 비슷한 상황을 두고, 조광조가 '왕자(王者)의 군대'라는 명분으로 '기습'에 관한 논의를 중지시키는 것과 대조된다.

태종과 세종대의 무인 우대책은 곳곳에서 나타나거니와,40) 전공(戰功)을 세운 장수들에 대해서는 특별히 인견(引見)하고 잔치를 베풀어 전공을 치하하는 사례41)가 많았고, 현실적으로도 무인들이 현직(顯職)에 진출하는 것42)에 별 다른 장애가 없었다. 특히, 후기와 달리 중추원의 고관은 대개 무인들이 차지하고 있었다.43) 외교활동에서도 사안에 따라서는 무반 출신 인사라고 별 다른 차별을 두지 않았으며,44) 심지어 왕세자빈으로 상호군 김오문(金五文)의 딸을 맞

---

40) 예를 들면, 《태종실록》 17년 3월 10일(丙申)에서는 찬성(贊成) 김한로(金漢老)와 삼군진무(三軍鎭撫) 이극문(李克文), 병조지인(兵曹知印) 강권선(康勸善)의 다툼에서, 왕의 지시를 유도해 내어 최윤덕 등이 김한로의 창두(倉頭)에게 장(杖) 80을 치는 일이 있었고, 특히 세자의 혼인을 무반인 상호군(上護軍) 김오문(金五文)의 집과 맺고 있다.(《세종실록》 9년 2월 19일)

41) 《세종실록》 1년 8월 1일(癸酉), 8월 10일(壬午).

42) 예를 들면, 《세종실록》 9년 1월 25일자 인사에서 최윤덕에게 판좌군부사(判左軍府事), 조비형(曹備衡)에게 참찬의정부사(參贊議政府事), 성달생(成達生)에게 공소판서, 이천(李蕆)에게 공소참판을 제수하였는데, 이들은 모두 무반(武班)이었다.

43) 《세종실록》 14년 3월 18일. 문관과 무관을 중추원에 발령하였는데, 최윤덕(崔閏德), 이징(李澄), 하경복(河敬復), 성달생(成達生), 조비형(曹備衡) 등 무반의 중진들이 고위직을 점하였다.

44) 《세종실록》 3년 10월 3일(壬辰). 이날 공조판서 최윤덕과 좌군총제(左軍摠制) 황자후(黃子厚)는 북경(北京)으로 출발하기 전에 고별하러 태상왕(태종)을 뵈러 왔고, 판부사 이화영(李和英)과 장흥군(長興君) 마천목(馬天牧)은 명나라에 갔다가 돌아왔다는 인사를 왔으므로 낙천정에서 연회를 베풀고 있다. 최윤덕·황자후·이화영·마천목은 모두 무반 출신이다.

기도 하였다.[45]

특히 이 시기에는 문관과 무관 사이에 특별한 갈등이 없었으며, 무관이 맡는 직위도 '문한(文翰)'이나 '학문'을 주로 담당하는 직위 말고는 별 다른 제한이 없었다. 오히려 고위의 무관이 전선으로 나갈 때는 문관 출신의 부관이 보좌하는 것이 기본이었고, 고위직 문·무관은 문직(文職)과 무직(武職)을 구별 않고 교차임용하기도 하였다. 예를 들면, 세종 9년 1월 25일자 인사에는 무관인 조비형(曹備衡)이 참찬의정부사, 성달생(成達生)이 공조판서, 이천(李蕆)이 공조참판으로 임명되고 있는데, 조선 후기에는 상상하기 어려운 인사이다.

세종 즉위년만 해도 무관인 박자청(朴子靑)과 이명덕(李明德)이 참찬의정부사(參贊議政府事)와 병조참판에 진출하고 있다.[46] 그리고 최윤덕을 우의정으로 임명할 때도 김종서를 보내어 의논시키니 "윤덕은 공평하고 청렴하며 정직하고 부지런하며 조심하여 봉공(奉公)하는 사람이니, 비록 수상을 삼을지라도 어려움이 없다"[47]는 합의를 하고 있다.

이처럼 태종과 세종시대에 추진된 문무균형정책은 조선의 관료제를 건강하고 활력이 넘치는 것으로 만들었고, 신하들의 능력을 양성하여 국가의 동량으로 만들겠다는 군주의 교육적 리더십 속에서 큰

---

45) 《세종실록》 9년 2월 19일(丁丑). 이날 세종은 판부사 최윤덕과 병조참판 성엄(成揜)에게 명하여 상호군 김오문의 집에 납폐하게 하였다.

46) 《세종실록》 즉위년 8월 27일(甲辰).

47) 《세종실록》 15년 5월 16일(戊辰).

갈등 없이 각자의 장기를 발휘할 수 있었다.

'전문성'뿐 아니라 '종합적 안목'도 갖추게 한다

태종과 세종의 시대에는 '수사(修辭)나 번지르한 말'만으로 자기 존재를 부각시키기 어려웠다. 하위직급에 있을 때는 자기가 맡은 소관 직무에 헌신하도록 하고, 때때로 '경차관(敬差官), 또는 '성기순심사'(城基巡審使), '행대감찰(行臺監察) 등의 특수한 직무를 맡겨서 '현장' 중심으로 문제를 파악하고 대책을 내어놓게 하여 인품과 능력을 시험하였다. 나아가 정경(正卿)이 되기 직전에는 각 조(曹)의 참판과 지방의 관찰사, 승정원 지신사, 대사헌 등의 관직을 거치게 하여 국정 전반에 대한 안목을 키우고, 각 부서의 입장에서 '문제'를 어떻게 다르게 볼 수 있는가를 터득하게 하였다.

특히, 세종은 '현장' 확인의 행정을 중시하고, 정책결정이나 집행을 '사실 확인'의 근거 위에서 추진하였다. 이것은 세종시대에 많이 나타나는 '경차관, '순심사'(巡審使), '순무사'(巡撫使) 등의 직임을 띠고 주어진 기간 동안 특정 지역에서 활동한 일이 많았던 데서도 알 수 있다. 심지어는 현직 판서끼지도 현장 확인을 위하여 투입하고 있었음48)을 알 수 있다. 더구나 지방 사정의 보고에는 "도내 각 관청의 기민(饑民)이 남녀 장정과 약한 자 합해 모두 12만 249명인데,

---

48) 《세종실록》 11년 2월 10일(丙戌). 병조판서 최윤덕을 충청·전라·경상도 도순무사(都巡撫使)로 삼아, 이 지역의 성곽 실태를 파악하고 대책을 강구하도록 하고 있다.

진제(賑濟)한 미곡이 1만 1300석, 장이 949석"[49]과 같이 정확한 숫자 파악이 이루어져야 하였다.

정2품의 정경이 되면, 국가의 중대사에 적극적으로 참여하여 의견을 펼 수 있는 기회가 주어지는데, 대체로 국가경영에 관한 중요한 정사를 논의할 때는 의정부, 6조, 그리고 2품 이상의 관원, 일찍이 현장에서 행정을 책임졌던 관료들에게 의견을 물었다. 그리고 전관(前官)이라고 해서 경험을 사장시키는 것이 아니라, 특정 부문에서 경험과 전문성이 인정될 경우에는 전관과의 의논이 필수적인 것이 되도록 조치하기도 하였다. 세종시대에 오랫동안 함길도 도절제사를 지내면서 6진(六鎭)을 개척한 김종서의 경우가 그랬다.

> "금후로는 함길도의 사변(事變)과 방어(防禦)하는 등의 일은 반드시 형조판서 김종서와 같이 의논하라."[50]

세종의 이러한 지시는 조정에서의 정무 논의에 전문성을 높이기 위한 하나의 방책이었다. 이러한 논의 과정에서 의논하는 사람의 '식견'과 '재능' 등을 관찰할 수 있었고, 해당 신료는 자신의 부족한 점을 알고 분발하게 하였다.

요약하면 이 시기의 많은 신하들은 세종을 '아첨하는 말로 속일 수 있는 군주'로 생각할 수 없을 정도로 학문이나 정치적 판단력, 통솔력, 결단력 등이 탁월하였다. 세종은 이처럼 수많은 정책 논의의

---

49) 《세종실록》 1년 5월 10일(甲寅).
50) 《세종실록》 23년 1월19일(丁巳).

과정을 거쳐, 태종으로부터 검증받은 바 있는 정경들의 학식과 정책 능력, 인품, 건강, 리더십 등을 다시 한 번 살폈고, 이 가운데서 '정승'(政丞)을 발탁해서 일을 맡겼던 것이다.

5. 맺음말 — 양재용현(養材用賢)과 국가의 성쇠

세종시대의 '풍평지치'(豐平之治)는 저절로 달성된 것이 아니라 유교적 군사(君師) 모델에 따라 용의주도한 인재 양성을 통해 경륜이 축적된 인재들의 보좌와 연관되어 있었다[養材用賢]. 특히 세종시대가 태종에 의해서 준비되고 있었음을 알 수 있는데, 그 핵심에 유능한 인재들을 양성하여 풍부하게 공급한 사실이 있음을 알 수 있다. 태종이 황희에 대해서 "부모가 자식을 무육(撫育)하여 기르는 것 같이 하였다"는 진솔한 언급에서부터, 상왕으로 물러난 뒤 남원에 정배되어 있던 황희를 다시 등용하도록 하는 조치에서도 태종의 의중을 읽을 수 있다.

'인사(人事)가 만사(萬事)'라는 말은 옛날부터 전해오는 말이지만, 태종과 세종의 유교적 '군사 모델'에 따른 인재의 양성과 인사운용은 유교국가 인사의 '이상형'에 가깝다. 정무 논의 과정에서 신하들이 '파벌'을 만들게 하지도 않았고, 신하들에게 휘둘려 판단을 그르치지도 않았다. 유능한 신하에게는 지속적인 '관심'과 '배려'가 따랐고, 심지어는 '유배'나 '파직'까지도 '큰 그릇 만들기'라는 교육적 맥락에서 활용하였다. '작은 허물'을 추궁하여 '큰 재능'을 사장시키지 않았고, 감정에 휘둘려 '인재'를 버려두는 법도 없었다. 작은 일을 맡겨서 능력을 검증한 다음 차츰 중요한 직임을 맡겼고, 측근에 두어 '민생'과 '실용'을 생각하는 군주의 뜻을 헤아리고 체득하게 한 다음, 안팎의 더 중요한 직임을 맡게 하였다. 또한 노성한 선배 대신들의 논의과정에 참여하게 하여 그 식견과 판단력을 습득하게 하면서 노(老) · 장(壯)의 조화와 도덕과 경세의 균형을 도모하였다. '인재 양성'에 큰 관심을 보여 범정부적 노력을 한 것이 '집현전 설치'와 '사가독서제'(賜暇讀書制)의 실시로 나타났으며, 이것은 지식사회를 격동시켜 조야(朝野)를 불문하고 학문하는 분위기를 드높였다. 무관을 차별하지 않고, 국방에 관한 전문지식을 높이 평가하여 인재를 활용하였으니, 최윤덕(崔閏德), 하경복(河敬復), 이종무(李從茂), 조비형(曺備衡) 등은 이 시대의 간성이었다. 대마도 정벌은 물론, 4군 개척과 6진 설치의 성공적 마무리는 무관에 대한 평소의 관심과 배려의 결과였다.

관노(官奴)라도 재간이 있고 용력이 있으면 '호군'(護軍)으로 발탁한 것은 태종이었고, '기생의 자식'이라는 이유로 하시(下視)받던 장영실을 기용한 것은 세종이었다. 세종조의 주변 환경이 그렇게 평안한 것이 아니었음에도 국방과 경제는 물론, 과학과 학문, 예술 등 모든 방면에서 두드러진 발전상을 보인 이면에는, 이 시대 특유의 '인재양성'과 '인사운용'(人事運用)이 있었던 것이다.

뒷날 정변으로 공신이 남발되면서 '돌림 정승', '돌림 판서'라는 명목이 생길 정도로 능력을 불문하고 2, 3개월 동안 재임시키거나 정치적 고려로 고위직을 배정하는 '인사'는 세종조 인사법의 왜곡이요 군사 모델로부터의 일탈이라고 할 수 있다. 임진·병자의 참혹한 외침을 겪은 것은 바로 이 태종과 세종시대의 인재양성과 인사운용의 장점이 사라졌던 데서 기인한다 해도 과언은 아닐 것이다. 즉, 세종의 치세는 한 시대의 성쇠나 국가의 흥망을 결정하는 가장 중요한 요인이 '인재의 양성'과 '인사의 운용'에 있음을 극명하게 보여주는 역사적 사례라 할 것이다. 어쩌면 유교적 관료체제는 '군사 모델'을 전제로 설계된 것은 아닐까? 그렇다면 유교적 관료체제에 대한 이해의 시각을 근본적으로 재조정해야 하는 것인지도 모르겠다.

끝으로, 이 글은 세종조 관료체제를 구성하였던 다양한 분야와 직급에 따른 관료들의 관력(官歷)에 대한 세부적인 분석을 기초로 포괄적인 결론을 이끌어내지 못하였기 때문에 아직은 제한적이다. 그런 의미에서는 세종조 '인사'에 대한 연구의 출발이자 '가설 형성'의 수준이라고도 할 수 있다. 좀 더 진전된 연구는 다음을 기약하고자 한다.

참고문헌

《태종실록》, 《세종실록》
《경국대전》, 이전(吏典), 고신(告身).

권연웅, 〈세종조의 경연(經筵)과 유학〉, 한국정신문화연구원 편, 《세종조문화연구(I)》, 박영사, 1982.
김의규 편, 《고려사회의 귀족제설과 관료제설》, 지식산업사, 1985.

박병련, 〈춘정(春亭) 변계량(卞季良)의 정치사상과 정치활동〉, 밀양문화원 주최 '춘정변계량선생의 경륜과 학문' 학술회의 발표문(2006. 6. 28).

박현모, 〈세종의 공론형성과 국가경영〉, 정윤재 외, 《세종의 국가경영》, 지식산업사, 2006.

이한수, 《세종시대의 가(家)와 국가》, 한국학술정보(주), 2006.

정윤재 외, 《세종의 국가경영》, 지식산업사, 2006.

세종시대 내부통제 시스템

전 성 호

프랑크푸르트대학교 동아시아학 객원교수

동아시아의 유교 국가는 다른 어떤 국가보다도 행정 부문에 대한 재정지출을 감소시켰으며
행정부문 내에서 회계는 내부통제, 예산계획, 감사보고 및 관리의 효율성 평가를 위한
가장 주된 기능을 수행한 것으로 알려져 왔다.

조선왕조도 자생적으로 산업혁명이라는 근대적 메카닉 시스템을 형성하는 데 실패한 역사지만,
국가 재정의 물질적 수단이었던 금·은·동을 비롯한 곡물·면포 등
모든 물질의 출납을 통제하기 위한 행정 시스템의 요체로서 회계는 매우 발달한 상태였다.

이 글에서는 15세기 회계제도로서 발달한 감합(勘合)법과 중기(重記)법을 중심으로
우리 고유의 내부통제 시스템이 어떻게 작동하고 있었는지를 살펴보려고 한다.

이를 위하여 먼저 훈민정음 창제 이전의 이두와 회계와의 관계를 살펴서
훈민정음 창제와 내부통제 시스템 구축과의 상호 연관성에 대해서 살핀다.

또 《대명률직해》와 《경국대전》 등 법전에 명시된 내부통제 시스템의 규정과 시행과정을 살펴서
세종시대 내부통제 시스템이 감합법과 중기법의 복합 시행으로 발전된 사실을 제시하려고 한다.

회계를 통하여 내부통제 시스템이 어떻게 정비되었고, 소리글자인 우리글이 회계용어에서
차지하는 위치와 소리의 표준화와 내부통제 시스템과의 관계를 고찰하여
세종의 국가 경영의 요체는 '소리 체제로 확립한 내부통제 시스템'이라는 것을 밝혀보려고 한다.

1. 머리말

오늘날 우리가 쓰고 있는 회계란 단어는 그리스어로 'Logos', 라틴어로 'Ratio'와 관련된 단어로서 생각(thought), 이야기(speech), 회계(account), 이성(reason), 비율(proportion), 원리(principle), 표준(standard)이란 의미를 갖는다. '계산하여 보고한다'라는 본래적 의미의 회계는 르네상스 시기에 집중적으로 사용되었으며, 서구 유럽에 근대세계를 열어준 핵심적인 가치체계로 인식되어 왔다. 이탈리아의 경우, 회계와 경영기술을 나타내는 단어는 'Ragioneria'이고, 프랑스에서는 가계부의 의미를 갖는 용어가 'un livre de reison'이다. 스위스에서는 이탈리아어에서 유래된 'Ragionenbuch'란 단어를 'Bookkeeping'의 의미로 쓰고 있다.[1]

동아시아 한자문화권에서 회계(會計)란 단어는 회합(會合), 집합(集合), 집계(集計), 합계(合計), 보고(報告)의 의미를 갖는다. 회계가 보고의 의미까지 갖고 있다는 것은, 회계는 단순히 집계하는 기능만 있는 것이 아니라 집계한 결과의 정확성을 점검하고 그것을 보고하

---

[1] Bruce G. Carruthers: Wendy Nelson Espeland, "Accounting for Rationality: Double-Entry Bookkeeping and the Rhetoric of Economic Rationality", *The American Journal of Sociology*, Vol 97. No 1. Jul. 1991, pp.31~69; Jack Goddy, *The East in the West*, Cambridge University Press. 1996, p.49.

는 의미를 가지고 발달해 왔기 때문이다.2)

현대 회계학에서도 회계는 정보이용자가 적절한 판단과 의사결정을 할 수 있도록 경제적 정보를 식별하고 측정하여, 이를 전달하는 보고과정을 중시한다. 오늘날 회계 자체를 정보학으로 규정하는 경향이 강한데, 그 이유는 정보의 의미와 회계의 의미는 통제(control), 제약(constraint), 자료(data), 지식(knowledge) 소통(communication)이란 의미를 공유하고 있기 때문이다. 따라서 동서고금(東西古今)을 막론하고 회계체계를 한마디로 요약하면 정보소통(情報疏通) 체계다. 즉, 기독교 전통이 강한 서양의 경우, 신과 인간과의 믿음의 정보소통이며, 국가 행정의 전통이 강한 동양의 경우, 국가와 인민과의 상호 신뢰의 정보소통으로 요약된다.

국가행정이 비교적 발달한 유교문명권에서 회계는 국가통계(statistics=state-craft)의 원천으로 작용하였다. 국가체제의 발달은 곧 통계의 발달로 연결되는데, 회계는 바로 국가와 인민과의 물질 매개 고리인 세금의 흐름을 관리해 주기 때문이다. 반면에, 고대 로마의 도시 가정경제(oeconomy)와 중세 장원경제에서 출발한 서양의 회계는, 동양의 회계에 비하면 국가 관리학으로의 기능은 약한 편이라고 하겠다. 지금까지 국내 학계에서는 동양의 국가 관리학이 서양에 비해 역사적 비교우위를 갖는 점을 외면해 왔다고 볼 수 있다. 그러나 서유럽에서 발달한 정치경제학이나 국가관리학이, 유학사상의 영향을 강하게 받아서 형성되었다는 사실은 국내 학계에 별로 소개되지

---

2) 津谷原弘, 《中國會計史》, 稅務經理協會, 1997, 5쪽.

도 연구되지도 않았다.3) 예를 들어, 국가관리학의 핵심 분야인 내부통제, 예산계획, 감사 등은 중국 주(周)나라에서 가장 발달한 것으로 회계사학계에서는 알려져 있으나, 국내 유학 연구에서 이 분야는 소홀한 것이 사실이다.4)

유학사상을 기반으로 한 국가는 다른 어떤 국가보다도 행정 부문에 대한 재정지출을 감소시켰으며, 행정 부문 안에서 회계는 내부통제, 예산계획, 감사보고 및 관리의 효율성 평가를 위한 가장 주된 기능을 수행하였다.5) 중국과 함께 조선왕조 500년의 역사도 자생적으로 산업혁명이라는 근대적 메카닉 시스템을 형성하는 데 실패한 역사지만, 국가 재정의 물질적 수단이었던 금·은·동을 비롯한 곡물·면포 등 모든 물질의 출납을 통제하기 위한 행정 시스템의 요체로서 회계는 매우 발달한 상태였다.

흔히 유학을 이념으로 세워진 조선왕조의 행정 시스템이 500년 동안 같은 체제로 유지되어 온 것에 대해 부정적인 견해를 갖지만, 회계사적으로 볼 때 500년 동안 한 체제를 유지해온 것은 매우 경이로운 사실이다. 왜냐하면, 회계의 주요 목적이 조직의 장기지속성을 이룩하기 위한 내부회계 통제 시스템(internal accounting control system)

---

3) 유학사상이 근대 계몽주의 국가관에 영향을 준 사실에 대해서는 전성호, 《조선시대 호남의 회계문화 — 한국경제민주주의의 기원을 찾아서》(다할미디어, 2007) 2장에 자세하게 소개되어 있다.

4) Phillip Fu, "Governmenttal Accounting in China during the Chao Dynasty(1122B.C.~256B.C.)", *Journal of Accounting Research* 9(Spring, 1971), pp.40~51.

5) Michael Chatfield, *A History of Accounting Thought*, Krieger Publishing Co., 1977; 이정호 역, 《회계사상사》(경문사, 1985), 10쪽.

에 있기 때문이다. 현대 회계학에서 내부회계 통제 시스템은 1) 어느 조직이나 단체의 자산을 부정(fraud)이나 의도하지 않은 실수(unintentional errors)에 의한 손실로부터 보호하고, 2) 조직 경영의 의사결정에 사용되는 회계자료의 정확성과 신뢰성을 점검하며, 3) 담당 업무의 책임을 효율적으로 구현하기 위한 시스템을 지칭한다.6)

14세기 말에 출발한 조선왕조는 이전까지 한반도에 수립된 어떤 왕조보다도 농업에 비중을 둔 농업국가라고 할 수 있다. 농업국가의 국가경영에서 가장 중심은 종자관리, 인구 재생산관리, 토지관리, 그리고 창고의 화폐와 곡식의 출납 관리를 시스템적으로 확보하는 문제였다. 따라서 15세기 세종의 치적을 내부회계 통제 시스템 확립이라는 시각으로 정리하는 것은 국가경영 시스템 탐구에서 필연적이라 할 수 있다.

또한 최근 정치학계를 중심으로 연구되어 온 국가경영 차원에서의 세종 연구를 보면, 국토 영역의 확립, 국민 언어의 통일, 여론 수렴을 통한 정책 결정 등 기존 역사학계의 접근 방식과 달리, 사회과학적 방법론을 가지고 세종 연구의 새로운 지평을 개척한 것을 알 수 있는데,7) 이 글이 이러한 사회과학 분야의 새로운 시도에 일조를 할 수 있다고 생각한다.

이 글에서는 15세기 회계제도로서 발달한 감합(勘合)법과 중기(重記)법을 중심으로, 우리 고유의 내부통제 시스템이 어떻게 작동하고

---

6) Paul Grady, "The Broader Concept of Internal Control", *The Journal of Accountancy*, May 1967, p.41.

7) 정윤재 외, 《세종의 국가경영》(지식산업사, 2006).

있었는지를 살펴보려고 한다. 이를 위하여, 먼저 훈민정음 창제 이전의 이두와 회계의 관계를 살펴서, 훈민정음 창제와 내부통제 시스템 구축의 상호 연관성에 대해서 알아본다. 다음으로《대명률직해》와《경국대전》등 법전에 명시된 내부통제 시스템의 규정과 그 시행과정을 살펴서, 세종시대 내부통제 시스템이 감합법과 중기법의 복합 시행으로 발전된 사실을 제시하려고 한다. 회계를 통하여 내부통제 시스템이 어떻게 정비되었고, 소리글자인 우리글이 회계용어에서 차지하는 위치와 소리의 표준화와 도량형과의 관계를 고찰하여, 세종의 국가경영 요체는 '소리 체제로 확립한 내부통제 시스템'이라는 것을 밝혀보려고 한다.

2. 훈민정음 창제와 내부통제 시스템 확립의 관계

고대 바빌로니아, 이집트, 중국, 그리스, 로마 등 국가조직이 발달한 문명사회에서 사용된 각종 문자(文字)는 거래의 기록과 계약의 신뢰를 공증하기 위한 고안물이라는 사실이 밝혀졌다.8) 문명사적 관점으로 볼 때, 인류가 지구상에 존재하면서 남긴 기록물과 특정한

---

8) 바빌로니아에 대해서는 Tom B. Jones, "Bookkeeping in Ancient Sumer", *Archaeology* 9, 1966, p.17; Orville R. Keister, "The Mechanics of Mesopotamian Record−Keeping", *The National Association of Accountants Bullein* 46, Feb. 1965, p.24 참조. 그리스 로마에 대해서는 Edward Gibbon, *A History of the declined and Fall of the Roman Empire*, E. M. Bury, ed., New York: The Macmillian Company, 1909~1914, vol. 1, p.158 참조.

부호체계는 대부분 회계행위로서, 원시 고대부터 인류는 회계라는 질서정연한 정보체계를 발달시켜 온 것으로 알려졌다. 반면에, 국내 학계에서 세종의 훈민정음 창제와 회계와의 관련을 규명한 연구는 거의 없다고 해도 지나치지 않을 정도로, 회계와 문자와의 연관을 생각하는 사람은 없었다.

재레드 다이아몬드는 《총, 균, 그리고 쇠》9)라는 저서에서, 인류가 문자를 창안한 이유는 회계의 필요성 때문이라고 단언하고, 한글을 인류가 창안한 문자 가운데 가장 완벽한 글자라고 격찬하였다. 재레드 다이아몬드의 논리에 따르면, 결국 한글을 보유한 한국이 가장 완벽한 회계 시스템이 발달한 국가가 되는 셈이다. 문자와 회계의 연관은 케임브리지대학의 잭구디도 주장하였는데, 그는 한국의 고유 회계기술에 대해 관심을 기울인 학자다. 그는 복식부기로 상징되는 합리주의 문화의 기원이 동양에서 비롯되었다는 《서양 속의 동양》이란 책10)을 출판하여, 유럽중심사관을 근본적으로 부정한 바 있다. 이 두 사람의 논리를 결합하면, 한국이 한글이라는 소리글자를 가진 것은 회계문명이 고도로 발달한 국가라는 사실을 웅변한다.

재레드 다이아몬드와 잭구디가 주목한 한글과 회계의 관련이, 흥미롭게도 한글 창제 시기 세종과 정인지가 왜 훈민정음을 창제하게 되었는지를 설명하는 글과, 그리고 창제를 반대한 최만리의 상소 속에 제시되어 있다. 세종이 스스로 밝힌 훈민정음 창제의 취지는, 국

---

9) Jared Diamond, *Guns, Germs, and Steel: The Fates of Human Societies*, W. W. Norton & Company, 1999.

10) Jack Goody, *The East in the West*, Cambridge University Press, 1996, p.77.

가가 백성을 사랑하기 때문에 백성들을 위하여 정보소통의 편리를 도모한 것으로 요약되며, 정인지는 신하로서 왕의 명을 받들어 훈민정음을 창제하였으며, 그 의의는 백성들이 수행하는 법률행위와 경제행위의 편리성 때문이라고 구체적으로 밝혔다. 훈민정음 창제를 반대한 최만리도, 훈민정음 없이 이두만 가지고 수천 년 동안 아무런 불편 없이 법률 및 회계행위를 수행해 왔다면서 반대를 고집한다. 훈민정음 창제를 둘러싼 세 사람의 논의를 통해 훈민정음 창제의 진정한 의의를 구명할 수 있다. 먼저, 세종은 《어제훈민정음》에서 다음과 같이 그 의의를 밝혔다.

> 나랏말이 중국과 달라 문자(文字)와 더불어 서로 맞지 아니하므로, 문자생활을 할 수 없는 백성들이 말하고 싶은 것이 있어도 마침내 제 뜻을 제대로 펼치지 못하는 사람이 많다. 내 이를 딱하게 여기어 새로 28자(字)를 만들었으니, 사람들로 하여금 쉬 익히어 일상생활을 편하게 할 뿐이다.[11]

여기서 세종이 언급한 문자(文字)[12]란 단순히 중국 한자를 가리

---

11) 《세종실록》 권113, 28년(1446) 9월 29일(갑오) 네 번째 기사. 國之語音, 異乎中國, 與文字不相流通, 故愚民有所欲言, 而終不得伸其情者多矣. 予爲此憫然, 新制二十八字, 欲使人易習, 便於日用耳.

12) 현대 우리가 사용하는 문자(文字)에 대한 국어사전의 설명은, '1) 한자로 된 숙어나 성구, 또는 문장, 2) 말이나 소리를 눈으로 볼 수 있도록 적기 위한 일정한 체계의 부호 결승(結繩)/회화(繪畵)/상형(象形)/설형(楔形)/표의(表意)/표음(表音)문자가 있고, 표의문자로 한자가 대표적이고, 표음문자로 한글·라틴·일본가나, 3) (이두) 문장 증서' 세 가지 용례를 밝히고 있다. 이 가운데 15세기 세종의 《어제훈민정음》에 사용된 문자는 1), 2)보다는 3)의 의미에 훨씬 더 가깝다.

키는 것은 아니다. 지금까지 한글학계에서는 중국 한자로 번역해 왔으나, 회계사적 견지에서 보면 아주 잘못된 번역이다. 세종이 언급한 문자(文字)와 문자생활(文字生活)은 단순히 중국 문자인 한문이 아니라, 공공적으로 증거력을 갖춘 문서로서 법률행위 또는 계약행위에 수반되는 문서 및 그 공증행위를 의미한다. 이렇게 해석을 할 경우, 당시 백성은 글자를 모르는 문맹 상태의 백성이 아니게 되고, 훈민정음 창제 동기가 문맹 상태의 백성을 불쌍하게 여겨서가 아닌 것이 된다. 세종은 백성을 불쌍하게 취급한 것이 아니라, 국가경영체계로서 표준화된 문서 양식을 제공하지 못함에 따라 발생하는 국가와 인민과의 정보소통체계의 결핍을 안타까워한 것이다. 당시 '문자생활을 할 수 없는 백성'이란, 민간에서 국가 세금납부 사실 증명이나 호적등록 사실 증명, 또는 민간인 사이에서 계약의 효력을 갖는 문서의 작성을 스스로 할 수 없는 사람을 가리킨다. 고려와 국가경영 시스템을 달리한 조선왕조는, 중앙 귀족이나 지방 호족이 아닌 일반 백성을 국가경영의 요체로 삼았기 때문에, 법률문서 작성이나 계약문서 작성 과정에 자신의 뜻을 제대로 반영하지 못함에 따라 발생하는 불이익을 국가가 나서서 해소해 주어야 하는 문제가 심각했다.

따라서 《어제훈민정음》에 등장하는 문자란, 법률적으로 효력을 갖는 공증문서나 경제나 회계 행위의 증거로서 제출해야 하는 증빙문서를 의미한다. 세종이 언급한 문자를 공증문서 또는 증빙문서로 번역해야 하는 근거는, 1402년 태종이 조선왕조를 창업하기 위하여 여러 법률을 제정할 때, 다음과 같은 회계법에 해당되는 조문에 분명히 명시되어 있기 때문이다.

전곡(錢穀)의 출납(出納)과 회계(會計), 이문(移文) 등의 법을 정하였다. 임금이 지신사 박석명을 시켜 상정도감(詳定都監)에 전지(傳旨)하기를, "여러 창고의 전곡의 출납은 제조(提調)가 관장하게 하고, 그 회계는 사평부(司平府)에 보고하고, 그 문자(文字)를 서로 통하는 격식을 상정하여 시행하라" 하였다. 제조 하윤(河崙), 권근(權近) 등이 상언(上言)하기를, "주관(周官)의 사회(司會)와 한(漢)나라의 평준(平準)과 당(唐)나라의 탁지(度支)와 송(宋)나라의 삼사사(三司使)의 관직은 오로지 중외(中外)의 전곡 출납을 맡았습니다. 이제부터 여러 창고의 전곡 회계는 사평부에 보고하고, 그 문자는 낭청(郎廳)의 아전[員吏]이 육전(六典)에 의하여 서로 왕래하게 하소서" 하여, 윤허한 것이었다.13)

태종이 언급한 "문자상통"(文字相通)이나 하윤·권근이 올린 글에 모두 "其文字, …六典相通"이 나오는데, 이는 세종의 《어제훈민정음》 본문의 표현 "與文字不相流通"과 그대로 일치한다. 1402년 1월 16일 일기 기록으로 미루어 보아, 훈민정음의 창제에 대한 필요성은 법률과 회계 등의 국가체제를 유지하기 위하여 이미 태종 때부터 논의되어 온 사실임을 직시하여야 한다. 세종대의 훈민정음 창제 이전

---

13) 《태종실록》 권3, 2년(1402) 1월 16일(己亥). 定錢穀出納及會計移文等法. 上令知申事朴錫命傳旨于詳定都監曰: "諸倉庫錢穀出納, 以提調掌之. 其會計報司平府, 其文字相通格式, 詳定施行." 提調河崙·權近等上言曰: "《周官》司會·漢之平準·唐之度支·宋朝三司使之職. 專秉中外錢穀出納. 今諸倉庫錢穀會計, 報司平府, 其文字, 郎廳員吏依《六典》相通." 允之.

에 태종 때부터 국가와 민간과의 법률이나 경제 문제 해결에 증거력을 갖춘 공증문서 체제 통일이 절실히 요청되었고, 그 격식의 표준화가 필요하였던 것이다. 그러나 훈민정음 창제 이전까지 당시 법률이나 회계 증빙문서를 위해 사용해 왔던 이두는 표준화가 대단히 어려운 상태였지만, 태종 때까지 훈민정음이라는 표준화된 문자를 창안할 생각은 전혀 못하고, 이두를 가지고 공증문서의 격식만 갖추기 [其文字相通格式] 위해 노력하였던 것이다.

15세기 《어제훈민정음》에 기재된 '문자'를 중국 한자가 아닌 회계나 법률 등의 공증 또는 증빙문서로 번역해야 하는 근거는 다음과 같은 사실에서 더욱 명확하다.

1404년 노비 소유권 문제로 허기(許愭)란 인물이 여흥부원군(驪興府院君) 민제(閔霽), 좌정승(左政丞) 하윤(河崙), 판사평부사(判司平府事) 이직(李稷)을 상대로 신문고를 울리면서 원통함을 하소연하는 사건이 있었다. 이때 태종은 시비를 가리라는 지시를 대간(臺諫)에게 내리는데, 대간은 허기란 인물이 증빙서류를 위조한 사실을 발견하여 왕에게 보고하였다. 당시 증빙서류를 위조한 행위를 "위조문자"(僞造文字)라고 기록하였다. 이때 문자를 중국 한자로 번역하면 문리가 안 맞다.14) 따라서 15세기 훈민정음 서문에 등장하는 문자는

---

14) 《태종실록》 권7, 4년(1404) 1월 12일(甲寅). 命臺諫辨宋氏奴婢及趙夫女奴婢得失. 宋氏, 前朝判三司事全普門之妻也. 無後而死, 奴婢甚多. 前典醫少監許愭等, 以收養故, 傳得役使, 宋氏內外族人驪興府院君閔霽·左政丞河崙·判司平府事李稷等訟于辨定都監, 盡奪之. 至是愭擊申聞鼓訴冤, 上進兩邊文卷而覽之, 下其狀於臺諫, 命之曰: "兩邊是非, 予已知矣. 大臣尙不親細務. 況人君乎? 爾等三日內, 辨其是非, 開具以聞." 臺諫以愭僞造文字; 霽等雖宋氏之族, 然非四寸, 又無傳係, 故皆屬公.

증빙문서고, 훈민정음 창제와 과학적 회계의 관계를 제시하는 매우 중요한 사안이므로 정확한 번역이 필요하다고 본다. 세종의 훈민정음 창제 의의는 회계나 법률생활과의 정보소통이 원활하지 못하여 [與文字不相流通] 일상 법률생활이나 경제생활이 불편하기 때문에, 이를 통하게 하여 일상생활의 편리[便於日用耳]를 도모하기 위함으로 요약된다.

다시 강조하지만, 여기서 세종이 언급한 문서생활이란 국가와 백성 사이의 정보소통으로서 회계 시스템이나 법률 시스템을 가리킨다. 세종이 훈민정음 창제의 의의를 말로 소통되는 언어생활과 글자로 소통되는 문자생활이 서로 맞지 아니한 불편함을 해소하기 위함에 둔 것을 한마디로 요약하면, 일상생활에서의 균형(balance)이다. 회계학과 법률학의 핵심은 균형에 있다. 균형이라 함은 서양 회계 시스템이나 경제학에서 핵심이 되는 개념이지만, 사실 우리 내부에서는 이미 균형사상의 핵심원리가 회계 시스템을 중심으로 발달해왔다고 볼 수 있다. 왜냐하면 유학의 핵심이 '서'(恕)고, 기독교의 핵심이 '사랑'(love)이라고 할 때, '수믓'과 '서', '사랑'이 서로 같은 의미로 소통되기 때문이다. 본래 회계는 천문학에서 전갈좌와 처녀좌 사이의 균형좌(balance)와 연관이 있다. 이 균형은 '수믓'해야 가능하다. 인류가 회계를 고안한 이유는 신과 인간 사이, 국가와 인민 사이, 그리고 개인과 개인 사이의 소통의 지속성을 확보하기 위함이기 때문이다.

이 사실은, 훈민정음 창제를 둘러싸고 적극적으로 기여한 정인지의 글과 적극적으로 반대한 최만리의 상소에 그대로 나타난다. 먼저 정인지의 서문을 보면 다음과 같다.

　　옛날에 신라의 설총(薛聰)이 처음으로 이두(吏讀)를 만들어 관부(官府)와 민간에서 지금까지 이를 행하고 있지마는, 그러나 모두 글자를 빌려서 쓰기 때문에 혹은 간삽(艱澁)하고 혹은 질색(窒塞)하여, 다만 비루하여 근거가 없을 뿐만 아니라 언어의 사이에서도 그 만분의 일도 통할 수가 없었다. 계해년 겨울에 우리 전하(殿下)께서 정음(正音) 28자(字)를 처음으로 만들어 예의(例義)를 간략하게 들어 보이고, 명칭을 훈민정음(訓民正音)이라 하였다. 물건의 형상을 본떠서 글자는 고전(古篆)을 모방하고, 소리에 인하여 음(音)은 칠조(七調)에 합하여 삼극(三極)의 뜻과 이기(二氣)의 정묘함이 구비 포괄(包括)되지 않은 것이 없어서, 28자로써 전환(轉換)하여 다함이 없이 간략하면서도 요령이 있고 자세하면서도 통달하게 되었다. 그런 까닭으로 지혜로운 사람은 아침나절이 되기 전에 이를 이해하고, 어리석은 사람도 열흘만에 배울 수 있게 된다. 이로써 글을 해석하면 그 뜻을 알 수가 있으며, 이로써 송사(訟事)를 청단(聽斷)하면 그 실정을 알아낼 수가 있게 된다. 자운(字韻)은 청탁(淸濁)을 능히 분별할 수가 있고, 악가(樂歌)는 율려(律呂)가 능히 화합할 수가 있으므로 사용하여 구비하지 않은 적이 없으며, 어디를 가더라도 통하지 않는 곳이 없어서, 비록 바람소리와 학의 울음이든지, 닭울음소리나 개짖는 소리까지도 모두 표현해 쓸 수가 있게 되었다.15)

---

15) 昔新羅薛聰始作吏讀, 官府民間, 至今行之, 然皆假字而用, 或澁或窒, 非但鄙陋無稽
　　而已, 至於言語之間, 則不能達其萬一焉. 癸亥冬, 我殿下創制正音二十八字, 略揭例
　　義以示之, 名曰訓民正音. 象形而字倣古篆, 因聲而音叶七調, 三極之義·二氣之妙,
　　莫不該括. 以二十八字而轉換無窮, 簡而要, 精而通, 故智者不崇朝而會, 愚者可浹旬
　　而學. 以是解書, 可以知其義; 以是聽訟, 可以得其情. 字韻則淸濁之能卞, 樂歌則律呂

정인지는 훈민정음 이전에 정부와 민간에서 소통의 도구로 사용해 온 이두는 언어 사이에서 만분의 일도 통할 수 없는 불편함을 제시하고, 훈민정음으로 그 불편함이 해소되어 백성들이 훈민정음을 이용하여 국가에게 송사를 하면, 소리글이기 때문에 그 실정을 쉽게 알아낼 수 있다고 하였다. 정인지는 그것을 들어서 판단한다는 청단(廳斷)이란 표현을 사용한 것이 흥미롭다. 오늘날 전 세계에서 부정부패를 척결하기 위해 만든 국가 최고의 기관을 "AUDIT"라 하는데, 한국은 감사원(監査院)이라 하지만 그 핵심은 시각 기능이 아닌 청각 기능에 있는 청사원(廳査院)이라고 번역해야 의미가 통한다.

조선시대 회계 문서를 중심으로 공공문서를 취급하는 기관으로 '질청'[作廳]이 있는데, '작청'으로 읽지 않고 '질청'으로 읽는다. 이 기관은 관청(官廳)과 향청(鄕廳)의 중간 기관으로, 공공기관 사이의 문서 처리와 민간기관과 공공기관 사이의 문서 처리를 담당한 기관으로, 이 기관에서 작성한 문서가 문서로서 공증 효력을 갖고 있었으며, 그 가운데서도 물자의 출납을 실행하기 위한 회계문서 처리가 주된 업무였다. 다산은 청(廳)에 대해서 '본래 어떤 일을 보고하는 것을 듣는 장소'[廳者 聽事之屋也]를 가리키는 글자로, 행정을 담당하는 공공기관을 뜻하지만, 한나라와 진나라까지 '엄호'(广) 변이 없는 '청'(聽)자였으나 육조시내 이후 '임호' 변이 추가되이 오늘날 쓰이는 '청'(廳)자로 되었디[廳本官府治官之室. 漢晉皆作聽. 六朝以降. 加广作

之克諧, 無所用而不備無所往而不達, 雖風聲鶴唳雞鳴狗吠, 皆可得而書矣. 遂命詳加解釋, 以喩諸人.

廳]고 유래를 설명하였다. 다산의 설명에서 알 수 있듯이 관청, 향청, 질청 모두 듣는 행위가 주된 기능으로, 회계보고 행위가 그 중심에 있음을 알 수 있다. 정인지가 훈민정음 창제의 취지에서 '청단(聽斷)'이란 표현을 쓴 것은, 바로 조선 전기 세종시대까지만 해도 국가와 백성과의 관계는 주로 소리로써 소통되었음을 의미한다.[16]

훈민정음 창제 이전에 소리글자에 대한 사회적 수요는 대부분 이두(吏讀)로써 해결되었으며, 특히 회계행위와 관련된 공증문서에 이두가 사용되어 온 것은, 최만리의 훈민정음 창제 반대 상소문 속에 분명히 제시되어 있다. 그는 신라 설총이 이두를 만든 이래 수천 년 동안, 한국에서 회계를 위하여 이두가 사용되어 왔다고 웅변하면서, 다음과 같이 훈민정음 창제를 반대한다.

> 신라 설총(薛聰)의 이두(吏讀)는 비록 천하고 속된 말이지만 모두 중국에서 통행하는 자(字)를 빌려 와서 어조(語助)로 시행하여, 문자와 더불어 서로 분리된 것이 아니므로, 비록 서리(胥吏)나 복예(僕隷)의 무리에 이르기까지 반드시 그것을 익히려고 합니다. 먼저 몇몇 글을 읽고 대강 문자를 알게 된 연후라야 이두를 쓰게 되는데, 이두를 쓰는 자는 모름지기 문자를 증거로 삼아야[須憑文字] 능히 의사를 통하게 되기 때문에, 이두로 인하여 증빙문서를 알게 되는 자가 자못 많아, 학문을 흥기시키는 데에 도움이 되었습니다. 만약 우리나라가 원래부터 문자를 알지 못하여 결승(結繩)하는 세대라면 우선 언문을 빌려서 한때의 사용에 이바지하는 것은 생각해 볼 수 있는 일입니다. 그래도 바른 의논을 고집하는 자는 반드시 말하기를, '언문을 시행하여 임시방편

---

16) 丁若鏞, 《與猶堂全書》 1집, 雜纂集 권24, 雅言覺非 권3.

보다는 차라리 더디고 느릴지라도, 중국에서 통용하는 문자를 습득하여 길고 오랜 계책을 삼는 것이 낫다'고 할 것입니다. 하물며 이두는 시행한 지 수천 년이나 되어 부서(簿書)나 기회(期會) 등의 일에 방애(防礙)됨이 없사온데, 어찌 예로부터 시행하던 폐단 없는 글을 고쳐서 따로 야비하고 상스러운 무익한 글자를 창조하려 합니까?17)

최만리에 따르면, 이두는 훈민정음을 창제하기 이전 수천 년 동안 장부의 기록[簿書] 및 회계를 하기[期會] 위한 문자로 사용되어 왔음을 알 수 있다. 여기서 최만리가 언급한 결승(結繩)과 회계의 관계에 주목해 보자. 먼저, 문자의 생성과정을 회계 처리과정과 연계시켜 정리하면 다음 네 단계로 나눌 수 있다.18)

1) 결승(結繩; 토큰 형태) — 가축이나 곡물과 같이 관리하고 창고에 비축하는 실물자산항목과 그 숫자가 미분화된 토큰 단계
2) 그림문자(Pictographic)와 숫자 표시(Denoting)로 분리되는 단계 — 경제적 실물인 그림형태와 그 실물의 수를 표시하는 숫자부호로 분리되는 단계

---

17) 《세종실록》 권103, 26년(1444) 2월 20일(庚子). 新羅薛聰吏讀, 雖爲鄙俚, 然皆借中國通行之字, 施於語助, 與文字元不相離, 故雖至胥史僕隷之徒, 必欲習之. 先讀數書, 粗知文字, 然後乃用吏讀. 用吏讀者, 須憑文字, 乃能達意, 故因吏讀而知文字者頗多, 亦興學之一助也. 若我國, 元不知文字, 如結繩之世, 則姑借諺文, 以資一時之用猶可, 而執止議者必曰: "與其行諺文以姑息, 不若寧遲緩而習中國通行之文字, 以爲久長之計也." 而況吏讀行之數千年, 而簿書期會等事, 無有防礎者, 何用改舊行無弊之文, 別創鄙諺無益之字乎? 若行諺文, 則爲吏者專習諺文, 不顧學問文字, 吏員岐而爲二. 苟爲吏者以諺文而宦達, 則後進皆見其如此也, 以爲: "二十七字諺文, 足以立身於世, 何須苦心勞思, 窮性理之學哉?" 如此則數十年之後, 知文字者必少.
18) 전성호, 앞의 책(2007), 264쪽.

3) 통신부호(Telegraphic)와 숫자(Numeral) ― 구체적인 실물로 항목을 구성하는 단계에서 벗어나 신과 같은 보이지 않는 실체와의 정보소통을 표시하는 추상적인 항목으로 까지 발전하는 단계

4) 음성체계(Phonetic)의 기록과 숫자 ― 통신부호는 더욱 추상화되어 소리부호 체계로 발달하고 소리로 전달되는 정보의 요약체계로까지 발달하는 단계

일찍이 정인지는 《치평요람》(治平要覽)을 만들고 그 전문(箋文)에서 결승지정(結繩之政)을 최초의 국가 정치로 언급하였다.[19] 정인지는 결승의 정치 뒤에 서계(書契)의 정치가 들어왔다고 말하였다. 정인지가 언급한 결승은 《주역》(周易) 계사(繫辭)에 나오는데, 옛날 정치는 노끈의 매듭을 가지고 하였다는 것이다. 고대 잉카 제국의 키푸와 같은 시스템임을 주목할 필요가 있다. 결국 고대 정치라면 회계 시스템을 의미하며, 《주역》의 원문인 "상고에는 노끈을 매서 다스리더니 후세에 성인이 서계로 바꾸어 백관이 이로써 다스리며 만민이 이로써 살피니, 대개 저 쾌괘(夬卦)에서 취한 것"의 문장 의의는 문자가 창안되어 결승의 상형을 대체했음을 의미한다.[20]

---

19) 《세종실록》 권107, 27년(1445) 3월 30일(癸卯). "다스려지는 국가는 일어나고 어지러운 국가는 망하게 되는데, 이 사실을 얻고 잃음이 함께 지나간 역사에 실려 있다. 좋은 것을 가히 법으로 삼고 나쁜 것을 가히 경계해서 권장과 징계를 마땅히 후인에게 제시해 주어야 한다. 여러 책에서 골라 모아서, 만고 역대를 밝게 실었다. 그윽이 생각하오매, 결승지정(結繩之政)을 파(罷)한 뒤에 서계(書契)가 만들어졌고, 붓대 잡는 관원을 둠에 따라 사적(史籍)이 이루어졌나이다."(治者興, 亂者亡, 得失俱載於往牒; 善可法, 惡可戒, 勸懲宜示於後人. 肆輯群書, 昭揭萬世. 竊惟罷結繩之政而書契作, 置載筆之官而史籍興.)

20) 上古 結繩而治 後世聖人 易之以書契 百官以治 萬民以察 蓋取諸夬.

여기서 정인지의 견해와 재레드 다이아몬드의 견해가 일치함을 알 수 있다. 인류는 기원전 3000년 무렵에 회계기술과 회계체계, 그리고 회계부호를 발달시킴으로써 급속히 빠른 속도로 문자 체계를 창안해냈다고 주장하는 재레드 다이아몬드는, 인류의 문자 사용을 의사소통의 기술혁신으로 보고, 이 혁신은 기록하기에 편리한 점토판을 이용함으로써 가능하였고, 점토판에 특정 표시를 찍어내는 갈대로 된 날카로운 필기도구가 고안되어, 이후의 회계도구인 종이, 잉크, 필기도구의 기원이 수메르 설형문자에서 모두 유추될 수 있다고 보았다.21)

결국 문자 발생단계를 회계와 연관시킬 경우, 동아시아의 결승(토큰) 형태는 국가 최초의 공증 문자 형태로서, 불망기 또는 일기라는 의미를 갖게 된다. 결승 단계에서 그림 표시와 숫자 표시는 아직 미분리 단계로서 그 원시성을 간직하고 있지만, 표시를 남기고 있다는 면에서 증거력을 갖춘다. 다음으로 그림문자와 숫자의 분리단계는 회계에서 항목별 자산의 형상을 표시하는 문자와 그 크기와 개수를 표시하는 숫자로 분리된 것으로, 단순 기억을 넘어서 집계의 의미를 갖기 때문에, 결승 형태의 원시성에 비하면 고도로 발달한 공증 형태가 된다. 최종적으로 소리문자 체계는 회계의 궁극적 도달점인 요약 보고서의 작성과 낭독이라는 의미를 갖는다. 따라서 결승(토큰), 그림문자, 형상문자, 소리문자 체계는 그대로 일기 기록, 분개 기록 종합 보고서 작성과 연관된다. 결국 소리문자는 정보 전달 체계로서

---

21) Jared Diamond, op.cit., p.220.

최종 단계의 종합을 의미하며, 결승(토큰)이라는 가장 원시적인 형태에서 그림문자와 형상문자라는 중간적 지점을 통과한 최종적으로 종합된 문자로서 위치한다.

회계에서 모든 거래의 기록은 숫자와 항목을 기술하는 것에서 출발한다. 인류 최초의 문자인 수메르 설형문자도 그림과 숫자 체계로 구성된다. 수메르 설형문자에서 가축의 수를 기록하고 그 가축의 모양을 형상화한 것과, 곡식의 양을 기록하고 곡식의 종류를 형상화한 것은, 회계에서 숫자와 항목을 기록하는 것과 같다. 고대 수메르 설형문자가 널리 보급되고 표준화된 문자로 정착하는 과정은 그대로 회계기술이 체계화되는 과정과 일치한다.

예를 들어, 초기 수메르인의 기록판(tablet)에는 고대 메소포타미아 문명의 경제행위 기록체계의 기원이 어떻게 회계체계의 발달과 일치하는가를 보여준다. 초기에는 돌로 된 토큰을 이용하여 가축과 같은 경제실물을 나타내고, 숫자 개념은 아직 형성되지 않고 경제실물 표시의 토큰으로 미분화되어 있었다. 이러한 양을 표시하는 수의 개념은 숫자 표시 문자가 형상 표시 문자에서 독립하면서 혁명적인 진전을 가져오게 된다. 토큰은 그림 심볼(pictographic symbol)로 전환되고, 숫자는 표시의 심볼(denoting symbol)로 대체되는 것이 그것이다. 이 단계에서는 항목과 숫자가 분리되어 각기 독립된 열을 형성한다. 숫자는 독립된 발전을 수행하고 그림 심볼의 기록인 그림문자는 음성 기록으로 발전하면서 실물(concrete)문자에서 추상(abstract)문자로까지 확대되어 간다.

반면에, 수메르 문명과 견줄 만한 또 하나의 문명권인 동아시아에

서, 문자와 회계의 관계는 표의문자 계열인 중국의 한자문화와 표음
문자 계열인 한국의 소리글자 문화로 분화되어 발달하는 특징을 갖
는다. 그러나 지금까지 동양의 문자 문화에 대해 회계와의 연관성을
가지고 연구한 성과가 거의 없었기 때문에, 이러한 특징이 왜 존재
하는지에 대한 원인 규명이 제대로 이루어지지 않았다. 예를 들어,
원시 고대 사회에 대한 시기구분에서 자주 등장하는 결승(結繩)과
서계(書契)에 대해, 그리고 한국에 존재해 온 이두(吏讀)에 대해 회
계와 연관시켜 조명한 연구 성과는 거의 없는 편이다.

동아시아 문명에서 문자는 형상문자인 한자와 소리글자인 한글로
나누어져 발달해 왔다고 볼 수 있다. 형상문자인 한자의 기원은 갑
골문에서 비롯되고, 소리글자인 한글의 기원은 가람토 글자 또는 신
지(神誌) 글자에서 비롯되었다고 보고 있다. 북한의 언어학자 류열
은, 고구려에서 신라에 이르기까지 사람, 벼슬, 고장 이름의 이두를
연구하면서 형상을 기본으로 발달해온 중국 한자와, 소리마디의 말
을 기본으로 발달해 온 우리말의 구조적 차이로 이두가 발생하였다
고 해석하였다.22) 중국의 한자와 한국의 한글의 기원 문제에 대한
언어학의 논의와 별도로 회계사적 시각으로 한자와 한글을 정리해
볼 필요가 있다. 재레드 다이아몬드는 한글문자 체계를 인간의 창조
성과 한국민의 천재성을 알 수 있는 기념비적인 문자체계로 한글을
극찬하면서, 한글의 특징을 중국 한자의 네모난 형태로 음절이 구분

---

22) 류열, 《세나라 시기의 리두에 대한 연구—사람, 벼슬, 고장 이름의 표기를 통하여》(한
    국문화사, 1983), 16쪽.

되고, 몽골이나 티베티안의 알파벳의 원리에 의해 소리를 조합해 내는 것을 들었다.[23] 소리글자인 한글이 형상글자인 한문에 비해 왜 한 단계 높은 수준으로 받아들여지는가? 언어학자의 견해는 뒤로 미룬다 해도, 회계사학적으로 그 의미는 매우 분명하다. 회계의 주된 기능이 정보 소통이기 때문이다. 소리글자인 한글의 정보소통 기능은 형상문자에 비해 훨씬 간단하고 빠르기 때문이다.

정보 소통력의 측면에서 재레드 다이아몬드는 자음과 모음으로 이루어진 한글과, 4세기 무렵 아일랜드에서 다섯 손가락을 이용하여 구성한 오검문자를 비교하면서, 서로 고립된 상태에서 발달한 것이 아니라, 아이디어 확산을 통해 전파되었을 가능성을 제기하였다. 반면에, 수메르 설형문자와 중국의 갑골문은 각각 독립 지역에서 상호 교류 없이 고안된 문자로 보았다. 또한 이집트 상형문자와 수메르 설형문자 사이의 상호 독립적인 문자체계의 발달은, 비록 수메르 문명이 이집트에 영향을 주었다 해도 서로 독립적인 문자를 발달시켰음을 강조하고 있다. 두 지역 모두 기원전 3000년 무렵에 문자를 사용한 것으로 밝혀지고, 기후 조건도 건조하다는 같은 조건을 가지고 있었음에도, 문자의 기원은 각각 독립된 것으로 본다. 영어의 알파벳과 한글은 각각 유럽과 아시아에서 소리글자를 대표하고 있기 때문에, 재레드 다이아몬드의 해석대로 이러한 교류 가능성은 있다고 하겠다.

한글의 경우, 이두와 훈민정음을 제시할 수 있다. 다만 발생한 경

---

23) Jared Diamond, op.cit., p.230.

제행위를 기억에서 지우지 않으려는 동기에서 비롯된 기록은, 인간의 두뇌 속의 정보를 소리로 전달하는 것이 가능한 기록물로 발달한다. 경제적 실물을 숫자와 항목으로 구분하여 기록하는 과정에서 그림문자나 형상문자가 발생하는 것은, 회계의 초기 단계인 일기장이나 분개장의 작성단계와 연관이 있는 것이고, 통신부호의 체계화라고 볼 수 있는 소리문자는 회계의 최종 단계인 요약된 회계보고서의 작성과 공공장소에서의 낭독 단계와 연관이 있는 것이다.

전라도 영암군 장암리 마을에서 1668년부터 마을 계를 창계하고, 공공기곡과 기금을 관리해온 과정을 350여년이 지난 오늘날에 살펴보아도 훤히 알 수 있는 이유는, 모든 곡식의 출납과 시장에서의 거래 행위를 회계라는 체계를 통해서 정리해 놓았기 때문이다. 이 마을에서 해마다 연례 정기 모임에서 최종적으로 행하는 의례가 용하기라는 회계장부의 최종 보고서 낭독 행위고, 그 자리에 모인 모든 구성원이 그 보고소리를 듣는 시간은 매우 장엄하며 한 톨의 부정행위도 끼어들지 않았음을 증거하는 의식을 행한 것을 필자는 분명히 보았다. 이러한 장암리의 연례 정기총회는 오늘날 형식적으로 절차를 밟고 있는 한국의 주식회사 정기총회와는 그 질을 달리한다.

초기 수메르 문지체계가 비음성적 형상문자(logographic)로 구성된 것은 다름 아닌 수메르인들 고유의 소리체계에 기반 하지 않았음을 의미한다.24) 이러한 면에서 수메르 문자의 역사에서 그림체계로 그려질 수 없는 추상적인 소리부호(phonetic) 체계가 등장하는 것은, 문

---

24) Ibid., p.218.

자학 견지에서뿐만 아니라 회계사에서도 커다란 전기가 이룩되었음을 의미한다. 왜냐하면 결국 소리문자 체계가 정립하면서 회계(accounting)는 계산(counting)과 기록(recording)이 결합되고, 개인의 비밀 은닉이 아닌 공개적인 장소에서의 투명한 보고(reporting)를 하기 위한 의미를 갖게 되었기 때문이다.

현대 사회에서도 회계는 재무제표, 손익계산서, 또는 현금 흐름표와 같은 보고서의 의미를 가장 강조한다. 고대 그리스나 로마에서 신의 계시는 소리체계를 통해서 인류에게 전달되었고, 인간도 소리를 통해서 신에게 보고하였기 때문에, 소리부호 체계의 발달과 회계가 상호 연관이 있는 것은, 공개적으로 신 앞에 낭독한다는 의미를 가졌기 때문이다. 오늘날 회계는 주주총회에서 주주 앞에서 보고하는 의미가 가장 강하듯이, 고대 사회에서 소리체계를 통해서 회계행위를 하였다는 것은 시간과 공간을 넘어서 현대사회와 서로 상통하는 행위다. 소리부호 체계로서 한글이 회계체계로서 의미를 갖는 이유가 여기에 있다. 이러한 신성한 의미를 갖는 회계를 오늘날 한국 사회에서는 부정을 저지르기 위한 수단으로 인식하는 사회적 의식이 존재하는 것은 실로 매우 부끄럽고 안타까운 일이 아닐 수 없다.

3. 15세기 내부통제 시스템을 위한 여러 법률들

《대명률직해》의 감합(勘合) 조항과 내부통제 시스템

윌리어드 스톤은 기원전 3600년에서 4000년 사이에 고대 메소포

타미아 문명의 기록에서 보이는 일정한 점검 표시들(marks, dots, ticks, circles)을 내부통제 표시로 이해하였다.25) 하무라비 법전은 계약의 법적 효력을 명시하고 있고, 계약 당사자의 거래 내용을 공증하기 위한 것으로 유명하며, 수메르의 점토판은 거래 당사자끼리의 서명과 쌍방이 모두 똑같은 내용을 간직할 수 있도록 제작된 위조 방지 시스템으로 유명하다.26) 관청회계가 발달한 이집트 파라오의 재무관리는, 주로 중앙 정부의 국고와 지방 정부 창고 사이의 곡식 출납을 원활히 하기 위한 기능으로 발달하였으며, 문서에 의한 명령서 없이는 누구에게도 국고로부터 지급되는 일이 없도록 하고, 담당 관리의 기록과 관련된 업무의 다른 관리의 기록이 서로 일치하도록 하는 내부통제 시스템을 통한 관리의 안전성을 도모하였다.27) 그리스의 경우, 화폐주조를 통하여 회계기록이 화폐단위로 기록되어 공통 계산단위로 재산과 거래를 기록하기 시작한 것이 특징이다.

조선시대나 심지어 오늘날까지, 전통사회에 광범위하게 전개된 민간조직의 정기모임인 계(契)는 사실, 계산하여 보고하는 회계행위를 지칭한다. '계'라는 글자의 의미는 날카로운 칼로 기록하는 회계행위를 가리키며, 수메르 문명이 남긴 설형(楔形)문자와 그 기원을 같이한다. 다산 정약용은 계를 해석하기를 "契者約也合也"라고 하였다. 한국의 전통사회의 민간조직에서 일정기간 동안 발생한 공동

---

25) Williard E. Stone, "Antecedents of the Accounting Profession", *The Accounting Review* (April, 1969), pp.284~285.
26) 이정호 역, 앞의 책(1977), 6~7쪽.
27) Richard Brown, *A History of Accounting and Accountants*, Edinburgh, 1905, p.21.

재산을 기록하고 집계하고 보고하는 행사는, 서양에서 합리성의 어원과 회계가 일정한 연관을 형성하듯, 동아시아에서도 합리적인 행위가 존재해왔음을 의미한다. 따라서 동서양 고유의 회계행위는 그 본래적 의미에서 상통하는 것이다. 그러나 아쉽게도 20세기로 접어들면서 동아시아인의 일상생활 속에서 회계문화는 점차 사라지고, 대학에서도 우리 회계문화를 연구하려는 학자들은 거의 없을 정도로 서양 회계 지식의 수입에만 전전하는 실정이 되고 말았다.

수메르의 점토판이 계약의 유효성을 보증하고 위조의 방지를 위하여 서명과 인장을 찍고 쌍방이 보유하도록 고안된 것이나, 중세에 거래의 성립과 계약의 효력을 도모하기 위해 계약 즉시 쌍방이 둘로 쪼갠 것을 나누어 갖는 부절(符節; tally stick)이 상업적 거래의 내부통제를 돕기 위한 고안물인 것처럼, 15세기 조선의 국가 경영에도 각종 위조와 부정행위를 방지하기 위한 제도들이 발달하였다. 그 가운데 대표적인 것이 감합(勘合)법과 등기(重記)법이다. 지금까지 중국 등 동북아시아 지역의 중앙집권적 관료제 국가는 재정관리 및 회계책임을 최고조로 발달시켜온 것으로 알려져 왔으나, 구체적인 실체에 대해서는 거의 연구된 바가 없다.28) 15세기 조선왕조 국가체제 수립의 기초로 활용된 《대명률직해》29)는, 이러한 고대 중국의 재정

---

28) 기원전 1122년부터 기원전 256년까지 주왕조 시대는 내부통제, 예산 및 감사 등 분야에서 고대사회 가운데 제일 발달하였다고 하지만, 그 실체는 아직 밝혀진 바 없다. 이에 대해서는 Phillip Fu, "Governmental Accounting in China during the Cha Dynasty", *Journal of Accounting Research* 9, Spring 1971, pp.41~51.

29) 《대명률직해》는 1395년(태조 4) 명나라의 법률서인 《대명률》을 우리의 이두문으로 번역한 책이다.

관리와 회계 책임 시스템을 파악할 수 있는 가장 좋은 자료다. 《대명률직해》는 명률(明律) 그 자체를 그대로 번역한 것이 아니라, 중국과 실정이 다른 조항의 경우, 우리 글자인 이두(吏讀)를 이용하여 우리 실정에 맞도록 추가하여 번역한 주해서로서, 중국과 다른 독자적인 우리 식의 내부통제 시스템에 대해서도 많은 점을 제공하기 때문에 중요한 자료다.

감합법(勘合法)은 《대명률직해》에서 내부통제와 관련된 조항 가운데 가장 핵심 위치를 차지하는 제도다. 〈표 1〉은 《대명률직해》 가운데 감합법이 적용된 조항만 추려서 제시한 것이다. 먼저 나이출납(挪移出納)을 금하는 조항을 살펴보자. 이 용어의 용례는 부정한 방법으로 수입이나 지출에 대해 거짓으로 꾸미는 행위에 적용된다. 감합법은 이러한 부정행위를 금지하기 위한 방법으로 기능하고 있었음을 알 수 있다. 감합(勘合)에서 주목되는 글자는 '합'이다. 이것은 회계학에서 가장 중요한 원리인 대차 균형 원리의 원시적 형태로서, 한 계정의 차변과 대변은 항상 맞추어야 하듯이, 당시 창고 물건의 출납을 위해서는 일정 증표의 좌우 대조를 반드시 맞추고 난 다음에 이루어지도록 한 것이다.

여기서 '감합'을 오늘날의 용어로 풀이하면, '좌우 대조가 반드시 맞는지 점검할 것'이란 뜻으로 해석된다. 《대명률직해》에서 감합이 두 번째로 등장하는 조항을 보면 첫 번째 조항보다 훨씬 더 정교한 통제를 이루는 것을 알 수 있다. 먼저, 경우의 수가 다음 네 가지로 정교해지고 있다.

표 1. 《대명률직해》 내부통제 조항

(출처: 법제처, 《법제자료지》 13집, 《대명률직해》, 1964)

대명률직해	내부통제 관련 원문조항
권7 호율(戶律) 창고(倉庫) 나이출납 (挪移出納)	무릇 각사가 수입 지출하는 전동전이나 식량 등 재화로서 이미 문서와 증표가 있는 것을 만약 감독관이나 담당자가 정당하게 수입 지출하지 않고 문란하게 하여 거짓으로 꾸미고 도로 관용으로 충당하는 자는 모두 장물을 계산하여 감수자도죄에 준하여 처벌한다.(凡各衙門收支錢糧等物 已有文案勘合 若監臨主守 不正收正支 挪移出納)
권7 호율, 창고, 나이출납	만약 반인감합(半印勘合; 割印)을 찍어서 양분한 증표라는 증표 없이 임시 가전표를 함부로 내주거나, 또는 정식으로 된 증표를 내어주되 문안을 작성하지 않고 내어준 자와 창고에서 지출증표를 기다리지 않고 지출하거나, 이미 지출증표는 받았으나 장부에 기록하지 아니하고 함부로 지출한 자의 죄도 마찬가지다.(若不給半印勘合 擅出權帖 或給勘合 不立文案放支 及倉庫不候勘合 或已奉勘合 不附簿放支者 罪亦如之)
권7 호율, 창고, 고칭고역침기 (庫秤雇役侵欺)	무릇 창고 사무소나 국원 등의 도량형기 검사원이나 말질을 담당하는 자, 고용된 사역인이 관청에 속하는 전곡을 침범하여 속이거나 빌려 쓰거나 꾸어주거나 고쳐 바꾸거나 한 자는 모두 같은 죄로 처벌한다.(凡倉庫務場 局院 庫秤斗級 若雇役之人 侵欺借貸移易係官錢糧)
권7 호율, 창고, 전량호상각찰 (錢糧互相覺察)	무릇 창고 관리소의 관리, 기장인, 잡역부, 고지기, 되쟁이 등은 서로 감시해야 한다.(凡倉庫務場官吏. 攢攔庫子斗級 皆得互相覺察)

1) 공증할 수 있도록 양쪽으로 분리된 증표의 제출 없이 임의로 만들 어진 전표를 사용하는 경우
2) 정식으로 만들어진 증표를 제출하였다 해도 지출과 관련된 공식 서류를 작성하지 않고 내어준 경우
3) 창고 현장에서 제출된 지출 증표를 맞추어보는 것을 기다리지 않 고 함부로 지출이 일어나는 경우
4) 지출 증표와 좌우 대조를 맞추었다 할지라도 장부에 기록하지 않 고 함부로 지출한 경우

정의된 이 네 가지 경우가 완벽히 실행되면, 창고출납 시스템은 복식부기 방식은 아니지만 거의 최고조에 이른 방식이라 할 수 있 다. 마지막 조항은 이러한 통제 시스템 속에서도 관련자들이 서로 담합하여 부정을 일으킬 수 있는 소지를 방지하기 위한 조항으로, 감합과정에 서로 업무가 연관된 사람 사이의 상호 감시를 의무로 밝 힌 조항이다.

세종시대 감합법 시행의 특성

조선왕조에서는 《대명률직해》에 명시된 감합법을 1417년에 시행 했다는 기록이 나온다. 1417년 8월 22일, 간교한 무리들이 공문서를 위조하는 일이 발생하므로 호조에서 건의하기를, 감합법을 시행하 여 모든 증표 문서가 서로 맞는지를 수시로 점검하며, 지방 관찰사 는 공문서의 원문을 베끼어 적고 그 원문은 해당 관아에 도로 보내 고 그 글씨체를 점검하라는 것이다.[30] 1417년 이전까지는 중앙과 지

방의 해당 관청 관리가 금·은·동전과 곡식의 출납을 명령하는 공문서 발송에서 수결하는 공간만 두고 그것을 증명하는 인장(印章)을 찍었기 때문에, 공문서를 위조하여 출납을 일으키기가 쉬웠다. 1417년에는 이러한 간단한 시스템만으로는 통제가 이루어지지 않는다는 사실을 중앙에서 인식하여, 좀 더 정교한 통제방법으로 감합법을 시행하게 된다.

감합법은 창고의 전곡에 적용되었을 뿐만 아니라 사대문 출입의 통행증 대조에도 시행하고, 군사징발 문서의 대조에도 사용되었으며, 국가간 외교문서의 대조에도 사용되었다. 예를 들어, 성문(城門)을 여닫을 때 원목부(圓木符)라는 나무를 둥글게 만들고, 신부(信符)라는 두 글자를 전자(篆字)로 새기고, 갑(甲)에서 계(癸)까지의 자호(字號)를 새긴 열 개의 좌부(左符)와 우부(右符)를 서로 맞추어 징험의 표로 삼아, 신원이 밝혀질 때까지 시간을 지체시키는 불편함을 해소하였다. 특히, 특별 왕명을 수행하는 경우에는 시간에 구애받지 않고 신속히 처리되어야 함에도, 야간통금의 통제를 받게 되면 많은 시간을 지체해야 하는 불편함을 해소하기 위하여, 이 감합법을 응용하여 편의를 도모하도록 하여 행정의 효율성을 높이는 데 기여한 사례를 볼 수 있다.31)

---

30) 《태종실록》 권34, 17년 8월 22일. 【원전】 2집 183면: 金銀錢穀出納文字(여기에서도 서 문자란 공증문서란 뜻이다), 用勘合法. 戶曹啓: "本朝京外官金銀錢穀出納文字, 只用着署踏印, 奸巧之徒僞造官文, 盜用錢物. 自今依中朝法制, 着署踏印後勘合施行, 移文京中, 各司則勘合文書無時相考, 外方則都觀察使傳書謄錄, 將本文還送于曹, 字畫相考." 從之.
31) 《태종실록》 권35, 18년(1418) 1월 13일. 【원전】 2집 199면. 造圓木符 兵曹判書金漢老

감합법이 부계(符契)와 같은 신표(信標)에서 기원하듯이, 왕명의 권위와 증빙을 위해 감합은 필수적이었다. 1442년(세종 24)에 왕이 외부에 있는 왕세자를 부를 때, 왕명의 권위와 증빙을 위해 친왕은 금으로 만든 신표를 갖고 왕세자는 옥으로 만든 것을 가지고 서로 합치하는지 맞추어 보는 것으로 시행하였다.32) 이와 같이, 감합법 시행의 기원이 왕명의 권위와 위조를 방지하기 위한 증빙을 위해 고안된 제도지만, 세종시대는 일반 백성들과 국가기관 사이의 물자 거래에서 필요한 내부통제에서부터 군기창고의 무기관리에 이르기까지 적용되어, 시대의 필요에 맞는 새로운 방식이 추구되었다는 점이다.

예를 들어, 1449년(세종 31)에 《대명률》에 기초한 감합법이 많은 문제를 일으키는 것을 인식하고 새로운 방향을 모색한 것이 그것이

等啓: "春秋講武時及門外經宿, 有承命來自行在者, 與夫承中宮之命及期詣行在所者, 適當門閉, 則必待罷漏, 乃通出入, 內外之命, 以致稽留, 實爲無藝. 臣等謹稽古典,《文獻通考》曰: ‘唐開元六年, 宮殿門‧城門給交魚符‧巡魚符; 左(箱)[廂]右(箱)[廂]給開門符‧閉門符, 竝左符進內, 右符監門掌之.’ 又曰: ‘天子巡幸則京師東都給木契符者, 以重鎭守‧愼出納.’ 又曰: ‘宋神宗熙寧九年, 造諸銅符三十四副, 令三司給左契付諸門.’ 唐《百官志》曰: ‘城門郞四人, 掌京城‧皇城宮殿諸門開闔之節, 奉管鑰而出納之.’ 由是觀之, 城門開閉之時, 必用符契者, 古之通制也. 乞造圓木符一十副, 篆刻信符二字而中分之, 每符依勘合例, 刻字號, 左符五隻進行在所, 又五隻進中宮. 右符十隻藏之本曹, 每當行幸之時, 留都監巡摠制‧三軍鎭撫‧本曹郞廳各一員及司鑰一人齎符, 夜直於行在方面之門, 有承命者, 受左符而至, 則合其右符, 以驗信符而開門納之. 承中宮之命, 受左符而出, 則本曹入直郞廳, 給馬傳送, 而城門會直人員, 依前合符, 開門出之, 則庶幾君命不滯, 而門禁亦嚴矣." 從之. 先是, 上在行在所敎曰: "每以緊要事, 遣人于京, 因夜深未入城門, 以致遲緩, 若有大故, 尤爲未便." 遂令兵曹稽古制詳定.

32)《세종실록》 권98, 24년(1442) 10월 18일. 【원전】 4집 441면; 議政府啓: "王世子受命在外, 若有命召之事, 無符驗未便. 謹按《玉海》: ‘皇太子以玉契召, 勘合乃赴. 親王以金.’ 乞依此制, 用金爲符, 圓其形, 篆其上曰宣召, 中分爲二, 左藏右頒. 有命召(召)則賜送其左, 相合而後赴召." 從之

다. 당시 한 고을의 곡식 출납을 다른 고을 수령이 점검할 수 있도록 하는 상호견제의 비효율성이 누적되었다. 또한 일정 고을 곡식 출납에 대한 감사를 고을 내부가 아닌 외부에서 점검하도록 함에 따라, 월급의 지급과 같이 일상적으로 반복 시행되어야 할 행정 업무가 지체되는 문제라든지, 경상도의 왜관처럼 다른 국가의 외교 사절이 요구하는 물품의 출납 처리에 외부 감사의 결제를 받기까지 시간이 너무나 많이 소요되어, 외교 사절 접대비용이 누적되는 문제를 처리하기 위한 내부통제 시스템의 필요가 점차 대두되었다. 이에 세종은 감합법의 본래 취지가 거짓으로 꾸미는 나이출납을 방지하는 데 있다는 것과, 수령은 오로지 그 고을만 다스리고, 다른 고을에 나가는 법을 허락하지 않는 원나라 법을 참고하여, 각 고을 수령으로 하여금 오로지 국고를 맡아서 홀로 책임을 지게 하여, 나이(那移)하여 소모하는 자가 있거든 법에 의하여 엄하게 다스리고, 각자 맡은 바 책임 영역을 전문화하여 책임자마다 스스로 마음을 가다듬어 백성의 폐를 덜고 국고가 소모되지 않게 하는 시스템을 강구하게 된다.[33]

---

33) 《세종실록》 권123, 31년(1449) 1월 22일. 【원전】 5집 111면. 《元史典》一款, 節該:
"守令各任一州, 戶口多寡·錢穀出納, 靡不周知, 以均賦役, 乃其職也. 今也巡問按廉
慮守令之私其邑也, 調兵南郡, 則必使北郡之守督之, 南郡之宰, 調兵北郡. 非止調兵,
凡戶口點檢·軍需轉輸, 民不堪苦. 自今守令不許出境, 專治其邑." 誠爲令典, 不可易
也. 今也各官國庫, 其官守令不得自擅, 必與差使員開閉, 此法之立, 其弊多端. 各官國
庫米糧, 雖無不時之需, 敎官學長之廩, 月常支給, 故各官守令, 每月承差, 轉轉監督,
此月盡馳而東, 翼月則盡馳而西, 驛路騷擾, 未有休息, 其弊一也. 各道出納米穀內, 常
時支給與賞賜賻給等事, 雖其稽緩, 無有巨弊. 以慶尙一道言之, 若倭客賞給米穀, 則
或客人至浦所後, 戶曹勘合文移, 乃到其官, 而監司巡至遠郡, 則其官報監司, 監司定
差使員, 其官據監司之文知會後, 差使員乃到支發. 如此往復, 動經旬月, 如值雨水, 日
數倍加. 客人留浦, 虛耗國廩, 其弊二也. 立法本意, 專在那移出納. 然今日則東郡之守

　이와 같이 세종시대 감합법 시행은 회계사적으로 중요한 관리 책임자의 성실성과 신뢰성을 강조하고, 손실 및 절도를 예방하여 관리의 효율을 올리는 방향으로 전개되어 발전하는 특징을 보인다. 세종시대 감합법 시행은 이후 세조대에 그 정교성으로 인한 불편 때문에 없애자는 논의도 있었으나, 신숙주의 주장에 따라 전곡의 출납에 증빙 신표의 좌우를 대조하는 것 위에, 연월일을 기록하고 일련번호를 적는 란을 만들어 놓아 통제를 한결 더 강화한 특징을 갖는다.34)

　세종시대에 확립된 곡식 출납의 내부통제는 이후 무기관리 체제로까지 확대 시행된다. 전곡 출납과 마찬가지로 군사 무기 관리에 적용된 제도는 발병부(發兵符) 제도다. 발병부란 군사를 징발하는 데 쓰는 부신(符信)으로, '발병'(發兵)이라고 전자(篆字)로 새긴 나무쪽인데, 가운데를 쪼개어 오른쪽[右符]은 제도(諸道)의 군사 책임자에게 주고, 왼쪽[左符]은 상서원(尙瑞院)에 간직하여 두었다가, 군사를 징발할 필요가 있을 때에 그 좌부와 교서(敎書)를 내려서, 이를

開西郡之庫, 明日則西郡之守開東郡之庫, 互相監督, 不月不歲, 視爲常事, 莫肯致慮, 涌同相應, 勢所必至, 倘有公須罄竭, 而使客適至; 義倉匱乏, 而居民阻飢, 則未有不應那移之請者也. 然則徒有煩擾之弊, 實無裨益之效, 其弊三也. 守令分獻分念, 出宰百里, 其任非輕. 兵徭刑訟・賦稅科斂, 一邑重事, 皆委守令. 至於義倉之穀, 非爲私物, 而亦使其宰出納, 獨於國庫, 不信其宰, 必令他官一同開閉, 於彼則信而任之, 於此則疑而二之, 彼此不一, 大體乖疑, 其弊四也. 臣等伏望一依《元典》守令專治其邑不許出境之法, 復令各官專掌國庫, 獨任責效, 其有那移耗損者, 依法痛治, 庶幾委任專, 而人人自勵; 民弊祛, 而國儲不耗矣.

34)《예종실록》권3, 원년(1469) 1월 24일. 【원전】 8집 320면. 世祖嘗曰: '平時則用兵符徵兵善矣, 若有奸僞, 兵符亦不足恃也. 徵兵旣有內降諭書, 又有兵曹勘合關文, 雖廢之可也.' 遂於兵政, 親自抹之, 卽令收兵符、密符于諸道." 上又問院相申叔舟曰: "不廢兵符何如?" 叔舟對曰: "有兵符有諭書, 兩般勘驗, 必不得作僞於其間矣.

받은 사람은 이것을 우부와 맞추어 본 뒤에 군사를 동원하는 내부통제제도다.[35]

이와 같이 《대명률직해》에 명시된 감합법 조항은 세종시대를 중심으로 조선 전기에 다양한 분야에서 활용되었고, 그 정교성을 더해 간 것을 알 수 있지만, 회계사적으로 주목되는 모든 거래가 문서화되고 결과의 기록을 같은 항목끼리 묶어서 집계를 통해 총액을 표시하는 회계 시스템으로서 체계성의 흔적은 찾을 수 없다.

세종의 내부통제 시스템의 특징 — 감합법과 듕긔법의 복합시행

흔히 회계에 의한 통제제도는 그리스의 제논(Zenon) 계정서(計定書)를 언급하는데, 조선시대 감합법 제도를 제논 계정서와 비교하면 같은 회계통제 시스템으로 보기 어렵다. 제논 계정서와 유사한 조선 전기의 회계통제 시스템으로는 듕긔법(重記法)이 있다. 여기에서는 세종시대 내부통제 시스템의 특징으로 감합법과 듕긔법의 결합 시행이라는 특성을 제시하려고 한다. 감합법과 듕긔법의 동시 시행으로 조선 전기 행정 시스템은 비교적 완벽한 내부통제 시스템을 갖춘 것으로 평가된다. 감합법은 내부통제 수단의 원형적 형태로 기능하였으나, 집계와 합산을 통한 내부통제 기능을 실현하기 어려운 점에

---

35) 《예종실록》 권3, 원년(1469) 1월 24일. 【원전】 8집 320면. 兵符 慶尙左道節度使韓致義上書曰: 本年正月十四日, 宣傳官李義亨齎到諭書內: "明使之來且近, 衛士寡少, 其抄發騎兵一千以遣." 臣敬此卽令知會整齊, 然臣竊觀兵政有云: "發兵符篆, 刻文而中分, 右符頒諸營鎭, 左符藏於大內, 若徵兵則降左符及敎書, 合驗然後應徵.

서 오히려 공증문서의 위조 여부를 가리는 것이 주된 기능으로서, 듕긔법의 보조수단으로 발달해온 것으로 볼 수 있다. 듕긔법은 감합법에 비해 회계적인 내부통제 시스템의 한 단계 높아진 성격이 더욱 강하다. 세종시대는 도량형 통일과 저화 등 화폐제도의 정비가 이루어진 것과 함께, 듕긔법과 감합법이 통합되어 한층 정교해진 내부통제 시스템으로 기능하였던 것이다.

듕긔법을 우리 고유의 내부통제 시스템으로 인식할 것인가, 아니면 중국에서 수입된 것인가를 제시하기에는 아직 연구가 충분하지

표 2. 국어사전의 듕긔(重記) 해석 및 《태종실록》의 듕긔

저자	사전/문헌명	해석	
신기철·신용철	새우리말 큰사전	사무 인계 때 전하여 주는 문서	
장삼식	한한대사전 (漢韓大辭典)	사무 인계 때 전하여 주는 문서	
국어사전간행회	국어대사전	사무를 남에게 넘길 때 전하여 주는 문서	
장지영·장세영	이두사전	사무인계문서, 재산비품목록	듕긔로 읽는다
홍기문	이두 연구	비치해 둔 장부	듕긔로 읽는다
	대동야승 (大東野乘)	本州錢穀 自尹尙中牧使 以上無重紀/ 庚辰間 西厓爲牧使 始爲重紀 其傳於德純者	重紀(인수인계 의미)
《태종실록》 권34 17년 10월 16일	원전 2집 189면	就令軍器點考敬差官, 考所經各官重記, 收取上納,	비치해 둔 장부
《태종실록》 권35 1418년 1월 19일	원전 2집 202면	前府使許磐石于義禁府。以二人通同朴剛生之謀, 而去水原官中米穀重記故也	비치해 둔 장부

않다. 관청회계에서 듭긔법의 실체에 제일 먼저 접근한 사람은 윤근호다.36) 윤근호의 듭긔 연구를 체계적으로 밝힌 연구는 박원택의 박사학위 논문이다.37) 박원택은 듭긔의 개념과 속성에 대해 국내에서는 처음으로 체계적으로 접근하였다. 그에 따르면, 듭긔는 중국에는 없는 문자로, 한자를 빌려다 쓴 한자어식 특수용어라고 보았다. 그가 밝혀낸 문헌적 근거는 《대동야승》(大東野乘)의 《문소만록》(聞韶漫綠)에 기재된 중기(重杞; 1592년)라는 단어로서, 듭긔의 실체에 대한 이해에 매우 소중한 전거다.

박원택은 듭긔(重記)를 단순한 재산목록이나 물품의 현존 상태만 기록한 사무 인수인계 문서가 아니고, 일정한 기간마다 점검하여 물품의 수량과 변동 상황을 기록한 회계장부로 보았다.38) 이 글에서는, 박원택이 듭긔의 의미를 가장 잘 정의 내린 것으로 이해하고, 듭긔란 비치해 둔 회계부란 의미로 정의하려고 한다. 왜 중기의 해석과 발음에서 ‘거듭 중’ 혹은 ‘무거울 중’으로 해석하거나 발음하지 않고, 우리 소리글의 의미인 ‘비치해 두다’라는 의미로 해석하고 발음해야 하는가? 오늘날의 회계장부 구조에서 원장(ledger)의 어원적 의미가 lay on(ledger; 비치해 둔 장부)이고, 치부책(置簿冊; 비치해 둔 장부)에서도 ‘두다’의 의미가 강조되어야 하고, 순 우리 발음으로 듭긔를 한자로 표시한 것으로 이해해야 하기 때문이다.

36) 윤근호, 〈조선왕조회계제도연구〉, 단국대 동양학연구소, 《동양학》 5호, 1975.
37) 박원택, 〈조선조의 관청회계 ─ 듭긔(重記)와 해유를 중심으로〉, 경북대 경영학 박사학위논문, 1987.
38) 위의 글, 13쪽.

듕긔를 순 우리 회계기술로 인식하는 데《세종실록》의 다음과 같은 기사는 매우 소중하다. 세종 3년(1421) 1월 12일을 기사를 보면, 듕긔 제도 실행에서 거래 발생일 당일에 즉시 기록을 하지 않고, 여러 날 미루다가 한꺼번에 기록하는 폐단이 발생하자, 듕긔 제도를 강화하고 듕긔 제도를 원래 이전 법에 명시된 치부(置簿) 제도와 비교하는 기사다. 이 기사에 따르면, 신구 교대시 해유 과정에 필요한 문서로서 중기(重記), 이문(移文), 해유(解由) 문서가 필수적으로 갖추어져야 함을 알 수 있다. 이 기사에서 듕긔와 본래부터 법에 명시된 치부(置簿)는 그 의미에서 "비치하여 두고 필요시 꺼내어 기입하는 장부"라는 의미에서 서로 상통함에도, '둔다'라는 의미의 중국 한자용어 '置'를 쓰지 않고 우리 고유의 소리글자로서 듕긔의 이두인 '重記'를 사용한 것은, 듕긔라는 회계체계는 중국에서 수입된 것이 아니라 우리 고유의 기술이라는 것을 분명히 전달한다고 볼 수 있다.39)

중기를 듕긔로 읽고, '두다'라는 의미를 강조해야 하는 이유는 또 하나 있다. 1875년 일본은 메이지 유신으로 서양의 문물을 적극적으

---

39)《세종실록》3년(1421) 1월 12일. 【원전】 2집 422번. 自今月令監察刀得輒換, 使月令監察, 不待祿官齊坐, 直坐其司, 所管諸事, 靡不檢察. 若無時供上及使臣支應等, 一應及期事, 則以庫外所儲用之, 須於翼日, 請臺上重記. 月令監察或有故, 則須於三日內, 差他監察上重記, 若有過限, 不得上重記者, 每月季具報本曹覈實, 移文憲府, 且新舊官交代, 新掌錢穀置簿交割之法, 載在元典. 第以一司一員所掌, 或至累萬, 未易一一考檢, 其軍資·監豐儲倉等各司米, 以所儲年月最久間閣爲首, 以千字爲標號, 令祿官分掌, 當交代時, 已反庫米穀, 計數傳掌, 如有虧欠, 移文攸司, 隨卽追徵, 解由內, 明白具錄, 以憑後考。 金銀錢帛等諸般之物, 亦令分類入庫, 其分掌及交付追徵, 竝依上項例." 從之

로 도입하는 와중에 서양 회계 기술 또한 수입하였는데, 서양의 'Bookkeeping'이란 용어를 한문으로 번역하는 과정에서 치명적인 실수를 범하게 된 것이 이 용어와 관련이 있기 때문이다. 서양인 마쉬의 'Bookkeeping'이란 책을 번역할 때 '마이소씨부기법(簿記法)'이라고 번역한 것이다. 발음상 'Book'을 장부 '부'로 'Keeping'을 기록할 '기'로 번역한 것이다. '부기'와 '북키핑'은 발음은 유사하나 회계학에서 가장 중요한 장부인 원장(ledger)이 영어 어원상 '선반 위에 올려 놓다' 혹은 '비치하여 둔다'라는 의미에서 유래한다는 사실을 전혀 인식하지 못하고 번역한 매우 잘못된 용어인 것이다.

그러나 세종시대 등긔의 구체적인 실상을 우리 내부통제 시스템으로 인식하는 데 결정적인 한계는, 세종시대에 남아 있는 등긔 책이 전혀 없다는 사실이다. 임진왜란의 병화로 많은 등긔 문서들이 소각된 것으로 추정된다. 박원택에 의해 규장각에 소장된 등긔 책의 규모를 미루어 알 수 있으나, 대부분 개항기 19세기 말 등긔 책이다. 세종시대 등긔 제도의 시행으로 많은 관청에서 등긔 책을 작성하고 보관 비치해 두었을 것이 확실하지만, 지금까지 조사된 바로는 임진왜란 이전의 등긔 책은 아직 학계에 보고된 바 없다. 실물 장부가 없는 상태에서 등긔의 실체를 이해하기는 대단히 어렵지만, 간접적으로 조선 후기로 추정되는 등긔 책을 사례로 그 기입 체계를 살펴보고, 《세종실록》 기사의 내용과 비교하여 세종시대 등긔 제도 실행의 특성을 살펴보기로 한다.

〈그림 1〉은 한국학중앙연구원 장서각에 소장된 조선 후기 정산현(定山縣) 등긔 책의 한 단면이다.40) 〈그림 1〉의 T 형태는 〈그림 1〉의

원문을 가지고 '내'(內) 자라는 특수 회계용어를 통해 어떻게 좌우 대조 계정 형식을 갖추고 있는가를 제시한 것이다. 전환 과정은 간단하다.

〈그림 1〉의 원문을 보면, 장부의 두 면은 각각 13칸으로 분리한 줄이 있으며, 거래 기입은 한 줄에 한 기입만 되어 있다. 두번째 칸 기입을 단순히 세로쓰기 배열을 가로쓰기 배열로 전환하고, '內' 자를 기준으로 배열한 것이다. 이와 같이 전환할 경우, 서양식 T계정 형태로 간명한 좌우 대조 계정 형식이 드러난다. 당시 종이 가격이 비싼 상태에서 이렇게 공간을 여유롭게 할애한 이유는, 회계에서 강조하는 기록의 명료성과 점검의 편의를 도모하기 위한 것으로 이해된다. 또한 '在' '已上' '實遺'란 계정의 집계와 계정 잔액의 이월방법, 마감기입이 이루어져 있다는 것을 제시한다. 무엇보다 중요한 것은, 조선시대 등기는 모든 거래가 문서화되어 결과의 기록이 같은 항목끼리 한데 모아져 있다는 점이다. 예를 들어 〈그림 1〉에서는 화약은 화약 항목에, 연환(鉛丸)은 모두 연환 항목으로 모아져 기입되어 있다는 점이다. 또한 기입항목이 문장 형식이 아니라 표 형식으로 체계적으로 기입되어 있다는 점이다. 정리하자면, 조선시대 등기는 1) 문장 형식이 아닌 집계표 형식으로 되어 있다는 점, 2) 수입과 지출이 양면으로 분리되어 있다는 점, 3) 관련 거래 항목이 모두 모아져 있다는 점, 4) 계정의 개시기입이 전 기간의 이월기입에서 시작된다는 점이다.

---

40) 개인 소장 고문서 배접용으로 사용된 것으로 발견되어 연대 추정이 대단히 어렵다.

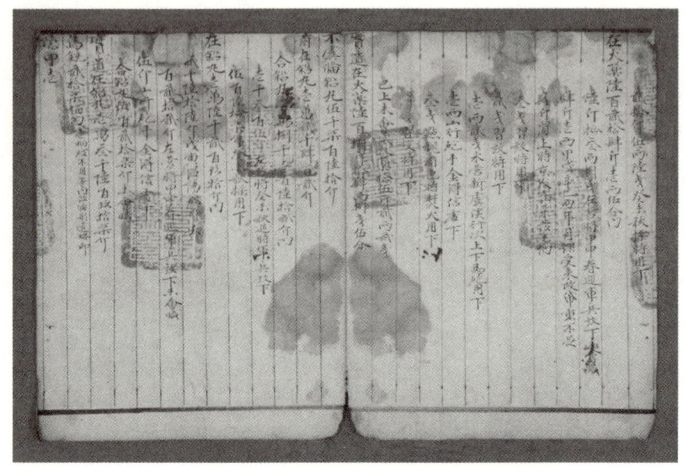

그림 1. 조선 후기 정산현 듕긔(重記)책의 한 단면
(자료원: 한국학중앙연구원 장서각)

화약(火藥)

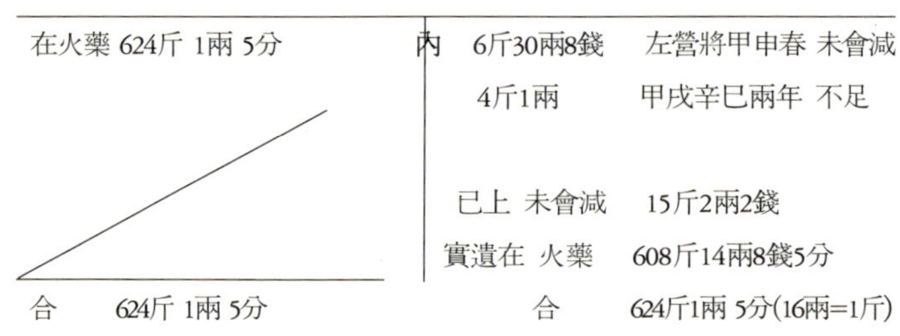

在火藥 624斤 1兩 5分	內	6斤30兩8錢	左營將甲申春 未會減
		4斤1兩	甲戌辛巳兩年 不足
		已上 未會減 15斤2兩2錢	
		實遺在 火藥 608斤14兩8錢5分	
合　　624斤 1兩 5分		合　　624斤1兩 5分(16兩=1斤)	

〈그림 1〉의 세로쓰기 배열을 가로쓰기로 전환하였을 때 나타나는 T계정 형태

　여기에 거래 기입 후 반드시 모두 감합에 해당되는 신인(信印)을 찍지는 않았지만, 시작 부분에는 반인반합(半印半合)의 감합을 두 번 찍은 것을 쉽게 볼 수 있고, 중요 부분에 무려 여섯 번이나 감합을 찍었음을 알 수 있다. 이것으로 조선시대 듕긔제도와 감합제도가 복합되어 시행된 내부통제 시스템의 구체적인 실상을 알 수 있다.

　그러나 등긔의 실증 사례가 시기가 전혀 다른 조선 후기 자료라는 점이 한계다. 이러한 한계가 있음에도 《세종실록》에는 세종 당시 등긔 제도도 조선 후기 등긔 제도와 같은 방식으로 시행된 것으로 판단하게 하는 기사들이 있다. 예를 들어, 등긔를 조작하는 회계부정을 일으킬 때 수입란 기록과 지출란 기록을 모두 조작하여 장물을 빼돌린 사건이라든가, 〈그림 1〉에서 보듯이 문서 곳곳에 찍는 신인을 처음에는 수결로 하다가, 그 수결을 위조하는 일이 발생하여 신인을 아예 주조하여 위조를 못하게 하는 것이 그것이다. 《세종실록》의 이러한 기사는 조선 전·후기 모두 등긔 제도는 동일한 체제로 시행되고 있었음을 의미하는 실증자료 제약을 벗어나게 하는 소중한 기사다.

　세종 5년(1423) 11월 17일, 제용감(濟用監) 영사(令史) 정현(鄭賢)의 종 보라지(甫羅知)가 선산부사(善山府使)가 보낸 아전(衙前) 백서(白緒)와 공모하고 선산부의 전세(田稅)인 주(紬) 42필, 면포 5필, 정포 735필이 기재되어 있는 공첩(公牒)을 본감에 넘길 때, 다만 면포 5필을 선납(先納)한 양으로 등긔에 기록한 뒤에, 아울러 미납된 면주·정포의 전량을 등긔에 몰래 협서(挾書)해 놓고는 완납하였다는 첩지(帖字)를 받고, 장물(臟物)을 분배하여 발각된 사건 기록이 있다.41) 이 기록을 보면, 부정하여 장물을 빼돌린 것을 감쪽같이 숨기

---

41) 《세종실록》 권22, 5년(1423) 11월 17일. 【원전】 2집 564면. 刑曹啓: "濟用監令史鄭賢奴甫羅知, 與善山府之使吏白緒同謀, 將本府田稅紬四十二匹·緜布五匹·正布七百三十五匹所載公牒付本監, 只以緜布五匹先納之, 錄于重記, 後幷將未納緜紬·正布全數於重記, 潛隱挾書, 冒受準納, 帖字分臟, 事覺推劾. 鄭賢·甫羅知·白緒等按

기 위하여 수입란과 지출란 모두 두 번 끼워 넣기 수법으로 부정을 자행하였음을 알 수 있다. 이 기록은 1423년 당시 이미 등기 기록은 면포는 면포라는 독립된 계정을 가지고 있었으며, 수입 기록과 지출 기록을 대조할 수 있는 양면 구조였다는 것을 제시한다.

이 기록과 함께 1439년 9월 18일의 사건 기록은, 세종시대에 〈그림 1〉에서 보이듯이 등기 기록 위에 감합법을 실행한 것을 알려주는 기록으로서, 등기제도와 감합제도의 복합시행이 이미 세종시대에 이루어졌음을 알려주는 기사다. 세종 21년(1439) 9월 18일, 등기 위에 다음 페이지로 넘어가는 부분이나 거래 기록 후 틀림없이 기록하였다는 증표로 찍는 인신(印信)을 위조하는 사태라든지, 인신 없이 서합(署合)으로 처리하자 그 서합을 위조 사태가 발생하여 인신을 아예 화폐처럼 주전하여 위조를 방지하는 안이 제출된 것이 그것이다.42)

결론적으로, 세종시대 등거제도 시행은 중국의 제도를 모방한 것이 아니라, 우리 고유의 회계 시스템을 가지고 시행된 것으로, 감합법이라는 보조수단을 통하여 위조를 근본적으로 차단하는 정교한 통제 시스템으로 실행되었다는 점이다.

律, 以監臨自盜, 贓滿四十貫, 不分首從斬."

42) 《세종실록》 권86, 21년(1439) 9월 18일. 【원전】 4집 238면. 有錢穀各衙門, 凡諸出納, 必須請臺施行, 所以杜姦防僞也. 然臺監本無印信, 其出納重記, 只與本司官吏署合而已, 其周挾塗際之處則皆用本司印信. 臣等竊恐姦詐之徒增減物數, 任情周挾, 用印經踏者, 容或有之, 末流之弊, 誠可慮也. 乞自今別鑄分臺印信, 凡出納重記, 竝皆經踏, 以杜姦僞何如.

4. 맺음말

오늘날 국가 경영에서 비교적 다른 국가보다 앞선 미국의 수도 워싱턴이나 독일의 수도 베를린 등을 방문해보면, 의회와 대법원등 주요 국가 시설 앞에 저울을 들고 서있는 여성 상징물을 많이 볼 수 있다. 여성성으로 국가를 상징하는 것은 쉽게 이해할 수 있으나 왜 저울이 국가의 상징일까? 이 글에서는 소리와 세종, 그리고 국가경영이라는 주제 아래, 회계를 기초로 한 내부통제 시스템 구축이라는 세부 과제로 국가경영의 요체를 찾아보려 하였다. 그 결과, 세종시대 국가경영은 한글 창제를 중심으로 소리에 기초한 제도의 구축이란 특징을 갖는다는 것을 제시하였다. 세종은 국가경영의 시스템을 확보하고자 소리를 표준화하였다. 소리를 통해 도량형의 표준을 잡고, 국민 언어를 정음화하여 의사소통을 원활히 하였다. 모든 경제 거래는 도량형의 통일을 기초로 수입과 지출란이 균형을 맞출 수 있게 되었으며, 그 요약된 결과 보고서는 투명하게 소리글자로 공개된 장소에서 보고되어 조직의 신뢰 구축을 시스템적으로 확보하였다. 소리와 국가경영의 관계는 도량형이고, 도량형의 통일을 위해 음률을 표준화하였던 것이다. 다산 정약용 선생이 도량형에 대해서 다음과 같이 요약한 것은 국가경영의 요체를 이해하는 데 많은 시사를 준다.

대저 예악(禮樂)과 형정(刑政) 가운데 어느 것인들 정치하는 도구가 아니겠는가마는, 만사(萬事)의 근본과 제왕의 전장(典章)이 되는 것은 율(律)·도(度)·양(量)·형(衡)만한 것이 없다. 오성(五聲)이 혹 격(激)하기도 하고 늘어지기도 하여 상호 조화되지 않는 데는 율(律)로써 조화되고, 모든 물건이 짧기도 하고 길기도 하여 쉬 틀리는 데는 자[尺]로써 조절하며, 사위(詐僞)가 속출하는 데는 양기(量器)를 만들어 용량을 가지런히 하고, 경쟁이 일어나는 데는 저울을 만들어 중량을 균평하게 하였으니, 이 네 가지의 용도는 가지런하지 않은 만물을 가지런히 하는 데 있다. 또한 이 네 가지의 제도는 한 개만 틀려도 끝내 하나로 통일하여 백성들의 믿음을 세울 수 없으므로 성제(聖帝)와 명왕(明王)이 반드시 이것을 급선무(急先務)로 삼아서 똑같게 하려는 것이다.43)

《맹자》(孟子)의 만장장(萬章章)은 동아시아 행정 시스템과 회계와의 관계를 전달하는 귀중한 장구다.44) 오늘날 회계사가들 가운데, 공자가 창고지기를 하면서 수입과 지출을 정확히 맞추는 회계 시스템을 기반으로 창고관리를 수행한 사실을 아는 자는 그리 많지 않을 듯싶다. 《맹자》'만장장구(萬章章句) 하(下)'를 보면, 공자가 일찍이 노나라에서 창고관리를 맡고 있었을 때, 회계를 실수하지 않고 올바르고 합당하게 창고의 출납일을 수행한 사실을 전하고 있다.

조선 건국의 기틀을 마련한 정도전의 문집 《삼봉집》(三峰集)45)에

---

43) 丁若鏞, 《與猶堂全書》, 茶山詩文集 第9卷.
44) 《孟子》 권10, 萬章章句下: 孔子嘗爲委吏矣. 曰會計當而已矣.
45) 정도전, 《삼봉집》 권13, 《조선경국전》 상, 전곡; 민족문화추진회, 《국역 삼봉집》 2권, 247쪽.

는, 유학을 이념으로 하는 국가경영의 요체를 전달하고 있어 주목된다. 그는 왕은 하늘을 대신하여 하늘 백성을 관리하는 사람이니, 혼자서 할 수 없는 중책이기 때문에 관리를 둔다고 하고, 왕을 보필하는 문하부와 회계를 담당하는 삼사(三司), 군사를 담당하는 중추원, 풍기를 주관하는 사헌부 등을 둔다고 밝히어 국가경영의 요체로 회계 관직을 두었다. 더 흥미로운 것은, 우리나라는 전통적으로 국가 수입에 관한 일은 삼사에서 관장하고, 지출은 도평의사사(都評議使司)에서 하도록 하는 재정 수입과 재정지출을 독립시켜서 운영해 왔다는 점을 우리나라 고유의 전통으로 묘사한 점이다.

《예기》(禮記) 권5 왕제(王制)를 보면, '사회란 국가 살림을 담당하는 자로서, 일년간 일어난 모든 살림을 요약하여 천자에게 보고하고, 바르고 틀린 것에 대한 천자의 질정을 구하고 그것을 재계하여 받아야 한다'(司會 以歲之成 質於天子 冢宰 齋戒受質)46)는 문구가 있다. 이는 고대 동아시아 사회에서 회계절차가 어떻게 진행되었으며 왜 이 절차가 필요한지를 서술한 문구로서, 회계로 한 해의 살림을 다스리고 그것을 요약하여 천자에게 최종 보고하고 회계감사를 받는 절차를 신성하게 밟아야 한다는 것이다.

20세기 한국이 식민지를 경험함에 따라 조선 왕조는 멸망한 왕조라는 부정적인 평가가 사회 보편적인 통념으로 자리 잡게 되었다. 이에 따라 500년 동안 하나의 체제를 지속해 온 조선 왕조의 국가경영 시스템에 대한 과학적인 탐구 노력은 상대적으로 부족하였다. 대

---

46) 《禮記》 권5, 王制(성균관대 대동문화연구원, 1985), 176쪽.

신에 외국의 사회과학 이론 만능의 학문 분위기가 만연되었고, 조선
왕조 500년 국가경영 시스템은 인류가 창안해온 국가경영 시스템
가운데 매우 주목할 만한 합리적인 실체였음을 제대로 규명하지 못
했다.

'세종시대 내부통제 시스템'이란 주제 아래 연구한 이 글의 결론
은, 이제 조선왕조 500년 국가경영 시스템은 19세기 왕조의 멸망을
가져온 부정적인 유산이 아니라, 21세기 지속 가능한 사회의 건설이
라는 시대적 과제를 해결하기 위한 긍적적인 유산이라는 점을 밝히
는 것으로 결론에 대신한다.

참고문헌

《예기》, 《논어》, 《맹자》, 《순자》
《주자증손여씨향약》(朱子增損呂氏鄕約), 《명종실록》
《비변사등록》, 《택리지》, 《승총명록》(勝聰明錄)
《무민당집》(无民堂集), 《낙재집》(樂齋集), 《성재집》(省齋集)
《이계집》(伊溪集), 《고문서집성》 21 · 22

김현영, 《대구월촌단양우씨문서 — 연구 · 정서 · 해제편》, 한국고문서학회, 1994.
노스(D. C. North) 저/ 이병기 역, 《제도, 제도 변화, 경제적 성과》(*Institutional Change
        and Economic Performance*), 자유기업센터, 1997.
베커(Donald Baker) 저/ 김세윤 역, 《조선후기 유교와 천주교의 대립》(*Confucianism
        Confronts Catholicism in late Choson Dynasty*), 일조각, 1997.
스미스(Adam Smith) 저/ 박세일 · 민경국 공역, 《도덕감정론》, 비봉출판사, 1996.
유 열, 《세나라 시기의 리두에 대한 연구 — 사람, 벼슬, 고장 이름의 표기를 통하

여》, 한국문화사, 1983.

윤근호, 《한국회계사연구》, 한국연구원, 1984.

윤근호·조정환, 〈한국 회계용어의 기원과 변천〉, 《경북대학교 경상대학논집》 15, 1987.

이명희, 〈조선후기 공동체 윤리규범의 특성에 관한 연구〉, 한국정신문화연구원 교육·윤리박사학위논문, 2000. 3.

──, 〈공동체적 삶의 생존윤리에 관한 연구〉, 《국민윤리연구》 50호, 2002.

──, 〈조선후기 공동체 윤리규범의 특성에 관한 연구〉, 한국학대학원박사학위논문, 2000.

이수건, 〈조선조시대 향촌사회의 성장과 향약〉, 《향토사연구》 4집, 한국향토사연구전국협의회, 1992.

──, 《조선시대 지방행정사》, 민음사, 1989.

이우성, 《한국의 역사상》, 창작과비평사, 1994.

이정호 편, 《회계사연구》, 영화조세통람, 2002.

전성호, 〈합리주의에 기반한 경제성장 모델의 역사적 기원〉, 《정조시대의 재조명》, 한림대 태동고전연구소 2004년 학술심포지엄, 2004.

정기숙·박해근·이중희, 《회계사상과 회계기준의 발전》, 경문사, 2002.

정진영, 〈조선후기 동성마을의 형성과 사회적 기능〉, 《한국사론》 21, 국사편찬위원회, 1991.

조익순, 《사개송도치부법전사》(四介松都治簿法前史), 해남, 2000.

현병주, 《사개송도치부법》(四介松都治簿法), 덕흥서림(德興書林), 1916.

홍희유, 〈송도사개문서(四介文書)에 반영된 송상(松商)들의 도가(都賈)활동〉, 《역사과학》 6, 1962.

津谷原弘, 《中國會計史》, 稅務經理協會, 1997.

Bin, Wong, R., *CHINA Transformed Historical Change and the Limits of European Experience*, Ithaca and London: Cornell University Press, 2000.

Braudel, Fernand, *Civilization and Capitalism 15th ~18th Century* Vol.2. *The Wheels of Commerce*, translated by Siân Reynolds, London, 1982.

Brief, Richard, P., "Accounting error as a factor in business history", *Accounting, Business and Financial History*, 1.1, 1990.

Bruce G. Carruthers and Wendy Nelson Espeland, "Accounting for Rationality: Double−entry Bookkeeping and the Rhetoric of Economic Rationality", *The American Journal of Sociology*, Vol.97, No.1, July 1991.

Chambers, R. J., "Measurement in Accounting", *Journal of Accounting Research*, 3.1, Spring 1965.

Chandler, Alfred D., *The Visible Hand: The Managerial Revolution in American Business*, Cambridge, Mass.: Harvard University Press, 1977.

Chuan, Han−sheng and Richard A. Kraus, *Mid−Ch'ing Rice Markets and Trade: An Essay in Price History*, Cambridge, Massachusetts: Harvard University Press, 1975.

Fu, Phillip, "Governmental Accounting in China during the Chao Dynasty(1122 B.C.~ 256 B.C.)", *Journal of Accounting Research* 9, Spring 1971.

Gardella, Robert, "Squaring Accounts: Commercial Bookkeeping Methods and Capitalist Rationalism in Late Qing and Republican China", *The Journal of Asian Studies* 51, No.2, 1992.

Goddy, Jack, *The East in the West*, Cambridge University Press, 1996.

Hector, R. Anton, "Some Aspects of Measurement and Accounting", *Journal of Accounting Research*, 2.1, 1964.

Huang, Philip, C. C., *The Peasant Economy and Social Change in North China*, Stanford: Stanford University Press, 1985.

Huh, Jong Hyeon, "The Traditional Accounting System in the Orient Countries Korea, China, Japan", *The Academy of Accounting Historians Working Paper Series*, No.22, 1979.

Jackson, C., "The History of Methods of Exposition of Double−entry Book keeping in England", *Studies in the history of Accounting*, London: Sweet & Maxwell, 1956.

Jun, S. H. & J. B. Lewis, "On Double−entry Bookkeeping in late Choson", University of Oxford Nuffield College Seminar, 2001.

Kyojiro, Someya, *Japanese Accounting: A Historical Approach*, Oxford: Clarendon Press, 1996.

Lemarchand, Yannick, "Double−entry versus charge and discharge accounting in eighteenth

Yannicki nineteenth century France", *Accounting, Business and Financial History*, 4.1., 1994.

Littleton, A. C., *Accounting Evolution to 1900*, New York: The American Institute Publishing Co., 1933.

——, "Evolution of the journal Entry", *Studies in the history of Accounting*, London: Sweet & Maxwell, 1956.

Macintyre, Alaster, *After Virture*, Notre Dame: University of Notre Dame, 1984.

Mattessich, Richard, "From Accounting to Negative Numbers: A Signal Contribution of Medieval India to Mathematics", *Accounting Historians Journal* Vol.25, No.2, December 1998.

McKinnon, Jill(1994), "The historical and social context of the introduction of double–entry bookkeeping to Japan", *Accounting, Business and Financial History*, 4.1., 1994.

Nishikawa, K., "The Early History of Double–entry Bookkeeping in Japan", ed. Littleton, A. C. & B. S. Yamey, *Studies in the history of Accounting*, London: Sweet & Maxwell, 1956.

North, Douglass C. & Robert Paul Thomas, *The Rise of the Western World*, Cambridge: Cambridge University Press, 1973.

——, "Markets and Other Allocation Systems in History: The Challenge of Karl Polanyi", *The Journal of European Economic History*, Vol.6, No.3 1977 winter.

——, "Transaction Costs in History", *The Journal of European Economic History*, Vol.14, No.3, 1985 winter.

Peters, Richard M. and Emery, Douglas R., "The Role of Negative Numbers in the Development of Double Entry Bookkeeping", *Journal of Accounting Research*, Vol.16, No.2, 1978.

Pomeranz, Kenneth, *The Great Divergence*, Princeton: Princeton University Press, 2000.

Posthumus, N. W., *Inquiry into The History of Prices in Holland*, Leiden F. J. Brill, 1964.

Roover, R. de, "The organization of trade", *The Cambridge Economic History of Europe* Vol. III, Cambridge, 1963.

——, "The Development of Accounting Prior to Luca Pacioli According to the Account–books of Medieval Merchants", *Studies in the History of Accounting*,

London: Sweet and Maxwell, 1956.

Scorgie, M. E., "Accounting fragments stored in the Old Cairo Genizah", *Accounting, Business and Financial History*, 4.1, 1994.

Scott, James C., *The Moral Economy of the Peasant*, New Haven: Yale University Press, 1976.

Weber, Max, *General Economic History*, translated by Wirtschaftsgeschichte reprint of the New Brunswick, 1981.

Wickizer, V. D. and Bennett, M. K., *The Rice Economy of Monsoon Asia*, Califonia: Stanford University, 1941.

Yamey, Basil S., "Scientific Bookkeeping and the Rise of Capitalism", *Economic History Review* vol. 1, 1949.

————, "Introduction", Littleton, A. C. & Yamey, B. S. eds., *Accounting History: Some British Contributions*, London: Sweet & Maxwell, 1956.

————, "Accounting and the Rise of Capitalism: Further Notes on a Theme by Sombart", *Journal of Accounting Research* 2.2., 1964.

————, "Notes on Double-entry Bookkeeping and Economic Progress", *The Journal of European Economic History* 4.3., 1975.

————, "Balancing and Closing The Ledger: Italian Practice, 1300~1600", Parker, R. H. & Yamey, B. S. eds., *Accounting History: Some British Contributions*, Oxford: Clarenden, 1994.

세종대의 법과 정치

유학적 '예치주의'의 이상과 현실

김 영 수

영남대 교수

동아시아 전통국가의 정치체제에 대한 연구에서 법에 관한 연구는 매우 드물다.

그 이유는 첫째, 정치체제가 전제정적이고 통치자의 자의에 지배되어 법체제가 미비하였다는 것과, 둘째, '예치주의'가 강조되고 '법치주의'가 경시되었다는 관념 탓이다.

그러나 동아시아의 전통 정치체제에서 '민심'과 '공론'은 정치적 정당화를 위한 핵심 요소였고, 매우 포괄적이고 세련된 법률체계를 가지고 있었다.

다른 한편 예치주의는 법치주의를 배제하는 것이 아니라 상호 보완적이었고, '예치주의'의 이상을 적절히 실현하기 위해서는 오히려 적절한 법체계가 필수적이었다.

조선 초기의 활발한 법전 편찬은 이러한 의도의 산물이었다. 그러나 세종대의 사법상황을 검토해 볼 때, 조선 정치체제는 '예치주의'를 실현하는 데 상당한 어려움이 있었다.

첫째, 법의 상대적 미비와 관리들의 엄형주의 때문에 법적 보호가 취약하였다는 점이다. 둘째, 신분제의 원리와 예치주의의 부조화 때문에, 평민층에 대한 관료와 양반층의 자의적 폭력을 억제할 수단이 결여되어 있었다는 점이다. 셋째, 백성의 주권이 없었기에 백성의 권리를 보호할 수단이 원천적으로 없었다는 점이다.

이 때문에 사법생활을 개선하려는 세종의 노력은 현실적으로 큰 한계를 가지고 있었다.

1. 머리말 — 법과 정치

로크에 따르면, 인간다운 삶을 유지하기 위해 보호되어야 할 기본적인 요소는 생명과 재산, 자유다. 국가 안에서의 삶은 그것을 보호하기 위한 인간의 자발적 구속이라고도 할 수 있다.1) 현대 국가에서 이러한 요소는 기본권으로서 보호되고, 법률에 의해 수호된다. '법'은 인간의 생활에서 가장 직접적이고 구체적인 문제다. 이 때문에 현대 사회에서 문명화된 정치적 삶의 구체적 지표는 입헌주의에 기초한 법치주의로 이해된다.2)

---

1) 홉스에 따르면, 국가는 인간 사이의 무차별적인 폭력을 순치시키기 위한 인위적 산물이다. 정당하고 강제적인 공동의 규칙, 즉 법률이 없다면 인간의 삶은 단지 "계속적인 공포, 비참한 죽음의 위협"만 존재하기 때문이다.(홉스 저/ 한승조 역, 《리바이어던》, 삼성출판사, 1989, 260~264쪽) 그런데 사회는 정치의 산물이라는 점에서 정치는 법 이전에 존재한다. 법치에서 법은 권력이 사용되는 형식을 제공하고, 권력은 법에게 필요한 강제력을 제공하는 관계에 있다.(박영도, 〈세종의 유교적 법치 — 인정과 법의 관계를 중심으로〉, 《한국학중앙연구원 세종국가경영연구소 개소기념학술대회 발표논문집》, 2005, 281쪽) 국가가 탄생된 다음의 정치는 두 가지 기능을 가지고 있다. 첫째는 새로운 소통과 합의를 계속하는 것이고, 둘째는 합의된 규칙을 안정화시키는 것이다. 즉, 새로운 법률을 제정할 뿐만 아니라, 기존의 법률을 유지시키는 것이다. 새로운 법률의 제정을 위해서는 소통이 필요하고, 기존의 법률을 유지시키기 위해서는 강제력, 즉 권력이 필요하다.(하버마스 저/ 한상진·박영도 공역, 《사실성과 타당성 — 담론적 법이론과 민주주의적 법치국가 이론》, 나남출판, 1999, 175~194쪽)

2) 법치주의 자체는 인간의 자유를 보장하는 것이 아니다. 법이 자유를 보호하기 위한 수단이 되기 위해서는, "독립된 사법부가 입법부나 행정부의 정치적 행위에 대해 헌법과 같은 상위법에 의거하여 사법심사(위헌심사)를 할 수 있는 권한을 보유하는 제도,

그런데 한국과 중국 모두 전통시대 법의 구체적 실상에 대해서는 사상이나 문화, 역사에 비해 잘 알려져 있지 않다.3) 그런 의미에서 기존의 동아시아 연구는 다소 추상적이었다고 생각한다. 세종대에 관한 연구도 비슷하다. 세종대의 위대한 정치적 문화적 업적은 잘 알려져 있지만, 당대의 정치현실과 구체적인 생활상을 보여주는 사법 상황과 법 생활에 대한 연구는 매우 드물다.4) 이 글은 세종대의 정치를 구체적으로 이해하기 위한 기초연구로서, 당대의 사법 상황과 법 생활을 검토하려는 목적에서 씌어졌다. 이 글에서는 첫째, 전통시대 한국과 중국의 사법상황과 법 생활에 관한 기존의 관점을 간략히 살펴보고, 둘째, 세종대의 사법 문제를 개관해 보고자 한다.

2. 동아시아 전통 국가의 법과 정치
― 법치주의의 결여와 전제주의에 관한 논의

동아시아의 전통 국가에서는 합리적인 법치의 전통이 매우 취약한 것으로 알려져 있다.5) 그 이유는 크게 ① 전제정적 정치체제, ②

곧 입헌주의가 오늘날 법치의 필수적 요소로 인식된다."(강정인, 〈덕치와 법치 ― 양자 겸전의 필요성을 중심으로〉, 《정치사상연구》 6, 2002, 75쪽)
3) 박종성의 최근 연구는 조선왕조를 유가적 외피를 지닌 법가적 국가라는 매우 새로운 관점에서 조선의 법과 형벌을 자세히 검토하였다.(박종성, 《조선은 법가의 나라였는가 ― 죄와 벌의 통치공학》, 인간사랑, 2007) 정치학의 관점에서 조선의 법체제를 통사적으로 기술한 것은 이 연구가 처음이다.
4) 박종성의 연구(2007)는 예외적이다.
5) 이에 대한 최근의 본격적 논의로는 강정인, 앞의 글(2002); 박종성, 위의 책을 참조하

예치주의의 전통, 두 가지다. 첫째, 동아시아 전통 국가들의 정치체제가 전제정(tyranny)이었다는 이해 방식이다. 잘 알려진 바처럼, 이러한 견해는 유럽에서부터 시작되었다.6) 헤겔에 따르면, 중국은 수천 년 동안 불변의 제국으로 중국의 역사는 '역사' 없는 역사다. 그 이유는 중국 문명에는 현실을 초월한 이념이 결여되어 있고, 그 때문에 현실은 곧 자연적인 것으로 인식되었기 때문이다.7)

초월성의 결여란 곧 내면성의 결여를 뜻하고, 내면성의 결여는 곧 세속의 지배에 대항하기 위한 정신적 근거가 결여되었음을 뜻한다. 이런 정신 유형이 지배적인 곳에 가장 적합한 정치체제는 전제정이다. 이 때문에 몽테스키외는8) "중국은 전제국이고, 그 원리는 공포"

라. 정긍식은 이러한 인식에 대해 다음과 같이 지적하고 있다. "조선시대의 법에 대한 인식은 다음과 같이 요약할 수 있다. 조선은 덕치주의(德治主義) — 나쁘게 말하면 인치주의(人治主義) — 를 표방하는 전제군주국가로 오로지 국왕의 인격에만 의존하는 인적 지배체제였다. 또 법치주의는 덕치주의와 양립할 수 없고, 통치의 수단은 예주법종(禮主法從)에서 드러나듯, 법, 즉 정령(政令)이 아니라 예(禮), 즉 교화(敎化)였기 때문에 법은 중요한 역할을 하지 않았다. 또 설사 법이 있고 법전이 완비되었더라도 사법과 행정을 겸하는 관리가 자의로 처리하기 때문에 법과 법전은 공문(空文)에 불과하고 법전은 전혀 권위가 없었다. 다시 말하면, 법은 국가와 사회를 유지하는 데 전혀 중요한 역할을 하지 않았으며, 또 법은 현실을 전혀 반영하지 않고 있었다."(정긍식, 〈《속대전》의 위상에 대한 소고 — '봉사'(奉祀) 및 '입후'(立後) 조를 내용으로〉, 《법학》 46-1, 서울대 법학연구소, 2005, 312~313쪽) 조선적 법치주의에 대한 연구로는 정긍식, 〈조선시대의 권력분립과 법치주의 — 그 시론적 고찰〉, 《법학》 42-4, 서울대 법학연구소, 2001 참소.

6) 사이드 저/ 박홍규 역, 《오리엔탈리즘》(교보문고, 2002).

7) 헤겔 저/ 김종호 역, 《역사철학강의》 1-2(삼성출판사, 1982). 베버 역시 "중국에는 종교(religion)에 해당하는 특별한 말이 없"으며(베버 저/ 이돈녕 역, 《유교와 도교》, 휘문출판사, 1972, 481쪽), "유교는 불교와 마찬가지로 다만 윤리학"이라고 생각하였다.

8) 몽테스큐 저/ 신상초 역, 《법의 정신》(을유문화사, 1987).

라고 말하였다.9)

　사실 중국은 그리스와 달리 문명이 발생한 매우 이른 시기에 원시 민주주의의 전통을 상실하였다.10) 그러나 춘추시대까지 중국의 정치사회는 상당히 개방적이었다는 생각이 든다. 전국시대에 들어서자 위계적이고 일원적인 정신적 경향이 강력히 분출하였다.11) 공자

9) 헤겔은 "중국 및 몽고제국은 신정적 전제정(神政的專制政)의 제국이다. 여기에서 근저가 되는 것은 가부장제적 상태"라고 하였다. 오리엔탈리즘은 서양인에 의해 창조되었을 뿐만 아니라, 동아시아인 스스로에 의해서도 재생산되고 있다. 예컨대 마루야마 마사오(丸山眞男)의 《일본정치사상사연구》(日本政治思想史研究)는 헤겔과 베버, 그리고 마르크스 등이 제시하는 동양관을 무비판적으로 수용하였다. 그 요점은 아시아 정체성론(停滯性論)이다. 마루야마는 "헤겔의 해석에는 역시 문제의 본질적인 점을 찌르고, 예리한 것"이 있으며, 이것이 "중국 역사에서 유교의 지위와 밀접한 관련"이 있다고 본다. 유교는 '상하존비(上下尊卑)의 구별[別]'에 의해 '복종'을 체제화시켰기 때문이다.(丸山眞男, 1975, 5쪽) 중국에서의 최근 연구도 이런 인식을 따르고 있다: "중국 전통사회의 정치 특성은 역사가 유구한 군주 전제주의 관료정치다. 담사동(譚嗣同)이 말한 바와 같이 '2천년 정치는 진(秦)의 정치로 모두 큰 도둑이며', '2천년 학문은 순자(荀子)의 학문으로 모두 위선자'인 것이다. 관료정치는 황제를 핵심으로 하며, 황제는 국가의 화신이고 모든 권력의 원천이며, 국가 정치생활에는 모두 그들의 선명한 개인 흔적이 남아 있다."(고원 저/ 정긍식·조은희 역, 〈체제와 도덕의 배반 — 중국 전통사법의 배경 및 그 곤경〉, 《법학》 45-3, 서울대 법학연구소, 2004, 487쪽)

10) 비트포겔에 따르면, 대하천의 범람을 막기 위한 대규모 치수, 관개사업의 필요성으로 인해 국가가 총체적 권력(total power)을 장악하게 되고, 이로 인해 동양적 전제국가가 탄생되었다고 본다.(비트포겔 저/ 구종서 역, 《동양적 전제주의》, 법문사, 1991) 하왕조의 창시자 우왕은 황하의 범람을 막기 위해 13년 동안 치수에 종사하였다고 한다.(《書經》 虞書 第5 '益稷') 그러나 주왕조는 분권적인 봉건제를 택하였으며, 기원전 221년 진의 천하통일 뒤 비로소 중앙집권적인 군현제(郡縣制)가 본격적으로 시행되었다. 그런데 고대 그리스의 폴리스처럼 "직접 만져볼 수 있고", "전체를 볼 수 있는" 면대면 사회(Sir Ernest Barker, 1959, p.400)가 아닌 이상, 일정한 규모로 확대된 전근대의 정치공동체에서 권위적인 질서는 일반적인 것이었다.(슈워츠 저/ 나성 역, 《중국 고대 사상의 세계》, 살림, 2004, 108쪽)

11) 그러나 공자의 시대에 이미 유가와 법가의 논쟁이 시작되었다. 예컨대 제경공(齊景公)이 공자를 등용하려 하자, 당대의 명신 안영(安嬰)은 다음과 같이 반대하였다: "무

는 인간 사이의 적절한 관계를 '화이부동'(和而不同)으로 생각하였지만, 묵자는 이견의 종식과 의견의 완전한 통일[尙同]을 평화의 방법론으로 제시하였다.

옛날, 사람이 처음 생기고 아직 국가의 통치자가 없었던 때에는, 사람에 따라 주장을 달리하였다.…… 따라서 사람들은 자기 의견을 옳다 하고 남의 생각은 그르다 하여 서로 비난하였다. 그러기에 안으로는 부자·형제 사이에도 서로 원망하고 미워하여 이산(離散)하기에 이르고, 그 화합은 바랄 수 없었다. 천하의 백성들은 모두 물, 불, 독약으로 서로 해쳤다. 여력이 있어도 함께 일하지 않았고, 여재(餘財)가 썩어 없어져도 나누지 않았으며, 훌륭한 도도 숨기고 가르쳐 주지 않았다. 천하의 어지러움이 금수와 같았다. 이같이 천하가 어지러워진 이유를 따지면, 그것은 정장(政長)이 없기 때문이었다. 그래서 천하의 현인을 뽑아 천자로 세웠다.…… 이같이 관장(官長)이 구비되자, 천자는 천하 백성들에게 정령을 내려 말하기를, "착한 행위와 악한 행위를 보고 듣거든 모두 위에 보고하라. 위에서 옳다고 하는 바는 모두 옳게 여기고,

룻 유학자는 말재간이 있고 융통성을 잘 부려 법으로 규제할 수 없으며, 거만하고 제멋대로 하여 아랫사람으로 두기 어려우며, 상례를 중시하여 슬픔을 다한다며 파산까지 하면서 큰 장례를 치르니 그들의 예법을 풍속으로 삼기 어렵고, 도처에 유세 다니며 관직이나 후한 녹을 바라니 나라의 정치를 맡길 수도 없습니다. 현자(賢者)가 사라진 이래로 주(周) 왕실이 쇠미해졌고 예악(禮樂)이 붕괴된 지 오래되었습니다. 지금 공자는 용모를 성대히 꾸미고 의례절차를 번거롭게 하고 세세한 행동규범을 강조하고 있으나, 그것은 몇 세대를 배워도 다 배울 수 없으며 평생을 다해도 그 예를 터득할 수 없습니다. 군주께서 그를 채용하여 제나라의 풍속을 바꾸려고 하신다면 이것은 백성을 다스리는 좋은 방법이 아닙니다."(《史記》卷47 孔子世家) 즉, 유가는 독자적인 정치적 명분을 주장하여 법과 왕의 권위에 복종하지 않기 때문에 국가의 통치를 곤란하게 한다고 본다. 그리고 유가는 전통적인 '예악(禮樂)'을 따르려고 하기 때문에 국가의 풍속을 번잡하게 만든다는 것이다. 이것은 전형적인 법가의 견해다.

그르다고 하는 것은 모두 그르다고 하라. 위에 잘못이 있으면 규간(規
諫)하고, 아래에 선행이 있으면 천거하라."12)

묵자의 국가 기원론은 홉스와 흡사하다. 묵자 또한 국가의 기원을
고찰하기 위해 자연상태를 고찰한다. 자연상태의 인간은 만인이 만
인에 대해 금수다. 그러한 무한전쟁을 끝내기 위해서는 이견과 분쟁
을 판단하고 조정할 단 한 사람의 현인이 필요하다.13)

이러한 정치적 사유는 전국시대 초입의 시대상을 반영하는 것이
자, 이 시대의 사상가들이 인간세계의 혼란과 질서의 탄생에 대해
깊이 성찰하였다는 사실을 보여준다. 묵자는 평화의 수립이 천자에
의해 "오직 천하의 주장을 통일[尙同]할 수 있었기 때문"이라고 주장
하였다.14)

헤겔에 따르면, 전제주의의 특징은 한 사람의 의사만이 독립적이
고 나머지 모든 인간은 노예적 상태에 있다는 점이다. 이 체제에서
사람들은 말과 행위의 능력을 상실한다. 한비자의 주장에 따르면,

---

12) 《墨子》 尙同 上.

13) 묵자도 홉스처럼 정치권력의 정당성을 하늘이나 신으로 소급하지 않고 인간의 필요로
부터 찾았다. 그러나 묵자는 홉스와 달리 만인 대 만인의 투쟁이 자기보존이라는 시원
적 도덕이 아니라 '의견의 차이'로부터 비롯된다고 보았다. 그런데 묵자는 의견의 차이
가 자기보존의 본능으로부터 비롯된다는 점을 잠정적으로 전제하고 있다. 이 때문에
국가의 정통성은 국가가 이러한 자기보존의 요청, 즉 민생을 얼마나 적절히 보호하는
가에 달려 있다. 그러나 묵자는 그것을 '권리'(rights)로서 개념화하지는 않았다.

14) "察天子之所以治天下者 何故之以也 曰唯以其能一同天下之義 是以天下治."(《墨
子》 尙同 中) 상하의 소통을 전제한다는 점에서 그의 사상은 아직 법가에 도달하지
않았으나, 이미 법가적 국가가 지닌 위계적인 정신적 정치적 일원성의 이미지가 거기
에 존재한다.(슈워츠, 앞의 책, 502쪽) 그것은 공자가 이상으로 여겼던 느슨한 위계제
및 다원적인 포섭의 봉건제가 아니라, 수직적으로 계열화된 제국(empire)의 이미지다.

법이 확고하게 시행되면 "위에서 하는 대로 순종하고, 임금의 법을 좋는다. 마음을 비게 하여 명령을 기다릴 뿐 시비를 논평하는 일이 없다. 그래서 입이 있어도 사사로운 말을 하지 않으며, 눈이 있어도 사사로운 것을 보지 않는다"15)고 한다.

그럼에도 전통 중국의 정치체제를 전제적으로 보기는 어렵다. 550여 년에 걸친 춘추전국시대의 전란을 종식시킨 진(秦)제국은 겨우 15년밖에 유지되지 못하였다. 그 이유는 법률의 엄격성이 사회가 수용할 수 있는 한계를 넘어섰기 때문으로 평가된다. 진제국의 통치에 비판적인 견해는 "분서갱유와 엄형준법 등 포학을 천하의 첫 번째 일로 삼았다"고 평가하고 있다.16) 즉, 국가의 안전과 질서, 정치적 공정성을 위해 수립된 법이, 그 반대로 인간의 삶을 억압하는 전제적 지배의 수단으로 남용 또는 오용되었기 때문이다.17)

---

15) "順上之爲 從主之法 虛心而待令 以無是非也 故有口不以私言 有目不以私視"(《韓非子》有度) 법가의 체제 구상을 따른 진제국이 전제적인 공포체제를 만든 것은 사실이다. 그러나 한비자의 근본적인 생각은 비인격적인 법에 의해 백성들에게 가해지는 왕·벌족·관리들의 자의적인 폭력을 제거하고, 공적인 기여에 대해 신분과 무관하게 누구라도 보상을 받는 공정성을 확립하는 데 있었던 것으로 생각된다.(슈워츠, 앞의 책, 491~523쪽) 한비자는 유가처럼 도덕성도 아니지만, 상앙(商鞅)처럼 공포에 의한 지배수단으로서의 '법'도 아닌, 사회적 공공성의 기준으로서의 '법'이라는 독창적이고 새로운 개념을 발전시켰다. 물론 그러한 법의 체제는 제국 시스템을 작동시킬 수 있는 유력한 방법 가운데 하나였다. 진의 통일에 의해 중국은 처음으로 제국을 경험하게 되었으나, 그처럼 광대한 공간과 막대한 인구를 효율성과 공정성을 가지고 조직할 수 있는 행정적 문화적 능력은 아직 미숙하였다. 그것을 가능하게 하는 방법은 표준화와 균질화밖에 없었다. 진제국이 문자와 수레바퀴[文軌]를 통일한 것은 그 때문이다. 법은 인간을 표준적이고 균질적으로 구성하는 거의 유일한 조직적 수단이었다. 통일된 제국의 여러 부분들은 사상이나 종교, 문화, 언어, 관습, 사회조직 등의 측면에서 매우 이질적이었을 것이기 때문이다.(徐連達 외, 《중국통사》, 청년사, 1994, 144~155쪽)

16) "焚書坑儒 嚴刑峻法 以暴虐爲天下先."(《毛詩傳箋通釋》上卷, 秦風總論)

한고조(漢高祖)가 진의 수도 함양(咸陽)을 함락한 뒤 단지 세 개의 법[約法三章]만 공포하였다고 하는 것은, 진제국의 전제적 지배에 대한 안티테제의 천명으로 이해할 수 있다. 즉, 한왕조의 설립자들은 법률이 사회적 안정의 기초가 되기 위해서는 단지 강제력의 수단이 아니라 사회적 합의의 산물이어야 함을 자각하였던 것이다. 전통 정치체제에서 이 합의의 원천은 '천명'(天命)과 '민심'(民心), '공론'(公論)이었다. 물론 민심과 공론의 궁극적 기준은 천명이다. 이것은 한국과 중국의 전근대 국가에서 정치적 건전성을 존속시키기 위한 가장 핵심적인 요소로 간주되었다.[18]

'민심'의 정치적 중요성이 깊이 고려되기 시작한 것은 주(周)왕조부터였다. 주 문명과 제도의 완성자로 알려진 주공은 섭정에서 물러나며, 무왕의 아들이자 자신의 조카인 성왕 및 여러 귀족들에게 다음과 같이 충고하고 있다.

> 아아! 저 하늘의 위대한 상제(上帝)는 그의 원자(元子; 殷의 紂王)에게서 대국 은(殷)나라의 천명을 거두어갔습니다. 그리고 지금 왕께 천명을 내린 것입니다.…… [은의 말년에 백성들은] 부녀와 아이들을 등에 지고 팔로 껴안고 손으로 잡고 끌고 가면서 애통하게 하늘에 호소하였습니다.…… 아아! 하느님은 또한 이들 사방의 백성들을 애련히

---

17) 진제국이 통치이념으로 삼은 법가의 이상은 중형(重刑)에 의해 범죄를 없애 무형(無刑)을 만들겠다는 것이었다. 또한 한 번 공포된 법령은 반드시 이행토록 하고, 한 번 금지된 것은 반드시 멈추게 하는 것을 군주의 임무로 생각했다.("夫令必行 禁必止 人主之公義."; 《韓非子》 飾邪)

18) 이상익, 《유교전통과 자유민주주의》(심산문화, 2004), 355~396쪽.

여기시니, [왕은] 천명을 살피시고 삼가 덕을 베풀어야 합니다.······ 우리는 하(夏)나라를 거울삼아 보지 않을 수 없으며, 또한 은나라를 거울삼아 보지 않을 수 없습니다.[19]

여기에서 주공은 하(夏)와 은(殷)이 멸망한 이유를 천명과 민심의 관점에서 해석하고, 주왕조의 정치가 지향해야 할 방향을 덕치(德治)로 설정하고 있다. 즉, 천명을 하늘과 통치자의 관계('위'로부터의 천명)에서가 아니라, 통치자와 백성의 관계('아래'로부터의 천명)에서 파악하였던 것이다. 그것은 하와 은이 정치적 정통성으로 표방하였던 천명론을 새롭게 확장 심화시킨 것으로 볼 수 있다.

주공의 정치이념은 그 뒤 동아시아 정치체제의 기본이념으로 오랜 세월 동안 유지되어 왔다. 예컨대, 정도전(鄭道傳)이 쓴 1392년 태조 이성계의 즉위교서는 다음과 같이 시작된다.

왕은 이르노라. 하늘이 많은 백성을 낳아서 군장(君長)을 세워, 이를 길러 서로 살게 하고, 이를 다스려 서로 편안하게 한다. 그러므로 군도(君道)가 득실이 있게 되어, 인심(人心)이 복종과 배반함이 있게 되고, 천명의 떠나가고 머물러 있음이 매였으니, 이것은 이치의 떳떳함이다.[20]

주공 이후 2,500년이 지나 조선 건국의 텔로스로 표방된 이 문서 또한 주공의 정치이념을 다시 한 번 반복하고 있다. 정도전은 "백성

---

19) 《尙書》 召誥.
20) 《태조실록》 태조 1년 7월 28일.

은 국가의 근본이고 임금의 하늘이다. 그래서 《주례》(周禮)에서는 백성의 호적을 임금에게 바칠 때에 임금은 절을 하면서 받았으니, 이것은 자기의 하늘을 중히 여기는 까닭"(《朝鮮經國典》, 賦典－版籍)이라고 말하였다. 또한 그는 백성들의 구체적인 지지 없이는 왕조가 유지될 수 없다고 생각하여, "하민(下民)은 지극히 약하지만 힘으로 위협할 수 없고, 지극히 어리석지만 지혜로써 속일 수 없는 것"이라고 말하였다.[21] 위민(爲民)의 덕치만이 정치적 정통성의 유일한 근원인 것이다.

그러나 민심론에 의거한 천명론(天命論)은 여전히 약점을 가지고 있다. 그것은 통치자가 민심의 동향에 대해 민감해야 한다는 정치적 도덕성을 강조하지만 제도적인 보장책을 제시하지는 않기 때문이다. 이로부터 '공론'의 정치이론이 탄생했다.

은나라의 통치자들이 천명을 알기 위해 제사를 지냈다면, 주자는 대신과 협의하고, 간관의 의견을 청취하여, 공론의 소재를 구할 것을 주장했다.[22]

군왕은 비록 명령을 제정하는 것으로 직분을 삼는 것이나, 반드시 대신과 함께 도모하고 간관의 의견을 참고해야 합니다. 그들로 하여금 충분히 의논하게 하여 공론의 소재를 구한 다음, 왕정(王庭)에 게시하고 밝게 명령을 내려 공개적으로 실행해야 합니다. 이로써 조정이 존엄해지고 명령이 자세히 살펴지는 것입니다.…… 의논하고 싶은 신하들은

---

21) 《朝鮮經國典》, 正寶位.
22) 전근대의 중국 정치에서 공론의 중요성은 매우 일찍부터 강조되어 왔다. 이에 대해서는 이상익, 앞의 책, 289~295, 305~313쪽을 참고하라.

또한 거리낌 없이 자신의 의견을 다 밝힐 수 있는 것이니, 이것이 고금의 상리(常理)이며 또한 조종의 가법입니다.23)

정도전 역시, "전계(殿陛) 앞에 서서 천자와 함께 시비를 다투는 자는 간관이다. 재상은 도(道)를 마음대로 행하며, 간관은 말을 마음대로 행하니, 말이 행해지면 도도 또한 행해진다"24)고 말하였다.

이처럼 중국이나 조선은 '말의 자유'를 건전한 정치에서 불가결한 요소로 생각하였다. 조선의 세종은 "아직 과감한 말로 면전에서 쟁간(爭諫)하는 자를 보지 못하였으며, 또 말하는 것이 매우 절실 강직하지 않다. 어째서 지금 사람은 옛사람 같지 못한가"25)라고까지 하였다. 이처럼 왕조차도 전제주의를 옹호하지 않았다.

물론 한국과 중국의 전통 정치체제가 민주주의적인 것은 아니다. 말의 자유가 사대부층 외에 백성들에게까지 허용된 것은 아니며, 백성들이 주권이나 권리를 가진 것도 아니었다. 그러나 이 정치체제는 파이너(S. E. Finer)가 말하는 포럼형 왕정(forum-palace polity)의 성격을 풍부하게 지니고 있었다.26) 정치체제는 모든 구성원의 의사에 의해 결성된 계약체제는 아니었지만, 정치는 '전제'가 아니라 활발한 '협의'에 기초하고 있었다. 즉, 전근대의 한국과 중국에는 사회적 합리성을 가진 법치가 존재할 정치적 기반이 풍부하였다.27)

---

23) 《朱子大典》 卷14, 頁26.
24) 《三峯集》 卷10, 經濟文鑑 下.
25) 《세종실록》 세종 7년 12월 8일조.
26) S. E. Finer, *The History of Government*, Book V, Oxford: Oxford University Press, 1997.
27) 그런데 베버의 지적대로 한국과 중국의 전통적 사법체제에는 합리적인 논증으로서의

둘째, 전근대 동아시아 국가들은 '법치'보다 '예치'를 중요하게 생각하였기 때문에, 법치의 전통이 약하다고 알려져 있다.[28] 한국과 중국의 지배 엘리트들이 도덕과 분리된 형식주의적 법률을 시행하는 데 거부감을 가졌다는 것은 사실이다. 위민이념의 제창자인 주공은 사실 예치사상의 기원이기도 하다. 주공은 "예를 제정하고 악을 만들었다"(制禮作樂)고 한다. 이처럼 예치와 위민정치는 깊은 관계를 가진 개념이다.

'예'(禮)라는 글자는 갑골문에서 제사용 그릇을 본 뜬 것으로, 상제(上帝)와 조상에 대한 제사를 의미한다. 최초의 인류 사회는 혈연 공동체이자 제사공동체였다. 고대인들의 마지막 의지처는 하늘과 조상이었다. 고대문명의 유적에는 그 흔적이 많이 남아 있다. 그들의 생활에서 제사는 가장 신성한 행위였다. 가장 좋은 것이 제물로 바쳐졌고, 심지어 생명을 바치는 인신공양도 존재하였다. 그러므로 제사가 경건한 감정과 우아한 행위, 즉 문명의 집적이자 기원이 된 것은 자연스러운 일이다.

이 때문에 '예'의 의미는 확장되어 자연스럽게 인간의 모든 삶을 포괄하는 최고의 모범 또는 표준이 되었다.[29] 《예기》(禮記)는 다음

'변론'이 부재하였다: "정치적 사법적인 효과를 올리는 하나의 합리적인 수단으로서의 변론이 사용되지 않았던 것은 이러한 점에서도 쉽게 확인할 수 있다. 변론의 이용은 역사적으로는 처음 그리스의 폴리스에서 양성되었으나, 그러나 형식주의가 결여된 재판을 가진 관료주의적 가산제 국가에서는 결코 변론이 발달해 나갈 수가 없었다. 중국의 재판은 일부는 약식 관방(官房)재판이며, 일부는 서류재판이었다. 특히 변호사 같은 것이 없고, 오직 당사자들의 문서적 진술과 구두심문이 행하여진 데 지나지 않았다."(베버 저/ 이돈녕 역, 《유교와 도교》, 휘문출판사, 1972, 461쪽)

28) 그러나 서양이라 해도 처음부터 법치의 성격이 지배적이었던 것은 아니다.

과 같이 말하고 있다.

> 도덕과 인의는 예가 아니면 이루어질 수 없다. 교화와 올바른 풍속은 예가 아니면 완비될 수 없다. 분쟁과 소송의 판결은 예가 아니면 결정될 수 없다. 군신상하와 부자형제는 예가 아니면 정해질 수 없다. 학문을 하고 스승을 섬기는 것은 예가 아니면 가까워질 수 없다. 조정의 서열을 정하고 군대를 통솔하고, 벼슬에 임하고 법을 시행하는 일은 예가 아니면 위엄이 서지 않는다.[30]

즉, 예는 인간의 모든 삶을 포괄하고 있다. 그에 견주면, 현대의 민주주의는 훨씬 제한적인 것이다. 예란 무엇인가? 정자(程子)의 해석에 따르면, 예의 본질은 '경'(敬)이고, 그 효과는 '화'(和)다. 즉, 만인 또는 만물을 공경하는 마음을 가짐으로써 전체적인 조화를 달성하는 것이다. 이것은 헤겔이 말하는 상호인정(reciprocal recognition)처럼 만인의 평등을 의미하지는 않지만, 타자에 대한 존중과 배려를 지향하고 있다. 사회구성의 심리적 기초이자, 조화로운 사회의 기본 원리인 것이다.[31]

첫째, 예는 내면적인 것이다. 그런데 공자에 따르면, '예'는 인간의 본질에 한 걸음 더 다가서야 한다. 그는 "사람으로 인(仁)하지 않으

---

29) "禮者天理之節文 人事之儀則."(《論語》 學而, 朱子의 註)

30) 《禮記》 曲禮. "道德仁義 非禮不成. 教訓正俗 非禮不備. 分爭辨訟 非禮否決. 君臣上下 父子兄弟 非禮不定. 宦學事師 非禮不親. 班朝治軍 涖官行法 非禮威嚴不行."

31) "유자가 말하기를, 예의 쓰임은 조화가 귀하니, 선왕의 도가 아름다운 것은 예 때문이다."(有子曰 禮之用 和爲貴 先王之道斯爲美; 《論語》 學而)

면 예(禮)는 무슨 소용이며, 사람으로 인하지 않으면 악(樂)은 무슨 소용인가"32)라고 주장한다. 즉, '인'이 없는 예악은 형식일 뿐이다. 그런데 인은 "자기를 극복하고 예로 돌아가는 것"(克己復禮)이다. 이처럼 인과 예는 안과 밖을 이루어 어느 하나 없이는 존재할 수 없다.33)

둘째, 예는 정치와 직접 연관되어야 한다. 공자는 "예법과 겸양을 가지고 나라를 다스리지 못한다면 예는 해서 무엇 하겠는가?"34)라고 주장한다. 예는 정치의 요체이기도 하다.35) '인'은 사람을 사랑하는 것[愛人]이므로, 예의 정치는 인정(仁政)이자 덕치(德治)이다. "덕(德)으로 정치를 하는 것은 마치 북극성이 제 자리에 있고, 여러 별들이 그것을 향하여 도는 것과 같다."36) "(위정자) 자신이 올바르면 명령을 내리지 않아도 잘 되어 나가고, 자신이 올바르지 않으면 명령을 내린다 하여도 복종하지 않는다."37) 즉, 덕에 의한 정치는 강제

---

32) 공자는 또한 "예(禮)는 사치스럽기보다는 차라리 검소해야 하고, 상사(喪事)는 정연(整然)하기보다는 차라리 슬퍼해야 한다"(《論語》 八佾)고 말한다. 외형적인 의례가 아니라, 그 의례를 행하는 마음이 본질이라는 뜻이다. 《시경》 해석에 대한 자하와의 문답에서, "그림 그리는 일은 흰 바탕이 마련된 후에 온다"는 것도 같은 의미다.(《論語》 八佾)

33) 슈워츠는 다음과 같이 말한다. "물론 공자는 인과 예의 불가분리성을 분명하게 언급한다.…… 예는 구속적 패턴들을 제공한다. 인과 이에 관계된 덕성들을 성취하려는 변함없는 의지가 없다면, 예는 다만 공허한 형식이 될 것이다. 예가 갖는 조직화와 교육의 효과가 없다면, 개인적 미덕의 최고 이상으로서의 인은 성취될 수 없다."(슈워츠, 앞의 책, 128쪽)

34) 《論語》 里人.

35) 《朝鮮經國典》, 賦典 – 版籍.

36) 《論語》 爲政.

37) 위와 같음.

하지 않아도 자연스런 평화와 질서를 가져오는 것이다. 그러므로 예치는 덕치다. 그리고 덕은 인간의 함양된 도덕에서 유출되는 것이므로 덕치는 '인치'(人治)다. "그 사람이 있으면 그 정치가 있고, 그 사람이 없으면 그 정치도 끝이다."38)

그런데 예치의 이러한 특징은 법치와 대립된다. 법치 또한 질서를 지향하고 있지만, 그것이 내면적일 필요는 없다. 법치의 목표는 동기가 아니라 결과다. 그러므로 공자에 대한 안영(安嬰)의 비판처럼, 도덕에 의해 법의 형식주의를 비판하는 것은 국가의 권위를 위험하게 하는 것이다. 분서갱유는 개인의 도덕이 법에 미치는 위험성을 제거하려는 극단적 조치였다.39)

---

38) "文武之政 布在方策. 其人存 則其政擧. 其人亡 則其政息."(《禮記》中庸) 법치가 '어떤 제도를 통해 다스릴 것인가'에 관심을 갖는 반면, 덕치 또는 예치는 '어떤 사람이 통치할 것인가'에 관심을 가지고 있다.(이승환, 《유가사상의 사회철학적 재조명》, 고려대출판부, 1998)

39) 기원전 213년, 진시황 앞에서 벌어진 정책논쟁에서 승상 이사는 봉건제도로의 복귀를 주장하는 견해에 반대하고, 지식인들의 사적인 견해들이 정치적 혼란을 야기한다고 비판한 다음, 사상통제 정책을 제안했다. "이제 황제께서 천하를 통일하여, 흑백을 분별하고 하나의 기준을 정했습니다. 그러나 학자들은 사학(私學)을 하고 서로 법교(法敎)를 비난합니다. 법령이 내린 것을 들으면 각자가 그 학문을 가지고 이를 논의하는데, 들어와서는 마음으로 비난하고 나가서는 서리에서 논의하여, 기이한 것을 훌륭하다 하고 색다른 것을 높은 것으로 삼습니다. 무리를 거느려 비방하는 말을 만들어내니 이를 금하지 않는다면 위로 군주의 권위가 떨어지고 아래로 파당이 이루어지니, 이를 금하는 것이 좋습니다."("今皇帝幷有天下 別黑白而定一尊 私學而相興非法教 入聞令下 則各以其學議之 入則心非 出則巷議 奇主以爲名 異取以爲高 率群下以造謗 如此弗禁 則主勢降乎上 黨與成乎下 禁之便."《史記》秦始皇本紀; 이상기,〈진시황의 분서갱유에 대한 시말〉,《중국연구》14, 1993, 197쪽에서 재인용) 묵자나 순자, 한비자의 논의에서도 볼 수 있는 바처럼, 춘추전국의 지식인들 가운데 상당수는 사상과 견해의 다양성을 정치적 혼란과 전쟁의 핵심 원인으로 보고 있었음을 알 수 있다.

한비자에 따르면, 법은 사람에 의존하면 안 된다. 왕조차도 예외가 아니다.[法後王] 법의 목표는 오히려 인간성을 배제하는 데 있다. 왜냐하면 법의 목적은 인간의 자의성과 가변성을 제거하는 데 있기 때문이다. 이것은 세 가지 목표를 가지고 있다. 첫째, 백성의 동기와 행위를 일원화하기 위한 것이다. 둘째, 백성에 대한 관리의 자의성을 배제하기 위한 것이다. 셋째는 왕에 의한 관료의 지배를 탈인격화시키기 위한 것이다. 첫째에 의해 백성의 삶은 일관된 국가 목표에 집중될 것이다. 둘째에 의해 관료제는 독립적 권력을 상실할 것이다. 셋째에 의해 왕은 개인적 인격이나 자질에 의존하지 않고, 왕권이라는 순수한 권력적 요소에 의해 국가 전체를 통제할 수 있을 것이다. 즉, 법치의 세계에서는 누구도 인격적으로 될 필요가 없다. 법은 그 자체로서 독립성을 갖고, 사회 전체를 움직이는 제1원인이 된다.

그러므로 예치의 주장자들이 법치의 구상을 찬성할 수 없는 것은 당연하다. 그런 사회는 기계지 인간의 세계는 아니기 때문이다. 공자는 "법제(法制)로 이끌고 형벌로 다스리면 국민들은 형벌은 모면하나 수치심이 없어지고, 덕으로 이끌고 예로 다스리면 수치심을 갖게 되고 또 올바르게 된다"40)고 주장하였다. 즉, 법치는 형식적 질서를 가져올지 모르지만, 그 결과는 인간성의 상실이라는 값비싼 대가를 필요로 한다. 진(晉)의 범선자(范宣子)가 형법 조문을 솥[刑鼎]에 새겨 성문법으로 공포하자 공자는 다음과 같이 개탄하였다.

---

40) 《論語》 爲政.

진이 망하려는 모양이구나! 그들의 옛 법도를 버렸다. 진은 이제라도 마땅히 당숙(唐叔)이 물려준 법도를 지켜 그 백성을 다스려야 하며, 경대부들은 위차(位次)에 따라 각자의 직분을 다해야 할 것이다. 이로써 백성은 귀족을 존경할 수 있고, 귀족은 그 가업을 지킬 수 있을 것이다. 귀천의 서열이 어지러워지지 않는 것이 이른바 법도다.…… 백성들이 솥 위의 법률로 범죄의 경중을 알 수 있으니, 무엇으로 귀족을 존중하겠는가? 귀족은 무슨 가업을 지키겠는가? 귀천의 서열이 없어졌으니 무엇으로 국가가 되겠는가?[41]

공자가 주장하는 요점은 세 가지다. 첫째, 귀천의 구분은 정당한 법도며, 국가가 성립하기 위한 근본적 요소다. 둘째, 백성의 사회적 행위는 법률보다 귀족의 모범에 따라 이루어져야 한다. 셋째, 귀족이 존재하는 정당성의 근거와 그들의 사회적 의무는 귀족의 모범적인 사회적 행위에 있다.

현대의 관점에서 볼 때 공자는 신분주의자이자 우민주의자이다. 국가가 존속하는 진정한 목적은 공자가 '정명'(正名)으로 이념화한 이 '차별'의 유지에 있는 것처럼 보인다.[42] 마르크스의 지적처럼, 국가는 지배계급의 도구일 뿐이다. 그런데 공자는 당대의 가장 고결한 이상주의자이자 휴머니스트였다. 이런 모순이 어떻게 가능한가?

이 점을 살펴보려면 공자의 예치주의가 무엇을 의미하는지 검토

---

41) 《春秋左傳》 昭公 29年.
42) 노신(魯迅)은 공자를 다음과 같이 평가하고 있다: "확실히 공부자(孔夫子)는 나라를 다스리는 훌륭한 방책을 고안해냈다. 그러나 그것은 죄다 민중을 다스리는 자, 즉 권세자들을 위하여 고안해낸 것이지 민중 자체를 위하여 고안해낸 것은 조금도 없다." (노신 저/ 박정일 등역, 《노신선집》 4, 여강출판사, 1991, 219쪽)

할 필요가 있다. 첫째, 공자에게는 국가의 탄생이 묵자의 주장처럼 인간들의 '합의'에 의한 것이 아니다. 공자는 국가의 기원에 특별한 관심을 표명하지는 않았다.43) 하늘이 만생(萬生)을 낳고, 인간다운 생활을 영위할 능력이 없는 자신의 자식들을 무육(撫育)하도록 성인에게 위탁하였다는 《대학》(大學)의 천명론과 국가기원설은 《서경》(書經)에서도 많이 발견된다. 이에 근거하여 맹자는 민심을 잃은 왕은 교체할 수 있다는 급진적 견해를 피력하였지만, 이런 관념에 따른다면 국가는 하늘의 위탁에 의해 탄생된 것이며, 그 국가는 시원적으로 성인과 백성, 두 계급으로 구성되었다. 즉, 국가는 근본적으로 계급적이며, 그것은 하늘이 정한 질서다. 이 구조에서 성인은 귀하며, 백성은 천하다. 그러나 둘의 관계는 사회과학적인 의미에서 계급적인 것이 아니라 '보호 - 피보호'의 윤리적 관계다.

둘째, 이 원형적 국가모델이 피라미드 형식으로 확장 분화되었을 때, 중간에 위치하는 존재가 귀족이다. 시원적 국가는 가족과 동일하다. 하늘·성인·백성은 부자간으로 이루어진 하나의 가족이다. 국가의 규모가 아무리 장대해도 그것은 가족의 연장일 뿐이다. 그러므로 이 시스템의 운영원리는 종법제(宗法制)다.44) 아버지가 아들의

---

43) 공자는 국가의 기원보다는 국가가 어떠해야 한다는 점에 관심을 기울였다. 그런 점에서 공자의 국가관이 체계적이라고 할 수는 없지만, 그것을 고찰할 수 없는 것은 아니다.(신정근, 〈공자의 인문주의 국가〉, 《중국학보》 44, 2001, 410쪽) 다른 한편 서구 자연법의 역사에서 알 수 있는 바처럼, 국가의 기원에 대한 관심은 기존의 정치질서에 대한 근본적인 의문을 전제하고 있다. 그런 의미에서 공자의 목표는 기존 질서의 전복(顚覆)보다 개선에 있었다고 하겠다.

44) 장국화 편, 《중국법률사상사》(아카넷, 2003), 45쪽.

모범이듯이, 성인과 귀족은 백성의 모범이다. 즉, '북두칠성' 같은 존재다. 모든 존재는 이 별을 중심으로 동심원을 이루며 돌아간다. 아들의 행위는 아버지에 의해 판단되고, 아버지는 아들을 교화시킬 책임이 있는 것처럼, 귀족의 책임은 백성의 행위를 판단하고 가르쳐야 하는 것이다. 왕과 귀족은 도덕의 모범이다.

> 계강자(季康子)가 공자께 정치를 물었다. "무도한 자들을 죽여서 올바른 길을 이룩하면 어떻겠습니까?" 공자께서 답하시기를, "선생은 정치를 하시지 어찌 죽이십니까? 선생이 선하고자 하면 백성들은 선해집니다. 군자의 덕은 바람이며 소인의 덕은 풀입니다. 풀은 위로 바람이 지나가면 반드시 눕습니다."[45]

따라서 성문법이란 이 체제의 근본원리인 종법제를 부정하는 것이다. 왜냐하면 귀천의 도덕적 관계를 '지배─피지배'라는 법률적 관계로 객관화시키기 때문이다. 이렇게 되면 백성은 형벌을 모면하기 위해 규칙에 따라서만 행위할 것이다. 여기에 복종은 있지만 윤리적인 감화는 결여되어 있다. 따라서 성문법은 천명의 질서를 파괴하는

---

[45] 다음 내용들도 같은 의미를 가지고 있다. "계강자(季康子)가 공자께 정치에 관해서 물어보았다. 공자께서 대답하시기를, '정치라는 것은 바로잡는 일입니다. 선생께서 바로 거느리시면 누가 감히 바르지 않겠습니까?'(政者正也 子帥以正 孰敢不正;《論語》顔淵) 계강자가 '국민들을 공경스러워지고 충성스러워지고 선행에 힘쓰게 만들려면 어떻게 합니까?' 하고 묻자, 선생님께서 말씀하시기를, '국민에게 장중한 태도로 임하면 공경스러워지고, 효성 있고 자애스럽게 굴면 충성스러워지고, 선한 사람을 등용하여 몸가짐을 바로하지 못하는 사람을 가르치면 선행에 힘쓰게 됩니다.'(《論語》爲政)"

비인간적이고 비윤리적인 폭거다.

셋째, 이상의 내용으로부터 왕이 왕인 것, 귀족이 귀족인 것은 그가 왕권과 특권을 가지고 있기 때문이 아니라, 그들이 하늘의 질서를 표현하는 인격적 표상이기 때문이다. 즉, 왕과 귀족은 예의 총화다. 그러므로 공자에게서 최선의 정치는 신분과 차별의 철폐가 아니라, 그 반대로 신분과 차별이 윤리적인 교화의 근원지가 되도록 하는 데 있었다. 그것은 이 계서적인 사회 시스템에 속한 모든 개인이 그에게 부여된 윤리적 의무를 빠짐없이 이행할 때 완전하게 된다.46) 그것이 "군군 신신 부부 자자"(君君臣臣父父子子)로 이루어지는 '정명'(正名)이다. 공자는 정치의 첫 번째 임무가 정명에 있다고 생각하였다.47)

그렇다면 공자는 형벌을 인정하지 않았는가? 공자는 확실히 형벌은 비정상적인 국가에서만 일어나는 것으로 생각하였다.48) 그의 목표는 형벌의 불가피성을 인정하는 것이 아니라, 그러한 일이 일어나

---

46) 이런 견해는 플라톤의 정의론과 흡사하다.

47) 자로(子路)가, "위(衛)의 임금이 선생님께서 정치를 해주시기를 기다리고 있다고 하면 선생님께서는 무슨 일부터 먼저 하시겠습니까?" 하고 물었다. 공자는 "반드시 이름을 바로 잡겠다"라고 말하였다. 자로가, "그러한 생각을 가지고 계십니까? 선생님께서는 어두우십니다. 이름을 바로잡아 무엇 하시겠습니까?"라고 말하였다. 공자가 말하기를, "야비하구나, 유(由)는. 군자는 자기가 모르는 것은 보류하여 둔다. 이름이 바르지 않으면 말이 맞지 않고, 말이 맞지 않으면 일이 제대로 이루어지지 않는다. 일이 제대로 이루어지지 않으면 예악이 일어나지 않는다. 예악이 일어나지 않으면 형벌이 바르지 않다. 형벌이 바르지 않으면 백성은 손발을 둘 데가 없어진다."(《論語》 子路)

48) 공자는 조카사위인 남용(南容)을 평가하면서, "나라가 정도(正道)에 의해 다스려지는 경우에는 버림을 받지 않고, 나라가 정도에 의해 다스려지지 않는 경우에도 형벌을 받지 않았다"(《論語》 公冶長)고 말하였다.

지 않도록 하는 것이었다.[49] 그런데 이 문제와 관련하여 특이한 것은, 공자가 정자산(鄭子産; ?~522 B.C.)을 대단히 높이 평가하였다는 사실이다.

> 공자가 자산(子産)에 관해 말하기를, 그는 군자의 도(道)를 네 가지 지니고 있었으니, 행실은 공손하였고, 윗사람을 섬기는 데는 공경스러웠고, 백성을 기르는 데는 은혜로웠고, 백성을 부리는 데는 의로웠다고 하였다.[50]

그런데 자산은 바로 그 자신이 제정한 형서(刑書)를 솥에 새겨 대중에게 공포한 정치가였다. 이에 대해 항의서한을 보낸 진(晉)의 숙향(叔向)은 전형적으로 공자의 예치론을 따르고 있다.

> 일찍이 선왕은 사안을 의논하여 결정하였을 뿐 형벌로 하지 않았다. 백성들에게 다투는 마음이 있어, 오히려 금지할 수 없는 것을 염려하였기 때문이다. 일이 없을 때는 의(義)로 하였고, 분규가 있으면 정(政)으로 하였고, 이를 행하는 것은 예로 하였고, 신(信)으로 지키고 인(仁)으로 받들었다.…… 백성들이 법이 있음을 알면 곧 윗사람을 두려워하지 않게 된다. 모두 다투는 마음이 생기는데, 오직 형서에 의해서만 판결하면 오히려 요행을 바랄 것이니, 이는 불가하다.[51]

---

49) "송사를 처리하는 힘은 나도 남만큼 있겠지만, 내가 바라는 것은 굳이 송사가 없어도 되는 상태다."(聽訟吾猶人也, 必也使無訟乎; 《論語》 顔淵)

50) 《論語》 公冶長.

51) 《春秋左傳》 昭公 6년 3월. 鄭人鑄刑書. 叔向使詁子産書, 曰, "始吾有虞於子, 今則已矣. 昔先王議事以制, 不爲刑辟, 懼民之有爭心也. 猶不可禁禦, 是故閑之以義, 糾之以

이처럼 이 시대의 문화주의자들은 인간의 품성이 담기지 않은 건조한 법조문이 행위의 표준이 될 수 있다는 사실을 인정할 수 없었다.

그러나 공자가 예를 절대적인 기준으로 하지 않았다는 점은 관중에 대한 평가에서도 알 수 있다.[52] 최고의 기준은 예 그 자체라기보다, 민생의 보호였다. 그런 의미에서 형벌에 대한 공자의 어법은 복합적인 것으로 이해해야 할 것이다. 즉, 그는 끝까지 예치의 회복을 주장하였으나, 동시에 가장 나쁜 상황에 대해서도 언급하고 있지 않다. 그런 점에서 공자는, 인간의 욕망이 빚어내는 다양한 현실에 정면으로 대결했던 것으로는 보이지 않는다. 그것은 전쟁의 경우에도 마찬가지다. 공자는 어쩌면 예외적 경우에 대한 허용이 원칙을 붕괴

政, 行之以禮, 守之以信, 奉之以仁; 制爲祿位, 以勸其從; 嚴斷刑罰, 以威其淫. 懼其未也, 故誨之以忠, 聳之以行, 敎之以務, 使之以和, 臨之以敬, 涖之以彊, 斷之以剛; 猶求聖哲之上, 明察之官, 忠信之長, 慈惠之師, 民於是乎可任使也, 而不生禍亂. 民知有辟, 則不忌於上. 並有爭心, 以徵於書, 而徼幸以成之, 弗可爲矣. 夏有亂政, 而作禹刑; 商有亂政, 而作湯刑; 周有亂政, 而作九刑, 三辟之興, 皆叔世也. 今吾子相鄭國, 作封洫, 立謗政, 制參辟, 鑄刑書, 將以靖民, 不亦難乎? 詩曰, '儀式刑文王之德, 日靖四方.' 又曰, '儀刑文王, 萬邦作孚.' 如是, 何辟之有? 民知爭端矣, 將棄禮而徵於書, 錐刀之末, 將盡爭之. 亂獄滋豐, 賄賂並行. 終子之世, 鄭其敗乎? 肹聞之, '國將亡, 必多制.' 其此之謂乎!" 復書曰, "若吾子之言— 僑不才, 不能及子孫, 吾以救世也. 旣不承命, 敢忘大惠!" 士文伯曰, "火見, 鄭其火乎! 火未出, 而作火以鑄刑器, 藏爭辟焉. 火如象之, 不火何爲?"

52) 관중의 분수를 넘는 행위에 대해 공자는 "관씨(管氏)가 예를 알았다고 한다면 누가 예를 몰랐겠소?"(《論語》 八佾)라고 비판하였다. 그러나 자로(子路)와 자공(子貢)이 "환공(桓公)이 공자(公子) 규(糾)를 죽이자 소홀(召忽)은 규를 위해 죽었는데 관중은 죽지 않았다"고 하여 관중이 인인(仁人)이 아니라고 비판하자, 공자는 "환공이 제후들을 규합하는 데 전차(戰車)를 쓰지 않고 한 것은 관중의 힘이다. 그의 인자함만하기란 쉽지 않다"(《論語》 憲問)거나 "어찌 필부필부가 자잘한 신의를 지키는 것과 같겠느냐? 개천에서 제 손으로 목매어 죽어도 알아줄 사람은 없다"(《論語》 憲問)라고 관중을 옹호하고 있다.

시킬 수도 있음을 우려했는지도 모른다. 그러나 맹자는 좀 더 과감하게 인정(仁政)이 전제된 경우에 한해 형정을 긍정하고 있다.

> 인정(仁政)을 실시하면 번영하고, 인정을 펴지 않으면 치욕을 당하게 된다.…… 만약 치욕을 당하는 것을 싫어한다면, 덕을 귀중하게 여기고 선비를 존중하여 현량한 인사를 관직에 있게 하고, 유능한 인재로 직책을 맡게 하여 국가를 한가하게 만드는 것보다 더 좋은 길은 없다. 그렇게 된 때에 이르러서 그 나라의 형정(刑政)을 밝힌다면 큰 나라라 할지라도 반드시 그 나라를 두려워할 것이다.53)

순(旬) 임금은 역사적으로 이런 사례에 속할 것이다. 전설적인 성왕 순은 "법으로써 일정한 형벌[常刑], 즉 얼굴에 먹물을 넣고[墨], 코를 베며[劓], 발뒤꿈치를 자르고[剕], 거세를 하며[宮], 사형에 처하는 오형(五刑)을 정하되, 때로는 정상 참작의 여지가 있는 자는 다만 먼 곳으로 귀양 보내는 정도의 유형(流刑)으로 용서하게 하였다."54) 그는 "형을 집행하려면 신중하고 신중하지 않으면 안 된다. 억울하게 벌을 받는 자가 있어서는 안 된다. 잘못이 없도록 관대한 마음을 쓰지 않으면 안 된다"고 언제나 스스로를 경계하였다. 이른바 '명덕신벌'(明德愼罰)의 사상이다. 아래 우왕의 형벌관은 유가의 모범이다.

> 고요(皐陶)여, 내 신민이 내 정치를 범하는 자가 없음은 그대가 사(士)가 되어 다섯 가지 형(刑)을 바르게 시행하고, 그로써 다섯 가지

---

53)《孟子》公孫丑章句 上.
54)《書經》舜典.

가르침을 도와 내 정치의 만전을 기한 때문이다. 형벌은 언젠가는 그것
이 없어져야만 하고, 없어지는 것을 목적으로 하는 것이다. 백성들은
이제야 바른 길에 좇아 행동하게 되었거니와, 이는 오로지 그대의 공이
로다. 이제부터도 더욱더 힘써다오.[55]

즉, 전쟁에 반대하지만 전쟁을 막기 위한 '정의로운 전쟁'(just war)
에는 찬성하는 것처럼, 형벌에는 반대하지만 형벌을 없애기 위한 '정
의로운 형벌'(just punishment)에는 찬성하는 것이다. 모든 이상주의가
직면하는 현실적 딜레마처럼, 예치주의 역시 이런 질문을 비켜 갈
수는 없었던 것이다. 그런 모순적 상황에서의 원칙이 '명덕신벌'이나
'덕주형보'(德主刑輔)라고 볼 수 있을 것이다.

그러므로 만약 이런 모순된 상황을 타개하고자 한다면, 역설적으
로 예치주의는 법치주의보다 훨씬 더 세심하고 깊이 법을 탐구하지
않으면 안 된다. 왜냐하면 단순한 처벌이 아니라 무엇이 옳은가를
판단할 수 있어야 하기 때문이다. 그러므로 유가가 순수한 관념에
머무르지 않고 현실 정치와 대면해야 하였다면, 한국과 중국의 전통
국가에서 법치주의의 부재는 예치주의의 산물로 보기 어렵다. 만약
법치의 전통이 약하였다면 오히려 예치주의에 덜 철저하였기 때문
으로 볼 수 있다.

55) 《書經》 大禹謨.

3. 세종대의 법과 정치 — 세종의 '깊은 예치주의'와 열악한 사법현실

세종대의 사법(司法) 상황을 보면, 대체로 세종은 일반 관리들보다 법률에 대한 관심이 훨씬 깊었다. 어떻게 보면 법가처럼 보일 정도였다. 그러나 앞에서 말한 바에 따른다면, 법률에 대한 세종의 관심은 '깊은 예치주의'(deep ritualism)의 결과로 보인다. 즉, 세종대의 사법 상황은 매우 열악하여, '정의로운 형벌'을 시행하려면 사법 상황을 대폭 개선시켜야 하였다. 세종의 다음 교지를 보자.

형(刑)으로 다스림을 돕고 율(律)로 형을 결정하는 것은 고금의 떳떳한 법이다. 그러나 율문에 기재된 것은 한도가 있는데, 사람의 범죄는 한정이 없다. 그러므로 형서(刑書)에, '율에 바로 들어맞는 조목이 없으면 이에 가까운 율을 인용하여 적용한다[比附]는 문구가 있다. 형이란 진실로 성현도 조심하는 바라, 올리고 내리는 적용에서 털끝만한 간격도 더욱 정상을 살펴야 할 것인데, 지금 법을 맡은 관리는 형을 적용할 때 대개 중한 법을 적용하니, 내 심히 딱하게 여기노라. 죄가 가벼운 듯도 하고 무거운 듯도 하여 의심스러워서, 실정이 이렇게도 저렇게도 할 수 있는 경우면 가벼운 법을 따르는 것이 마땅하고, 만약 실정이 무거운 편에 가까운 것이면 아무쪼록 법에 알맞도록 하라. 《서경》에 '조심하고, 조심하라. 형을 시행함에 조심하라' 한 말은 내 항상 잊지 못하는 바이며, 또 '너의 맡은 옥사(獄事)에 조심하여 나의 왕국을 강구하게 하라' 하였으니, 맡은 관리들은 깊이 유념할 것이며, 형조에서는 중외(中外)에 효유(曉諭)하라.56)

세종의 지적처럼, 관리들은 이념적으로는 예치주의를 표방하여도 사실은 법가적인 엄형주의를 따르고 있었다. 그 이유는 첫째, "형서에 '율에 바로 들어맞는 조목이 없으면 이에 가까운 율을 인용하여 적용한다"는 말에서 알 수 있는 '법의 미비', 둘째, 관리들의 책임 회피 때문인 것으로 보인다. 책임 회피를 위한 엄형주의는 세종의 아래 지적에서 확인할 수 있다.

《대명률》(大明律)에 제서유위조(制書有違條)에 이르기를, '제서를 받들어 시행하여야 할 것을 어긴 자는 형장(刑杖) 100대요, 그 본뜻을 잘못 알고 시행한 자는 3등을 감한다' 하였다. 율문(律文)의 본뜻은 다만 관리로서 받들어 행할 자를 가리켜서 말한 것이요, 보통 사람으로서 법을 범한 자를 말하는 것이 아니다. 그런데 근래 사법기관[法司]이 이 율을 시행하는 데 모두 그 본뜻을 잃고서, 무릇 한때의 잘못으로 왕의 교지로 금한 법령을 범한 자를 으레 제서유위율로 판결한다. 내가 생각하건대, 예전 어진 임금들의 형벌을 쓰는 목적은 형벌을 범하는 자가 없어지기를 기하였는데, 어찌 차마 무식한 백성을 중하게 법에다 몰아넣을 수 있겠는가. 태형(笞刑) 한 대나 곤장 한 대에라도 만일 그 중도(中道)를 잃는다면 원망을 부르고 화기(和氣)를 상하는 것이 혹시 여기에 기인되는 것이니, 지금부터는 왕의 교지로써 금지하는 법령을 범한 자가 있더라도, 마땅히 받들어 실행할 현임 관리 외에는 대소 인민의 잡범은 각기 그 사건에 당한 본률(本律)로 치죄하여 판결할 것이고, 전과 같이 비부(比附)나 실입(失入)[57]이 있게 하지 말고 한결같이 예

---

56) 《세종실록》 권29, 세종 7년 7월 19일(병술).
57) 죄인을 판결할 때 잘못하여 형벌을 지나치게 무겁게 적용하는 것. 실출(失出)은 그 반대의 경우다. 실출의 경우 다른 사람의 죄를 착오로 감하여 가볍게 한 자의 죄는

전에 법률을 제정한 본뜻에 따라, 과인의 형벌을 조심하고 불쌍히 여기는 지극한 뜻에 합치되도록 하라.58)

'제서유위조'는 왕명을 어긴 관리들에게 해당하는 법률이었다. 그러나 일반 백성이 왕명을 위반할 경우, 그에 해당하는 법률을 적용하는 것이 아니라 중죄에 해당하는 제서유위죄를 적용하는 이유는, 관리들이 감찰기관의 탄핵을 두려워하였기 때문이었다.

세종의 예치주의는 대개 《서경》에 등장하는 순임금과 우왕대를 모범으로 삼았던 것 같다. 그것은 '신중히 하고, 불쌍히 여긴다'는 '흠휼주의'(欽恤主義)였다. 세종의 사법정책은 이 원칙에 따랐다.59) 세종은 다음과 같이 말하고 있다.

형벌은 정치를 돕는 일이라, 예전에 교화가 성하던 시대에도 진실로 없앨 수 없었던 것이다. 순(舜)이 천자가 되어 오직 형벌을 삼가고, 고요(皐陶)가 사사(士師)가 되어 오형(五刑)을 밝혀서 오교(五敎)를 도

비록 이미 결방하였더라도, 만약 탄로 나기 전에 능히 스스로 검거하여 처단한 자는 또한 그 실착의 죄를 면제한다.(《大明律直解》 名例律 公事失錯) 공사실착의 경우, 《대명률직해》는 동료 관리가 공문서에 연명(連名)하여 공무를 처리하였다가 고의는 아니지만 죄를 범하였을 경우에는, 죄하답 남낭 서리를 무빔으로 심아 형률을 경힌 후 주무 담당관은 서리의 본죄에서 1등을, 보좌관은 주무 담당관의 형량에서 1등을 감하고, 장관은 보좌관의 형량에서 1등을 감하여 처벌함. 한편 형률을 결정하는 과정에서 실수를 범하여 이미 형을 집행하는 경우에는 이 조문을 적용하지 않았다. 또한 "무릇 '공사실착하였다가 스스로 깨닫고 신고한 자는 그 죄를 면한다. 동료관리로서 연대 책임을 응당 지어야 하는 자 가운데 한 사람이 스스로 깨달아 신고하였을 경우에는 그 나머지 연좌된 동료 관원도 모두 면죄한다."(《大明律直解》 名例律 公事失錯)

58) 《세종실록》 권25, 세종 6년 8월 21일(계해).
59) 박병호, 《세종시대의 법률》(세종대왕기념사업회, 1987), 75쪽.

와 능히 화합하고 밝은 정치를 이루었으니, 아아, 성하도다. 진시황에
이르러 잔포(殘暴)를 숭상하여, 조고(趙高)의 무리들이 가혹하고 급박
한 법을 힘쓰고, 어진 은혜가 없어 이세(二世) 만에 망하였으니 어찌
경계하지 않으랴. 옥사란 것은 사람의 사생(死生)이 매인 것이니 진실
로 참된 정상을 얻지 못하고 매질로 자복을 받아서, 죄가 있는 자를 다
행히 면하게 하고, 죄가 없는 자를 허물에 빠지게 하면, 형벌이 적당하
지 못하여 원망을 머금고 억울함을 가지게 하여, 마침내 원통함을 풀지
못하게 되면 즉히 천지의 화기를 상하게 하고, 수재(水災)와 한재(旱
災)를 부르게 되니, 이는 고금의 통환(通患)이었다.[60]

그러나 일반 관리들의 법률적 무지가 심각하였기 때문에, 세종은
이를 시정하기 위해 여러 방면으로 노력하였다.[61] 각종 법률서를 활
발히 간행하였으며, 법률서적을 신하들에게 배포하였다. 세종 16년
에는 원나라의 형법서인 《지정조격》(至正條格)을 신하들에게 나누
어 주었다.[62]

그러나 조선왕조가 사법적으로 무관심한 정치체제였다고는 볼 수
없다.[63] 조선 초기부터 통일 성문법전을 편찬하기 위한 노력이 활

---

60) 《세종실록》 권52, 세종 13년 6월 2일(갑오).
61) 조선 초기 《대명률》의 수용과 적용 과정에 대한 상세한 연구로는 정긍식·조지만,
    〈조선 전기 《대명률》의 수용과 변용〉, 《진단학보》 96, 2003을 참고하라.
62) 《세종실록》 권66, 세종 16년 12월 28일(신미).
63) 16세기 초반 〈결송입안〉을 세밀하게 분석한 정긍식에 따르면, 조선의 민사재판은 엄
    격한 관습과 절차에 따라 이루어졌다. "《경국대전》에는 소송에 대한 규정이 완비되어
    있지만, 소송의 세부적인 절차에 대해서는 함구하고 있다. 그렇다면 어떻게 소송을 진
    행하였을까? 흔히 '원님 재판'이라고 하듯이 송관(訟官)인 수령이 자의적으로 하였을
    까? 그렇지 않았다. 당사자들의 마지막 진술에서 보이듯이 '식'(式), 즉 당시의 '관례'
    내지 '관행'에 따랐다.…… 조선시대의 재판은 철저한 증거 중심으로, '종문권시행'(從

발하게 이루어졌다.64) 태조는 즉위교서에서 고려의 법제를 그대로 준수한다는 원칙을 천명함으로써, 기본 법전에 따른 법치주의적 통치를 공포하였다. 조선의 개국공신이자 정치체제의 디자이너였던 정도전의 《조선경국전》(朝鮮經國典)은 조선의 그러한 정신을 학문적으로 결집한 저서였다.65) 뿐만 아니라, 최고 의결기관인 도평의사사(都評議使司) 산하에 검상조례사(檢詳條例司)를 두어 고려 이래의 모든 법률을 검토하고, 태조 6년(1397) 12월 《경제육전》(經濟六典)을 편찬하였다. 이것은 현재 알려져 있는 한국 최초의 통일 성문법전이다.

1차 왕자의 난을 통해 정권을 장악한 이방원도 정종 원년 11월 조례상정도감(條例詳定都監)을 설치하여 《경제육전》의 개정, 증보 작업을 실시하였다. 태종 7년(1407)에 다시 속육전수찬소(續六典修撰所)를 설치하여, 12년 4월 《경제육전원집상절》(經濟六典元集詳節) 3권과 《속집상절》(續集詳節) 3권을 완성하였다. 이것을 다시 검토하여 13년 2월 《경제육전원전》(經濟六典元典; 元六典)과 《경제육전속전》(經濟六典續典)을 공포 시행하였다.66)

세종대에도 좀 더 정교하고 완전한 법전을 편찬하기 위한 노력이

文券施行)이라는 법언(法諺)은 이를 잘 나타낸다."(정긍식, 〈1517년 안동부(安東府) 결송입안(決訟立案) 분석〉, 《법사학연구》 35, 2007, 25쪽)

64) 조선은 "통일법전에 의한 법치주의를 표방"하였다.[정긍식, 앞의 글(2005), 312쪽]

65) 이 책은 정치 전반을 검토하고 성찰한 한국 역사상 최초의 본격적인 정치학 저술이다.

66) 이상의 법전 편찬에 관한 논의는 한상권, 〈조선시대 법전 편찬의 흐름과 각종 법률서의 성격〉, 《역사와 현실》 13, 한국역사연구회, 1994; 박용한, 〈조선초기 법전 편찬과 편찬원리〉, 《한국사상과 문화》 6, 한국사상문화학회, 1999; 박병호, 《세종시대의 법률》, 세종대왕기념사업회, 1987, 13～14쪽 참조.

계속되었다. 세종 4년 8월, 기존의 검상조례사와는 따로 육전수찬색
(六典修撰色)을 설치하여 세종 15년에 최종적으로 《경제속육전》(經
濟續六典)을 완성하였다. 이때 법전 편찬 책임을 담당하였던 상정소
도제조(詳定所都提調) 황희의 전문은 법전 편찬의 의의와 그를 위한
조선왕조의 노력을 잘 보여준다.

　　그윽이 듣건대, 옛 제왕이 천하의 국가를 다스릴 적에 모두 글을 만
들어서 당시의 전장법도(典章法度)를 기록하여 한 시대의 제도로 삼
았습니다. 이전삼모(二典三謨)는 당우(唐虞)의 법이요, 주관 주례(周
官周禮)는 성주(成周)의 법이옵니다. 삼가 생각하옵건대, 태조께서는
성덕이 운수에 응하여 집을 화(化)하여 나라를 이루었는데, 상신(相
臣) 조준 등이 교조(敎條)를 모아서 이름을 《경제육전》이라 하고, 간
행하여 백성들과 더불어 함께 이 법을 지켰습니다. 태종대에는 정승 하
윤 등이 《속전》을 편찬하였습니다. 우리 주상 전하께서 왕위를 잇자
의정 이직 등이 하윤의 편찬한 바를 이어서 구문을 수정하여 올리자,
이미 성상께서 열람하심을 더하시어 오히려 미진함이 있다 하시고, 신
등에게 명하여 다시 찾고 검토하기를 더하게 하시기로, 하윤·이직 등의
글과 두 책에 실리지 아니한 영갑 조건(令甲條件)을 가지고 자세히 채
택을 더하여, 그 중복된 것은 버리고 번잡한 것은 깎았는데, 그 버리고
취함은 일체 재결을 받고, 좋은 것을 모아서 책을 이루어 《정전》(正
典) 여섯 권을 만들고, 또 일시에만 소용되고 오래도록 경과하지 아니
한 법을 골라서, 별도로 《등록》(謄錄) 여섯 권을 만들어 정사하여 올
리옵니다. 엎드려 바라옵건대, 중외에 반포하여 자손만대로 하여금 지
키는 바가 있게 하오면 실로 종묘사직의 무궁한 아름다운 일이옵니
다.67)

이처럼 조선왕조는 전대의 왕조와 달리 처음부터 완결된 법제도를 구비하려는 뚜렷한 목적의식을 가지고 있었다. 이런 의식을 가지고 있었으므로, 세종은 그 스스로 경연에서 《속육전》을 강독하였다.

> 지금 올린 《육전》을 마땅히 속히 인쇄해 반포하여, 신민들로 하여금 모두 법을 세운 것을 알게 하라. 나도 경연에서 강(講)하겠다. 무릇 사람이 죄에 빠지는 것은 그 법을 알지 못하기 때문이다.[68]

앞에서 말한 바처럼, 예치주의는 법이 일반 서민에게 알려지는 것 자체를 기피하였다. 그것은 사회의 표준이 물리적 형태로 존재하는 것이 아니라, 한 개인의 행위와 인격에 의해 직접적으로 표현된다고 보았기 때문이다. 그러나 세종은 명시적이고 물리적인 형태의 법을 지지하고 있다. 신민들이 죄를 짓는 것은 오히려 법률에 대한 무지 때문이라고 보았다. 그런 의미에서 세종은 처음부터 개인에 의한 윤리적 모범이라는 개념을 취하지 않았다. 어떤 의미에서는 법가의 인식과 유사하였다.

그러함에도 조선왕조체제는 합리적이고 정당한 법률을 시행하는 데 많은 어려움이 있었다. 첫째, 가장 심각한 문제는 신분제와 법치의 갈등이었다. 공자는 신분제를 예치를 위한 사회제도로 이해하였다. 그런데 현실적으로 신분제는 이해 당사자가 직접 법률에 호소할 수 없는 장애로 기능하였다. 신분제의 정당성은 삼강오륜의 유교 윤

---

67) 《세종실록》 권59, 세종 15년 1월 4일(무오).
68) 《세종실록》 권59, 세종 15년 3월 5일(무오).

리에 의해 지지되고 있어서, 하위에 있는 사람이 상위의 사람을 고소하는 것은 비윤리적으로 간주되었기 때문이다. 이런 윤리관이 법률화된 것이 '부민고소금지법'(部民告訴禁止法)이다.69)

예치주의 본래의 정신처럼, 상위의 사람이 윤리적인 모범으로 기능할 경우 예치주의는 이상적인 원칙이다. 그러나 그렇지 못할 경우 하위계층은 스스로를 보호할 수 있는 합법적 수단이 부재하게 된다. 유일한 수단은 목숨을 건 저항뿐이었다. 즉, 공자가 상정하는 가장 이상적인 인간관계는 최악의 상태로 타락할 수 있었던 것이다.

그런데 신분제의 원리는 어떤 의미에서 전통국가의 지배전략이라고도 볼 수 있다. 즉, 전통국가의 체제 유지능력은 국가 전체의 인민을 장악하기에 불충분하였다. 이것을 보완할 수 있는 방법은 사회 전체를 계급적으로 분할하여 특권계급으로 하여금 국가의 지배를 대리하게 하는 것이다. 봉건제의 원리는 어떤 의미에서 이런 지배전략을 행정적으로 체계화시킨 것이다. 신분제의 시스템은 봉건제의 원리를 개개의 인간 단위까지 체계화시킨 것으로 볼 수 있다. 이 지배전략은 지배의 비용을 현격히 감소시킨다. 그러나 그 과정에서 특권계급의 초법적인 자의성을 배제할 수는 없다.

공자가 구상한 예악의 정치란 어떤 의미에서 이런 체계화 전략과 같다. 단지 공자는 그런 체계화의 가장 말단을 이루는 가족 또는 일가(一家)의 단위에서 가족제의 정서적 윤리가 적용될 수 있을 것으로 생각하였다. 공자의 구상은 사회체계가 미분화된 상태에서는 가

---

69) 심희기, 〈조선시대의 부민고소금지법〉, 독립신문독회 월례발표회 발표논문, 2006.

능하였을 것이다.

그러나 큰 규모로 복잡하게 분화된 사회체계에서 인간 사이의 관계는 객관화를 피할 수 없다. 그 경우 표준화된 합리적 규칙에 의해 인간 사이의 관계를 조정하지 않는다면, 인간에 대한 인간의 자의적 지배는 피할 수 없다. 법가의 법치주의가 좋은 의미에서 사회적 정의와 공정성을 확립하려는 목적을 가지고 있었다는 것은 이런 뜻에서다. 춘추전국과 진제국의 시대에 인치와 법치, 봉건제와 군현제, 유가와 법가의 견해가 대립된 것은 정치적 이상과 현실 사이의 불일치로 인해 야기된 필연적인 현상이었다.

역대 중국왕조에서 이 문제를 처음으로 인식한 유가는 동중서(董仲舒)로 생각된다.70) 이미 전국시대와 진제국에서 광범위한 사법화 경향을 경험하였던 한나라 초기의 지식인들에게, 이 문제를 적절히 조화시킬 수 있는 지배전략의 재구성은 매우 시급한 문제였다. 그러나 전통국가들은 여전히 전체 체계에 걸쳐 가족적 사회조직에 의해 유지되고 있었으므로, 예치주의와 신분제의 원리에서 자유롭지 않았다. 근대국가의 산업화와 도시화에 의해 가족적 사회조직과 사회윤리가 해체됨으로써, 모든 인간이 하나의 개인(individual)으로 자립하게 될 때까지 근대적인 의미에서의 합리적 법률관계가 탄생되기는 어려웠던 것이다.

그러므로 공자 사후 2천여 년이 지난 조선 사회에서 고대 《서경》에 묘사된 온정주의적 봉건제의 사회원리를 적용한다는 것은 시대

---

70) 장국화 편, 앞의 책(2003), 264~278쪽.

착오라는 비판을 면하기 어렵다. 그러므로 조선은 사회의 분화 정도에 조응하는 사법체계가 필요하였다. 즉, 예치주의의 이상과 법치주의의 현실을 횡단하는 중간적 형태가 모색되어야 하였다. 이러한 모순으로부터 비롯된 상황이 부민고소금지법을 둘러싼 세종대의 윤리와 정치 사이의 논쟁이었다.

둘째, 예치주의의 실현을 가로막는 또 하나의 문제는 모든 정치체제 고유의 문제로서, 주권과 사법의 모순이 존재하였다. 근대국가에서 사법권은 기본적으로 입법부나 행정부에 의해 구성되고 감시된다. 또한 주권자의 항의를 수용하기 위한 체계적인 절차와 조직을 갖추고 있으며, 언론의 자유에 의해서도 보호된다. 헌법 소원은 그 일례다. 그러나 주권을 위탁받은 사법권이 스스로의 이익을 추구하는 경향을 완전히 차단할 수는 없다.

유교국가에서 주권은 왕에게 위탁된 것이며, 관리들 역시 주권을 공유하는 것으로 인식[天位論]되었다. 그러나 민생의 보호라는 하늘로부터 위탁된 직무[天職]를 왕과 관리들이 적절히 이행하고 있는지를 감시할 장치는 최종적으로 천명의 변동 외에는 없었다. 맹자의 '역성혁명론'은 로크의 혁명론과 논리적으로 같은 것이다. 그러나 최종적으로 체제의 폭력적 전복 외에 항상적으로 책임을 물을 수 있는 정치적 장치, 예컨대 선거나 탄핵제도, 주민소환제 같은 제도는 원칙적으로 결여되어 있다. 물론《대명률》이나 조선의 법전에서도 관리의 오심이나 혹형에 대한 처벌조항이 있고, 조선왕조에서는 신문고처럼 왕에게 직소할 수 있는 통로가 마련되어 있었다. 그러나 이런 절차는 지배층의 자율적 규범에 맡겨졌을 뿐, 사법의 직접적인 이해 당사자인 백성들의 당연한 권리로 인정되지는 않았다. 그러므로 백성들에 대한 고의적 오심이나 혹형은 원천적으로 제거될 수 없었다. 이 문제에 대해 의정부는 다음과 같이 보고하고 있다.

> 경중(京中)의 죄수로 옥에서 갇혀 죽은 자는 드무나, 외방의 죄수는 혹시 배꼽 아래에 붓는 종기[浮腫]로 혹은 가슴과 배가 답답하여 옥에 있다가 죽게 되는 자가 서로 잇따라 일어나오니, 어찌 다 구휼할 수 없는 것이겠습니까. 필시는 급하게 실정을 얻고자 하였다든가, 불법으로 형벌을 가하였다든가, 참혹하게 고문한 까닭에 그 독이 장부(臟腑)로 들어가 부종이 되어 죽은 것이 분명한 것입니다.……《등록형전》에, '경중이나 외방의 죄수를 신문하는데, 사령(使令)으로 하여금 높은 소리로 호통 치며 좌우로 나누어 서서 서로 번갈아가며 장(杖)을 치지 말라' 하였고, 선덕(宣德) 10년 10월에 전교(傳敎)하기를, '무릇 죄수의 머리를 꺼두르고 종횡으로 끌어서 괴로움이 태장(笞杖)보다 갑절이 되니, 그 때문에 상해되어 운명하는 자가 간혹 있었다. 금후로는 모두 금하라' 하셔서, 결벌(決罰)하는 법이 자세한 것까지 다 빼어 놓음이 없거늘, 형벌을 맡은 관리가 문구(文具)로만 여기매 진실로 타당치 못하오니, 위 항의 《육전》(六典)과 전지를 거듭 밝히어 거행하고 엄하게 고찰하게 하여, 죄수를 혹시 손으로 두 귀를 잡고 몹시 잡아당기어 상해를 입히게 한다든가, 혹은 두 귀밑의 머리를 벌어진 나무 틈에다 놓고 당겨서 가죽이 붓고 눈귀가 찢어졌다든가, 신장(訊杖) 서른 차례도 오히려 부족하다 하여 형장 끝으로 그 상처를 찌른다든가 심각하게 침학(侵虐)하는 자가 혹시 있사오니, 청하건대, 일체 모두 통금(痛禁)하게 하옵소서.[71]

---

71) 《세종실록》 권84, 세종 21년 2월 2일(신해).

세종은 즉위 초부터 이런 문제를 심각한 사안으로 여겨 스스로 오심에 관한 판례집을 만들고 구체적인 판례를 적시하였으며, 판결에 최대한의 주의를 촉구하는 교서를 여러 차례 발표하였다. 이 때문에 세종이 승하한 뒤 중국에 보낸 세종의 업적에는 다음과 같은 내용이 적혀 있었다.

크고 작은 형벌을 애써 삼가서 불쌍하게 여길 것을 관리에게 경계하여, 비록 일태 일장(一笞一杖)일지라도 모두 조정의 율문(律文)에 따라서 하고, 절대로 함부로 억울하게 하는 것을 금하여, 교령(敎令)에 기재하여 나라 안에 반포하고, 관청의 벽에 걸어 항상 경계하여 살피기를 더하게 하기를 안쪽 옥(獄)에 이르기까지 하게 하고, 도면을 그려서 안팎에 보여 그림에 따라 옥사를 짓게 하되, 추운 곳과 더운 곳을 다르게 하였으며, 구휼하기를 심히 완비하게 하여, 횡액에 걸려 여위고 병든 자가 없게 하였다.[72]

세종은 또한 수령이 지방에 파견되기 전에 "하직을 고하는 자를 불러 보고 면담하여, 형벌 받는 것을 불쌍하게 생각하며 백성을 사랑하라는 뜻을 타일렀다." 이처럼 주권과 사법의 딜레마는 사법 문제를 둘러싼 세종과 관리들 사이의 주요한 갈등 가운데 하나였다.

---

72) 《세종실록》 권127, 세종 32년 2월 22일(정유).

4. 맺음말 — '예치주의'의 사법 현실과 세종의 한계

동아시아 전통국가의 정치는 대체로 인간에 대한 포괄적인 지배와 일반적인 노예상태라는 이미지에 의해 지배되어 왔다. 헤로도토스가 그리스와 페르시아의 전쟁을 단순한 군사적 충돌이 아니라 서로 다른 문명의 대결로 전형화 시킨 이래, 동아시아 정치체제에 대한 이러한 이미지는 서구인의 정신적 경향에 지속적인 영향력을 행사해 왔다. 헤로도토스는 페르시아전쟁을 헬레네 문명과 동방 문명의 대결, 즉 입헌정치(立憲政治; 민주정)와 신정정치(神政政治; 전제정)의 대결로 이해하였다. 이 때문에 그리스인들의 투쟁은 노예화를 거부한 자유를 위한 투쟁으로 찬양되었다.[73) 이러한 인식은 근대에 더욱 심화되어, 서양 문명은 세계사에서 유일하게 합리적이고 자유로운 정신을 목적으로 한 것이고, 다른 문명은 그 반대의 이미지로 서술되었다.[74) 이 때문에 동아시아 전통국가에는 합리적인 법의 지배가 결여된 것으로 인식되어 왔다.

그러나 한국과 중국의 전통 정치체제에서 '공론'과 '민심'이 정치적 정당성의 핵심 요소로 널리 인정되어 왔다는 점을 고려할 때, 서구인들의 예단은 그릇된 것이다. 또한 '예치주의'는 법의 부재와 천

---

73) J. B. Bury, *The Ancient Greek Historians*, New York: Dover Publication Inc., 1958, p.44; 이형의, 〈헤로도토스의 역사사상의 형성에 대한 고찰〉, 《사총》 36, 1989, 118~120쪽.

74) 베버 저/ 박성수 역, 《프로테스탄티즘의 윤리와 자본주의 정신》(문예출판사, 1998); 사이드 저/ 박홍규 역, 앞의 책(2002).

단주의(擅斷主義)를 지지했다기보다, 사회질서의 도덕적 인격적 측면을 강조한 것으로 이해되어야 할 것이다. 그러한 특징은 플라톤과 아리스토텔레스의 정치사상에서도 일반적인 것이다.[75] 또한 예치주의는 법치주의를 부정하였다기보다, 가장 나쁜 상황의 산물로서 이해하였다. 즉, 법치를 예치의 보완물로 생각하였다. 그런 의미에서 예치주의는 법치주의보다 훨씬 세심하고 깊이 있게 법을 탐구하지 않으면 안 되었다. 왜냐하면 정당한 처벌만이 예치의 이상을 훼손하지 않을 것이기 때문이다. '명덕신벌'(明德愼罰)은 그러한 법 관념의 산물이다.

그런데 동아시아의 전통국가에는 현대적인 의미의 입헌주의적 법치주의가 부재하였고, 합리적 논증으로서의 '변론'이 결핍되어 있다. 물론 법치주의나 변론이 대체로 근대의 산물이기는 하지만, 이러한 원칙과 절차의 결여는 동아시아 전통국가의 사법 상황과 법 생활에 큰 어려움을 야기하였다.

세종은 일반 관리들보다 사법 상황에 매우 큰 관심을 기울였다. 백성의 일상적인 삶에서 구체적으로 가장 중요한 것은 형벌과 세금이었기 때문이다. 당대의 관리들은 이념적으로는 예치주의를 지지하면서도 실제 상황에서는 엄형주의를 따랐다. 그 이유는 첫째, 법이 현실 생활을 포괄할 정도로 충분히 정비되지 않았을 뿐만 아니라, 사법을 담당한 관리들이 책임을 회피하기 위해 확실한 처벌을

---

75) "플라톤이나 아리스토텔레스의 법사상 역시 덕치와 법치를 대립적으로 파악한 중국의 법가와는 달리, 법치를 자연법 중심으로 파악하여 덕치와 법치를 상호 보완적으로 접근한다는 점에서 유가의 법사상과 유사하다."(강정인, 앞의 글, 73쪽)

선호하였기 때문이다. 이에 대해 세종은 《서경》에서 표방하는 '흠휼주의'(欽恤主義)를 거듭 강조하였다.

둘째, 예치주의의 사회적 기반인 신분제와 법치주의가 대립하였기 때문이다. 신분제의 이상은 상급자의 도덕적 모범을 기대하는 것이었지만, 현실에서는 상급자의 자의적 폭력을 허용하는 것이기도 하였다. 즉, 신분제의 정당성은 '교화'와 '지배'의 간극에서 요동하고 있었던 것이다.

셋째, 주권과 법률의 모순이 존재하였기 때문이다. 전통국가에서 백성은 무주권의 존재로서, 그들의 안위는 기본적으로 주권자인 왕과 관리들의 의사에 좌우되었다. 예치주의는 그 간극을 주권자의 도덕성에 기대하였지만, 그것의 확실성을 보장할 수 없었다. 무엇보다도 통치자의 부당한 처사에 대한 백성들의 저항권이 기본적으로 인정되지 않았다.76)

이러한 한계 때문에 사법 상황과 법 생활을 개선하려는 세종의 노력에는 근본적인 한계가 있었다. '부민고소금지법'을 둘러싼 논쟁이 신분제와 왕도정치의 대립으로 나타났던 것은 그 때문이었다. 그러나 가족을 모델로 한 계서제와 신분제가 전통국가를 유지하는 가장

---

76) 그러나 신문고 제도와 같이 '자기원억'(自己冤抑)을 호소할 수 있는 절차가 마련되었다. 조선시대에 백성이 왕과 관리의 행정행위에 대해 이의를 제기할 수 있었는가에 대한 정긍식의 연구에 따르면, 조선이 "서구와는 달리 행정의 독자성, 즉 우월적 지위를 인정한 것이 아니라 백성들의 권리구제를 효과적으로 하기 위한" 상언(上言)이나 격쟁(擊錚)이 존재하였고, 이로 보아 "우리의 전통 법제가 결코 왕권이나 국가 우위의 체제가 아니었음을 보여준다."(정긍식, 〈조선시대의 권력분립과 법치주의 — 그 시론적 고찰〉, 《법학》 42-4, 서울대 법학연구소, 2001, 37쪽) 물론 이 권리는 매우 제한적이었다.

기본적인 이념이자 제도인 한, 그리고 왕권조차도 그런 이념과 사회적 기초 위에서 정당화되고 존립하는 한, 세종 또한 그것을 초월할 수는 없었다. 후속 연구에서는 이러한 점을 더 구체적으로 검토할 예정이다.

참고문헌

《태조실록》, 《정종실록》, 《태종실록》, 《세종실록》, 《경국대전》, 《서경》, 《논어》, 《맹자》, 《춘추좌전》, 《사기》, 《대명률직해》

강정인, 〈덕치와 법치 ― 양자 겸전의 필요성을 중심으로〉, 《정치사상연구》 6, 2002.
고원(顧元) 저/ 정긍식·조은희 역, 〈체제와 도덕의 배반 ― 중국 전통사법의 배경 및 그 곤경〉, 《법학》 45-3, 서울대 법학연구소, 2004.
노신(魯迅) 저/ 박정일 등역, 《노신선집》 4, 여강출판사, 1991.
데리다(Jacques Derrida) 저/ 진태원 역, 《법의 힘》, 문학과지성사, 2004.
몽테스큐(Montesquieu) 저/ 신상초 역, 《법의 정신》, 을유문화사, 1987.
박병호, 〈세종시대의 법 ― 법제와 법사상〉, 《세종문화사대계》 3, 세종대왕기념사업회, 2001.
――――, 《세종시대의 법률》, 세종대왕기념사업회, 1987.
――――, 《근세의 법과 법사상》, 진원, 1996.
박영도, 〈세종의 유교적 법치 ― 인정과 법의 관계를 중심으로〉, 《한국학중앙연구원 세종국가경영연구소 개소기념학술대회 발표논문집》, 2005년 5월 27일.
박용한, 〈조선초기 법전 편찬과 편찬원리〉, 《한국사상과 문화》 6, 한국사상문화학회, 1999.
박종성, 《조선은 법가의 나라였는가 ― 죄와 벌의 통치공학》, 인간사랑, 2007.

베버(Max Weber) 저/ 박성수 역, 《프로테스탄티즘의 윤리와 자본주의 정신》, 문
　　예출판사, 1998.

베버(Max Weber) 저/ 이돈녕 역, 《유교와 도교》, 휘문출판사, 1972.

비트포겔(Karl A. Wittfogel) 저/ 구종서 역, 《동양적 전제주의》, 법문사, 1991.

사이드(Edward W. Said) 저/ 박홍규 역, 《오리엔탈리즘》, 교보문고, 2002.

서연달(徐連達) 외, 《중국통사》, 청년사, 1994.

소공권(蕭公權) 저/ 최명·손문호 역, 《중국정치사상사》, 서울대출판부, 1998.

슈워츠(Benjamin Isadore Schwartz) 저/ 나성 역, 《중국 고대 사상의 세계》, 살림,
　　2004.

신정근, 〈공자의 인문주의 국가〉, 《중국학보》 44, 2001.

심희기, 〈세종의 대명률 수용과 사법제도 개혁〉, 《세종문화사대계》 3, 세종대왕기
　　념사업회, 2001.

───, 〈조선시대의 부민고소금지법〉, 독립신문독회 월례발표회 발표논문, 2006
　　년 4월.

이상기, 〈진시황의 분서갱유에 대한 시말〉, 《중국연구》 14, 1993.

이상돈·홍성수, 《법사회학》, 박영사, 2000.

이상익, 《유교전통과 자유민주주의》, 심산문화, 2004.

이승환, 《유가사상의 사회철학적 재조명》, 고려대출판부, 1998.

이형의, 〈헤로도토스의 역사사상의 형성에 대한 고찰〉, 《사총》 36, 1989.

장국화 편, 《중국법률사상사》, 아카넷, 2003.

정긍식, 〈조선시대의 권력분립과 법치주의 ― 그 시론적 고찰〉, 《법학》 42-4, 서
　　울대 법학연구소, 2001.

───, 〈《속대전》의 위상에 대한 소고 ― '봉사'(奉祀) 및 '입후'(立後) 조를 대상
　　으로〉, 《법학》 46-1, 서울대학교 법학연구소, 2005.

───, 〈1517년 안동부(安東府) 결송입안(決訟立案) 분석〉, 《법사학연구》 35,
　　한국법사학회, 2007.

정긍식·조지만, 〈조선 전기 《대명률》의 수용과 변용〉, 《진단학보》 96, 2003.

하버마스(Jurgen Habermas) 저/ 한상진·박영도 역, 《사실성과 타당성 ― 담론적
　　법이론과 민주주의적 법치국가 이론》, 나남출판, 1999.

하트(H. L. A. Hart) 저/ 오병선 역, 《법의 개념》, 아카넷, 2001.

한상권, 〈조선시대 법전 편찬의 흐름과 각종 법률서의 성격〉, 《역사와 현실》 13,
    한국역사연구회, 1994.
한용근, 《고려율》(高麗律), 경인문화사, 1999.
헤겔(F. Hegel) 저/ 김종호 역, 《역사철학강의》 1-2, 삼성출판사, 1982.
홉스(Hobbes) 저/ 한승조 역, 《리바이어던》, 삼성출판사, 1989.

丸山眞男, 《日本政治思想史研究》, 東京: 東京大學出版會, 1953.

Barker, Sir Ernest, *The political thought of Plato and Aristotle*, New York: Russell, 1959.
Bury, J. B., *The Ancient Greek Historians*, New York: Dover Publication Inc., 1958.
Finer, S. E., *The history of government*, Oxford: Oxford University Press, 1997.
Luhmnn, Niklas, *A Sociological Theory of Law*, London: RKP, 1985.

세종의 불교신앙과 훈민정음 창제

김 종 명

한국학중앙연구원 교수

이 글은 세종의 불교신앙이 훈민정음의 창제와 전개의 중요한 요소였음을 논증하려는 것이다.

이를 위해 《세종실록》에 나타난 관련 기록들에 대한 연도별 검토를 통해, 훈민정음 창제와 세종의 불교관, 세종의 숭불과 훈민정음 불전 편찬, 그 영향 요인으로서 세종의 왕권과 정무 상태 등을 분석하였다.

통설과는 달리, 세종은 재위 초기부터 호불의 태도를 견지하고 있었으며, 그의 이러한 태도는 훈민정음 창제와 전개의 중요한 요인이 되었다.

그리고 그가 훈민정음 창제와 전개에 주도적으로 참석할 수 있었던 이유는, 그가 가진 강력한 왕권과 훈민정음 창제 전후에 정무에서부터 자유로웠기 때문이었다.

이 연구를 통해 세종대의 불교와 관련된 기존 견해들의 재검토 필요성, 1차자료에 대한 면밀한 검토와 1차자료 전산화의 중요성도 확인할 수 있었다.

■이 글은 《동양정치사상사》 제6권 1호(2007. 3)와 *Korea Journal* 47-3(Autumn 2007)에 실었던
 내용의 일부를 수정한 것이다.

1. 머리말

이 글은 세종의 불교신앙이 훈민정음(訓民正音)의 창제와 전개의 중요한 요소였음을 논증하려는 것이다. 세종의 불교신앙이 훈민정음 창제의 직접적인 원인이 되었다는 문헌 기록은 현재 발견할 수 없으나, 세종시대의 불교와 훈민정음의 밀접한 관계에 대한 연구 성과는 축적되어 왔다. 이 글의 주안점도 이 둘 사이의 밀접한 관계에 대한 또 하나의 가능성을 제시하는 데 있다. 이를 위해《세종실록》(世宗實錄)에 나타난 연대별 관련 기록들을 상세히 검토함으로써, 훈민정음 창제와 세종의 불교관, 세종의 숭불과 한글 불전 편찬, 그 영향 요인으로서 세종의 왕권과 정무 상태 등을 분석할 것이다.

이 글은 결론부터 말하자면 다음과 같다. 세종은 재위 초기부터 호불적 태도를 견지하고 있었으며, 그의 이러한 태도는 훈민정음 창제와 전개의 중요한 요인이 되었다. 그리고 그가 훈민정음 창제와 선개에 주도적으로 참석할 수 있었던 이유는, 그가 가진 강력한 왕권과 훈민정음 창제 전후에 정무에서부터 자유로웠기 때문이었다.

친유교 반불교 정책을 표방한 조선왕조 세종조의 치세기간은, 조선왕조뿐 아니라 전체 한국 역사에서 가장 영광된 시대라고 말하고 있다.1) 세종은 조선의 역대 왕들 가운데《조선왕조실록》(朝鮮王朝實錄)에 가장 많이 인용된 왕으로,《문종실록》(文宗實錄)에서부터

《철종실록》(哲宗實錄)에 이르기까지 인용된 횟수는 2천여 번에 이른다.2) 지금까지도 그는 한국 역사에서 가장 뛰어난 임금으로 간주되고 있으며, 세종의 지식경영은 국내 최고경영자(CEO)들이 가장 배우고 싶어 하는 것으로 나타난다.3)

세종은 많은 업적을 남겼다. 그 가운데에서 가장 중요한 것은 훈민정음의 창제인데,4) 이는 한국 문화사에서 혁명적인 사건이었다.5) 또한 훈민정음은 인류의 위대한 발명품 가운데 하나로 여겨지고 있다.6)

세종에 대한 연구는 해방 이래 활발하게 나타났다.7) 지금까지 세종 연구자들의 관심은 주로 세종시대의 어학, 역사, 문화, 정치철학, 과학기술에 집중되어 있는 가운데,8) 최근에는 세종의 국가경영에

1) 정두희, 〈세종조의 권력구조 — 대간의 활동을 중심으로〉, 한국정신문화연구원 편, 《세종조문화연구(I)》(박영사, 1982), 3쪽.
2) 정구복, 〈세종조 역사의식의 계승〉, 《세종시대 문화의 현대적 의미》(보고논총 98-2; 한국정신문화연구원, 1998), 23쪽.
3) 박현모, 《세종의 수성(守成) 리더십》(삼성경제연구소, 2006), 99쪽.
4) 김완진, 〈세종대의 어문정책에 대한 연구〉, 《성곡논총》 3집, 1972, 185쪽; 허웅, 〈세종조의 언어정책과 그 정신을 오늘에 살리는 길〉(제2주제: 어문학부문), 《세종조 문화의 재인식》(보고논총 82-2; 한국정신문화연구원, 1982), 37쪽; 강신항, 《훈민정음연구》(성균관대출판부, 1987), 34쪽; 홍윤표, 〈훈민정음의 현대적 의미〉, 《세종시대 문화의 현대적 의미》(보고논총 98-2; 한국정신문화연구원, 1998), 67쪽.
5) Shim, Jae-ryong, *Korean Buddhism Tradition and Transformation*, Seoul: Jimoondang, 1999, p.235.
6) Kim-Cho, Sek Yen, *The Korean Alphabet of 1446*, Seoul and New York: Asea Culture Press and Humanity Books, 2002, p.13.
7) 이숭녕, 〈기조강연 — 세종조의 시대적 배경〉, 《세종조 문화의 재인식》(보고논총 82-2; 한국정신문화연구원, 1982), 7쪽.
8) 박현모, 앞의 책(2006), 7쪽.

관한 일련의 연구도 진행되었다.9) 훈민정음에 관한 연구도 다양하게 전개되었는데,10) 주로 그 문자 창제의 동기, 목적, 기원 및 제자(製字) 원리 등을 중심으로 이루어져 왔다.11) 조선 전기 시대에 대한 학계의 연구는 유교 중심으로 이루어져 왔으며, 세종과 훈민정음에 대한 연구도 이 틀에서 크게 벗어나지 못하였다. 그러나 세종과 불교,12) 그리고 훈민정음과 불교에 대한 연구도 중요하다.

훈민정음 창제는 그 배경에 대한 연구가 중요하며, 배경 가운데에는 불교와의 관계가 중요하다. 《세종실록》을 비롯한 훈민정음 창제 전후의 기록들은 불교가 문자 창제에 영향을 미쳤을 가능성을 제기

9) 박현모, 〈'성주(聖主)와 '독부'(獨夫) 사이 ― 척불(斥佛) 논쟁과 정치가 세종의 고뇌〉, 《정치사상연구》 11집 2호, 2005, 39~61쪽; Bae, Byung-sam, "King Sejong's State Administration: Focusing on the Process of Enforcement of Yukgije(Six-Year Scheme for Chief Magistrates)", *The Reveiw of Korean Studies* 8-3, Sept. 2005, pp.47~56; Chung, Yoon-Jae, "Guest Editor's Introduction A Study of King Sejong's Statecraft", *The Reveiw of Korean Studies* 8-3, Sept. 2005, pp.5~24; Park, Hyun-mo, "King Sejong's Deliberative Politics: With Reference to the Process of Tax Reform", *The Reveiw of Korean Studies* 8-3, Sept. 2005, pp.57~89; Pu, Namchul, "Buddhism and Confucianism in King Sejong's State Administration: Tension and Unity between Religion and Politics", *The Review of Korean Studies* 8-3, Sept. 2005, pp.25~46.
10) 국회도서관 웹사이트(www.nanet.go.kr)의 '고급검색'에서 명령어를 '훈민정음'으로 하여 검색(2006. 9. 10)한 결과, 단행본 170권, 학위논문 176권, 학술지[논문] 345건이 검색되었다.
11) 이상혁, 《조선 후기 훈민정음 연구의 역사적 변천》(도서출판 역락, 2004), 29~33쪽; 유미림, 〈세종의 훈민정음 창제의 정치〉, 《동양정치사상사》 4-1, 2005, 131쪽. 한글의 역사와 미래에 대해서는 Kim, Jeongsu, *The History and Future of Hangeul*, Ross King, trans. Kent: Global Oriental Ltd., 2005 참조.
12) 《석보상절》(釋譜詳節), 《월인천강지곡》(月印千江之曲) 등 세종과 밀접한 관련을 가진 불전에 대한 검토를 통하여 그의 불교 이해를 검토한 데 대해서는 Kim, Jongmyung(Jong Myung), "King Sejong's Buddhist View", Presented at the 5th Korean Studies Association of Australasia (KSAA) Biennial Conference, Curtin University of Technology, Perth, Australia, 12–13 July 2007 참조.

하고 있을 뿐 아니라, 조선시대의 불교는 지금까지 생각해 온 것보다 훨씬 큰 역할을 하였음을 말해준다.13) 또한 세종의 불교관은 세종 개인에 국한된 것이 아니라 15세기 유불(儒佛) 교체기의 시대적 반영이기도 하였다.14) 그러나 현재까지 조선시대 불교사 연구에 대한 성과 자체는 빈약하며, 그나마 숭유억불 차원에서 아주 부차적으로만 논의되었다. 종래의 조선 전기 불교사에서 가장 주목 받은 주제는 조정의 불교정책이었다.15) 그러나 조선시대 불교사 연구의 시각도 불교정책의 규명으로부터 이 시대 불교계의 실상 파악으로 전환할 필요가 있다.16)

불교에 대한 세종의 태도는 이중적이었으며, 훈민정음도 당시의 역사적 소산이었다. 따라서 세종과 훈민정음과 불교의 관계도 그 시대적 배경 아래에서 검토되어야 한다.17) 훈민정음과 불교의 관련성에 대한 연구는 훈민정음의 기원,18) 훈민정음 및 불전에 반영된 불

---

13) 권연웅, 〈세조대의 불교정책〉, 《진단학보》 75, 1993, 279쪽.

14) 이성무, 〈제1장 세종대의 역사와 문화〉, 한국정신문화연구원 엮음, 《세종시대의 문화》(태학사, 2001), 32쪽.

15) 이 분야의 대표적 성과는 한우근, 《유교정치와 불교—여말선초 대불교시책》(일조각, 1993)이다.

16) 김상현, 〈조선불교사 연구의 과제와 전망〉(조선왕조실록 불교사료집 완간기념 학술세미나 '조선왕조실록과 한국불교'), 《불교학보》 39집, 2002, 265~266쪽.

17) 김완진, 〈훈민정음 창제에 관한 연구〉, 《한국문화》 5, 1984, 1~2쪽.

18) 훈민정음 기원설로는 고전 기원설, 산스크리트[梵字] 기원설, 파스파자 기원설, 티베트문자 기원설, 고대문자 기원설, 태극사상 기원설, 발음기관 상형 기원설 등이 있으며(유화송, 〈《조선불교통사》에 나타난 이능화의 언문 인식 고찰—언문자법(諺文字法) 원출범천(源出梵天)을 중심으로〉, 《불교학보》 40집, 2003, 340쪽), 크게는 모방설과 상형설로 나눌 수 있다. 그러나 이 주제는 더 연구될 필요가 있다(황경수, 〈훈민정음의 기원설〉, 《새국어교육》 70호, 2005, 222~234쪽). 훈민정음이 불교와 관련 있다는

교의 성수(聖數),19) 《훈민정음해례본》의 체제,20) 훈민정음에 의한

주장 가운데 하나는 훈민정음의 산스크리트나 티베트어 기원설이다. 특히, 산스크리트 기원설은 최근에 다시 중요하게 부각되고 있다.[박현모, 앞의 책(2006), 121~122쪽] 1940년 7월 발음기관 상형설을 주장하는 《훈민정음해례본》이 발견되었음에도, 산스크리트나 티베트어 기원설을 주장하는 기록들이 많기 때문이다. 특히, 이승재의 훈민정음 각필부호 유래설은 불교와 훈민정음과의 관계 가능성을 더욱 높여 주고 있다. [이승재, 〈부호자(符號字)의 문자론적 의의〉, 《국어학》 38, 2001, 89~118쪽] 19세기 초부터 최근에 이르기까지, 일본과 러시아 등의 외국학계에서도 훈민정음의 기원에 대한 논의는 상당히 활발하게 진행되고 있다. 그 가운데 주류는 국내학계와는 달리 산스크리트나 티베트어 기원설에 상당한 무게를 싣고 있는 추세다.(이재형, 〈세종의 훈민정음 창제와 신미의 역할〉, 《한국불교문화연구》 4집, 2004, 144~145쪽)

19) 김광해는 최만리 상소문에 나타난 "27자 언문"의 27(〈한글 창제와 불교신앙〉, 《불교문화연구》 3집, 1992, 79~81쪽), 한문 훈민정음 어지의 글자 수 54, 한글 훈민정음 어지의 글자 수 및 《월인석보》(月印釋譜) 제1권의 전체 면수가 108로 구성되어 있는 점[〈훈민정음의 우연들〉, 《대학신문》 1982. 11. 19; 〈훈민정음과 108〉, 《주시경학보》 4, 1989, 159~162쪽; 김광해, 같은 글(1992), 64~74쪽] 등은 불교에서 중시되는 성스러운 숫자들을 의미한 것이며, 편찬자들이 이러한 숫자들에 맞추기 위해 글자 수를 의도적으로 조절하였다고 주장한다.[김광해, 같은 글(1989), 158쪽; 〈훈민정음과 불교〉, 《인문학보》 12, 강릉대 인문과학연구소, 1991, 236~238쪽] 특히, '108'이란 숫자는 불교계를 포함한 인도에서 오랜 기간 성스러운 수로 간주되어 왔는데, 불교에서는 108 번뇌(Skt. *kleśa*), 즉 수많은 인간 번뇌를 상징하는 수로 알려져 있다.(Scherer, http://h-net.msu.edu, 2006-06-12) 국보 70호로 지정된 《훈민정음해례본》도 불교 우주관을 상징하듯 33장으로 이루어져 있다.[김광해, 같은 글(1992), 83~84쪽] 이 《훈민정유해례본》은 2000년 유네스코에 의해 세계기록유산(Memory of the World)으로 등재되었다. 한국 세계불교유산의 역사, 사상, 가치, 특성 및 의의에 대해서는 김승명, 《한국의 세계불교유산—사상과 의의》(집문당, 2008) 참조.

20) 한문본 훈민정음 어지가 실려 있는 《훈민정음해례본》의 체제나 양식은 불교경전과 동일한 저술 양식을 갖추고 있다. 책의 체제는 산문으로서 먼저 제자의 원리를 기술한 후, '결왈'(訣曰)이라는 말 뒤에 앞의 내용들을 다시 7언고시 형태의 운문을 통해 정리하는 양식을 갖추고 있는데, 이것은 유교 관계의 다른 전적에서는 찾아볼 수 없는 불교경전 특유의 저술 양식이다.[김광해, 위의 글(1989), 159~160쪽] 현행 《훈민정음해례본》이 지닌 문제점들에 대해서는 김주원, 〈훈민정음의 해례본의 원래 모습〉(The Original Form of Hunminjeongeum), 《자연과 문명의 조화》(구 토목-대한토목학회지) 53권 5호, 2005, 97~100쪽 참조.

불전 출판21) 등의 면에서 진행되어 왔으며, 세종의 숭불과 훈민정음 창제를 국가경영 차원의 정치적 목적의 산물로 보는 연구 결과도 나왔다.22) 그러나 훈민정음 창제를 전후한 세종의 불교관과 훈민정음 창제 및 불전 편찬을 통한 그 언어 전개의 상관관계에 대한 연구는 별로 발견되지 않는다.

훈민정음 창제 당시23)와 그 언어의 철학적 기초가 된 세종대 철학사상의 시대적 상황에 대한 고려,24) 조선 전기 왕권과 불교의 관계에 대한 연구25) 및 세종의 불교 이해를 포함한 그의 사생활에 대한 고찰26)의 중요성을 고려할 때, 이 글의 주제는 중요하다. 세종이

---

21) 세종은 1443년 12월 훈민정음을 창제한 이후, 1444년 초부터 운회를 번역하고, 훈민정음 언해, 《동국정운》(東國正韻) 편찬, 《용비어천가》(龍飛御天歌) 편찬, 사서 언해, 《석보상절》 편찬 등의 사업을 추진하였다.[강신항, 앞의 책(1987), 232쪽] 그는 친히 훈민정음을 사용하여 《월인천강지곡》을 짓고, 《증도가남명계송》(證道歌南明繼頌; 이봉춘, 〈조선전기 불전언해와 그 사상〉, 《한국불교학》 5, 1980, 48쪽)을 번역하였다. 김수온(1409~1481)은 세종의 명에 따라 〈삼불예참문〉(三佛禮懺文)을 지었으며, 세종 자신도 〈앙홍자지곡〉(仰鴻慈之曲) 등의 악곡과 〈귀삼보〉(歸三寶) 등의 찬불가 악장도 지었다.[금장태, 〈세종조의 철학사상〉, 한국정신문화연구원 편, 《세종조문화연구(I)》(박영사, 1982), 50쪽; 김광해, 앞의 글(1992), 75쪽] 또한 《금강경오가해》는 세종의 명을 받아 문종과 세조가 구결을 달고 번역한 것[강신항, 앞의 책(1987), 278쪽]이다.

22) 토론[이태진], 《진단학보》 75(1993), 278쪽; 권연웅, 앞의 글(1993), 279쪽; 유미림, 앞의 글(2005), 142쪽; 문중양, 〈세종대 과학기술의 '자주성', 다시 보기〉, 《역사학보》 189집, 2006, 51쪽; 박현모, 앞의 글(2006), 124~127쪽. '한글 창제와 불교'란 주제로 영취(靈鷲)불교문화연구원 주최 정기학술회의가 1992년 10월 8일 열렸으나, 이 학회의 발표 자료집은 구하지 못해 살펴보지 못하였다.

23) 유미림, 위의 글(2005), 145쪽.

24) 금장태, 앞의 글(1982), 44쪽.

25) 토론[이태진], 《진단학보》 75(1993), 277쪽.

26) 이숭녕, 〈기조강연 — 세종조의 시대적 배경〉, 《세종조 문화의 재인식》(보고논총 82-2; 한국정신문화연구원, 1982), 7쪽.

훈민정음을 구상한 시기는 1430년대 초·중기로 여겨진다.27) 따라서, 이 글도 이 시기를 중심으로 하여 논지를 전개할 것이다. 훈민정음 창제자에 대한 논란은 여전히 진행 중이다. 훈민정음을 세종의 독창적 산물로 보는 견해28)가 있는 반면, 세종과 그 협력자들의 창제물로 간주하는 시각29)도 있다. 그러나 세종이 훈민정음 창제의 주역이란 점을 부정하는 주장은 없다. 따라서 이 글에서도 훈민정음 창제의 주역을 세종으로 간주한다.30)

이 글의 1차자료는 《세종실록》이다. 그것은 세종대 연구의 1차자료일 뿐 아니라, 《세종실록》을 포함한 《조선왕조실록》은 한국 불교

---

27) 유미림은 1431년 전후[앞의 글(2005), 150쪽]로, 레드야드는 1435년 무렵으로 보고 있다(Gari K. Ledyard, "The Korean Language Reform of 1446: The Origin, Background, and Early History of the Korean Alphabet", Ph.D. dissertation, University of California, Berkeley, 1966, p.84).

28) 이숭녕, 〈국어학사(國語學史) 4〉, 《사상계》 37호, 1956, 207쪽; 이성무, 〈세종대의 역사와 문화〉, 한국정신문화연구원 엮음, 《세종시대의 문화》(태학사, 2001), 67쪽.

29) 강신항, 앞의 책(1987), 237쪽; 김완진, 〈훈민정음 창제에 관한 연구〉, 《한국문화》 5, 1984, 14쪽; 김광해, 〈훈민정음과 108〉, 《주시경학보》 4, 1989, 158~159쪽; 김광해, 〈한글 창제와 불교신앙〉, 《불교문화연구》 3집, 1992, 74쪽; 안병희, 〈세종의 훈민정음 창제와 그 협찬자〉, 《국어학》 44집, 2004, 7~12쪽; 유미림, 앞의 글(2005), 148쪽.

30) 훈민정음 창제의 주역을 세조와 승려 신미 능으로 추정하는 견해가 있나. 이 견해에 따르면, 집현전 학자들은 그 창제 사업에 적극적으로 참여하지 않았으며, 세종도 악화된 건강 때문에 구체적인 역할을 할 수 없었으리란 것이다.(이재형, 〈세종의 훈민정음 창제와 신미의 역할〉, 《한국불교문화연구》 4집, 2004, 145~146쪽) 그러나 1444년의 "내가 늙어 국가의 서무를 세자에게 맡겼으니, 아무리 세미한 일일지라도 참예하여 결정하는 것이 마땅하거늘, 하물며 언문이겠느냐?"(26/2/20; 이하 《세종실록》 기록은 재위 '연/월/일'로만 줄여 표시함. 세종은 서기 1418년에 즉위하였으며, 그의 재위 1년은 서기 1419년이다)라는 세종 자신의 말로 미루어 볼 때, 그가 훈민정음 창제의 주역이었음은 분명하다고 할 수 있다. 그러나 세종이 훈민정음을 창제할 때 그를 도운 사람들이 누구였는가에 대한 더 심층적인 연구는 필요할 것으로 생각된다.

연구에도 중요한 자료31)인 동시에, 국가의 배불정책과 그에 따른 불교의 전개 양상을 총체적으로 보여주는 공식적인 자료32)기 때문이다. 그럼에도 기존의 훈민정음과 불교에 대한 연구 업적들은 《세종실록》의 기록을 상세히 분석하려는 시도를 하지 않았다. 이 글에서는 세종대의 불교와 관련하여, 지금까지 전개된 주요 견해들에 대한 재검토 필요성도 제기할 것이다. 따라서 필자는 이 글이 숭유배불 정책이 강행되던 조선 초기의 '세종과 불교' 및 '훈민정음과 불교'의 관계를 좀 더 명확히 하고, 세종대에 대한 학계의 더 나은 이해를 위해 일정한 기여를 할 수 있기를 기대한다.

2. 세종대와 불교

《세종실록》에는 세종과 불교에 대한 791건의 기록이 포함되어 있다.33) 세종 당시에도 국가의 정책과는 달리 왕실 내부와 사대부 및 일반에서는 여전히 숭불적 분위기가 강하였다.34) 그리고 통설과는 달리, 《세종실록》에는 세종의 배불에 대한 기록보다는 호불 또는 숭불에 대한 기록이 훨씬 더 많이, 양적으로는 네 배 정도 많이 나타난

31) 한우근, 《유교정치와 불교—여말선초 대불교시책》(일조각, 1993), iii쪽.
32) 이봉춘, 〈실록으로 본 조선 척불소(斥佛疏)의 경향〉(조선왕조실록 불교사료집 완간기념 학술세미나 '조선왕조실록과 한국불교'), 《불교학보》 39집, 2002, 273쪽.
33) 국사편찬위원회, 《조선왕조실록》, http://sillok.history.go.kr/inspection/inspection.jsp?mTree=0&id=kd(2006. 5. 8).
34) 이봉춘, 〈조선전기 불전언해와 그 사상〉, 《한국불교학》 5, 1980, 44~45쪽.

다. 불교에 대한 세종의 태도는 이중적이었다. 그는 공적으로는 유교를 내세웠지만, 사적인 생활에서는 불교에 관심이 많았다.35) 그러나 세종의 불교에 대한 태도를 공적 태도와 사적 태도로 엄격하게 구분하기는 곤란하다. 유신들이 강력히 반대하였음에도, 기우(祈雨), 구병(救病), 명복(冥福)을 위한 왕실 불사(佛事)는 세종대 전 시기에 걸쳐 지속되었는데, 이 불사들도 세종의 명에 따라 조정 관리들이 주관한 기록들36)이 상당히 많기 때문이다.

세종의 숭불은 그의 치세에서 가장 큰 사건으로, 줄기찬 시비의 대상이 되었는데, 그 계기는 왕실 상사(喪事) 때 사찰의 설재(設齋), 사찰 사탑의 보수, 불당 및 사찰의 건립, 승려의 비행(非行), 유학자의 폭행건과 처리 등이었다.37) 이러한 상황에서 세종은 공식적으로는 자신이 불교 신자가 아님을 여러 차례 강조하였으며, 이러한 주장은 재위 초기부터 후기까지 계속되었다.38) 또한 1421년에는 불교가 조선 사회에서 거의 사라졌다고 세종 스스로 말하고 있다.39) 《세종실록》에 나타난 세종대의 척불 내용은 사찰 노비 제거,40) 불교 상례(喪禮) 금지,41) 연종환원(年終還願) 폐지,42) 도성 안 경행(經行)

---

35) 이성무, 앞의 글(2001), 31~32쪽.
36) 1/10/4 ff.; 2/29 ff.; 3/94 ff.; 4/8/5 ff. 등.
37) 이숭녕, 앞의 글(1982), 17~18쪽.
38) 1/1/11; 2/7/17; 3/1/3; 6/4/6; 7/7/15; 23/윤11/25.
39) 3/12/13.
40) 1/11/27~28.
41) 2/9/16; 2/11/7.
42) 연종환원은 연초에 임금을 위하여 복을 빌되 축원장을 지어 귀신과 부처에게 빌고, 연말에 이르러 제사한 뒤, 그 축원장을 도로 거두는 것을 말한다.(28/10/4; 3/12/13)

폐지,43) 대궐 연등(燃燈) 금지,44) 세종 자신의 탄신 축수재(祝壽齋) 금지,45) 근정전 어좌의 진언(眞言) 제거,46) 절 밖에서의 연등 금지47) 등이다. 조선 초기의 억불정책의 핵심은 불교사원의 경제적 기반인 토지와 노비의 박탈, 사원 및 승려 수의 삭감, 국가의례에서 불교의례의 추방이었으며, 이러한 정책은 태종(太宗)과 세종대에 추진되어 상당한 성과를 가져왔다고 한다.48) 그러나 사실은 달랐다.

통설과는 달리, 척불(斥佛)에 성공하였다는 태종도 말년에는 숭불 군주가 되었으며,49) 세종은 재위 초기부터 후기까지 배불(排佛)보다는 호불(好佛)의 태도를 훨씬 더 견지하고 있었다. 또한 태종조처럼 세종조의 경우에도 도첩에 관한 법규는 엄격하였으나, 실제로는 유명무실하였다.50) 승려 수도 적지 않았으며, 사찰 경제력도 약하지 않았다. 1439년의 기록에 따르면, 조선시대의 승적(僧籍)에 등록된 승려 수는 수만 명이었다.51) 조선에는 개간한 밭이 많지 않았음에도, 경외(京外)의 사사(寺社)가 소유한 밭은 7,982결52)이나 되었

---

43) 4/2/19.

44) 5/3/18.

45) 5/4/10.

46) 8/10/13.

47) 13/4/6.

48) 권연웅, 앞의 글(1993), 210쪽.

49) 강신항, 앞의 책(1987), 222쪽.

50) 권연웅, 앞의 글(1993), 200~201쪽.

51) 21/10/10.

52) 1428년의 규정에 따르면, 1결(結)은 방35보였다.(이홍직 편, 《국사대사전》, 삼영출판사, 1984, 60b쪽) 그러나 당시 1보의 거리가 어느 정도였는지는 알 수 없으나, 약 70센티미터로 가정하여 계산할 경우, 경외 사사 소유의 밭 면적은 약 150만 평에 해당한다.

다.53)

  유신들이 줄기차게 척불을 건의하였음에도 세종은 불교를 완전히 없애지는 않았는데, 공식적인 이유는 불교가 가진 선대 이래의 전통 때문이었다.54) 세종은 재위 초기부터 신하들의 척불 건의를 받아들이지 않았다는 기록들이 많이 나타난다. 사간원의 불교 억제책 불허,55) 왕실 가족을 위한 금자(金字) 사경(寫經) 허용,56) 승록(僧錄) 등의 혁파 건의 불허,57) 승려들의 정월 초하루 등의 하례 참석 금지 건의 불허,58) 여항(閭巷)의 초파일 연등 금지 불허,59) 수륙재(水陸齋) 설치 허용,60) 재(齋) 허용,61) 불사(佛事) 허용,62) 배불(排佛) 건의 불수용,63) 관원의 사찰 침해 금지,64) 도첩 회수 불허,65) 사녀(士女)들의 일재(日齋) 금지 불허,66) 불골(佛骨) 회부 불허,67) 불가 물건 궁중 배치 반대 불허,68) 효령대군의 숭불에 대한 신하들의 반대

---

53) 21/10/10.
54) 1/11/29~30; 6/2/7; 6/3/8; 8/10/27; 13/12/26; 14/1/4; 14/3/5; 15/3/16.
55) 3/7/2.
56) 4/6/21.
57) 6/2/13.
58) 10/1/15.
59) 10/3/22.
60) 14/2/14.
61) 16/4/13.
62) 17/3/7.
63) 17/3/9
64) 17/10/29.
65) 20/2/26.
66) 20/3/25.
67) 20/6/28.
68) 20/7/6.

불허,69) 반승(飯僧) 반대 불허,70) 안거회(安居會) 반대 불허,71) 승려에게 감면해 준 다량의 군자미(軍資米) 환수 불허,72) 승려들의 시왕도(十王圖) 판매 처벌 불허,73) 안거회 금지 법제화 불허,74) 석왕사 곡식 하사 반대 불허,75) 승려와 싸운 유생(儒生) 구금 해제 불허,76) 사찰에서 행패 부린 유생 추국(推鞫),77) 유생의 개경사 출입 금지,78) 유신(儒臣)들의 왕실 가족 불사 반대 불허,79) 불사 정지 요청 불허,80) 불당 설치 반대 불허,81) 경찬회(慶讚會) 재반(齋飯) 반대 불허,82) 공양재 정지 불허,83) 관리의 예불 행위 처벌 불허,84) 기우(祈雨) 때 감찰의 예불을 항식(恒式)으로 삼도록 한 명령 철회 불허,85) 불당 철폐 및 불상 이운(移運) 요청 불허86) 등은 그러한 예들이며,

---

69) 20/11/12.
70) 21/4/1.
71) 21/4/18.
72) 21/4/19.
73) 22/1/25.
74) 24/1/5.
75) 24/4/3.
76) 24/8/12.
77) 24/11/26.
78) 25/7/6.
79) 27/4/26.
80) 28/10/7; 28/10/9.
81) 30/7/17~30/8/5. 세종은 영의정 황희(黃喜)의 상소에도 응하지 않았다.(30/7/22; 30/7/26)
82) 30/11/25~26.
83) 31/6/14~16.
84) 31/6/19.
85) 31/6/21~22.
86) 31/8/6.

이러한 경향은 중·후대로 갈수록 고정화되다시피 한다.

따라서 전체적으로는 세종의 척불 내용이 몇 가지에 한정되어 있었다. 세종 중기의 기록[87]에 따르면, 세종의 척불 내용은 내원당 철폐, 종문(宗門) 감소, 승도(僧徒)의 성시(城市) 출입 금지, 연소자 출가(出家) 금지 등이었다. 이는 세종이 불교의 큰 폐단 서너 너덧 가지를 없앴다는 정창손(鄭昌孫; 1402~1487)의 말에서도 증명된다.[88] 따라서 일반적으로 알려진 것과는 달리, 세종 초기에 엄격한 배불정책이 시행되었다고는 할 수 없으며, 오히려 그는 재위 초기부터 호불의 태도를 견지하였던 것으로 나타난다.

세종 초기부터 왕실 가족을 위한 불교의례 개최는 거의 일상사였으며, 《세종실록》에는 이와 관련된 기록들이 자주 등장한다. 유신들의 강력한 반대에도, 왕실 안에서의 활발한 불교신앙은 세종조의 한 현상이었으며,[89] 세종대 초기부터 후기까지 왕실의 구병(救病) 등을 위한 법석(法席),[90] 칠칠재(七七齋),[91] 대상재(大祥齋),[92] 백재(百齋),[93] 기신재(忌辰齋),[94] 수륙재(水陸齋)[95] 등은 지속적으로 개최되었다. 불사는 왕실의 사적인 일로서 설행되었으며, 그 경비는 왕

---

87) 21/4/18

88) 28/3/26.

89) 금장태, 앞의 글(1982), 315쪽.

90) 1/10/4ff.

91) 1/10/9; 2/7/15; 4/5/15; 28/3/29. 연원일은 초재일 또는 이재일의 것을 뜻한다.

92) 4/7/9; 6/5/9.

93) 4/8/19.

94) 5/5/9; 6/5/23; 14/1/2; 30/9/29.

95) 9/9/22; 21/4/19ff.

실 사재로 부담하는 경우가 많았다.96) 기우97) 등의 공식 차원의 불사 행위도 세종대의 거의 전 시기에 걸쳐 진행되었다.

세종 당시 신하들의 집에서도 불교신앙은 끊어지지 않았으며,98) 사대부가의 불교식 제례도 과반수에 이를 정도로 일반적인 현상이었다.99) 세종대 중기에 해당하는 1432년까지도 불교식 상제를 따르는 사대부들은 여전히 60, 70퍼센트에 이르렀다.100) 또한 세종 당시 민간의 불교에 대한 신앙심도 여전히 강렬하였다.101)

따라서 세종대에도 불교는 왕실·사대부가·민간 등 사회 전반에 걸쳐 여전히 성행하였으며, 이러한 시대적 배경을 바탕으로 하여 형성된 세종의 불교관은 훈민정음 창제의 중요한 동력이 되었을 것으로 짐작된다.

3. 세종의 불교관과 훈민정음의 창제

《훈민정음》 창제에 착수할 즈음부터 세종은 호불의 경향을 띠기 시작하였으며, 문자(훈민정음) 창제 당시에는 스스로 불교를 믿었다.102) 더욱이 훈민정음이 공식 반포될 시기 전후의 세종은 독실한

---

96) 한우근, 앞의 책(1993), 105쪽.
97) 7/7/15ff.
98) 9/1/3ff.
99) 한우근, 앞의 책(1993), 151~179쪽.
100) 14/3/5.
101) 2/8/22ff.

불교도로서의 모습을 보였다. 심지어 영의정을 포함한 고관들뿐 아니라, 사헌부·사간원·집현전 등 국가 주요 기관으로부터 지속적인 반대 상소가 나왔지만 그의 숭불 태도는 변하지 않았으며, 그들의 상소 내용이 합리성을 띤 경우에도 받아들이지 않는 경우가 많았다.103)

1428년부터는 세종 자신의 불사 행위가 등장하였다. 1432년 한강 가에서 열린 거대한 수륙회(水陸會)에는, 서울의 남녀들이 귀천 구별 없이 모여들어 성황을 이루었는데, 이때를 계기로 불교가 다시 성행하게 되었다.104) 훈민정음 구상도 이 시기를 전후하여 이루어졌다. 1433년에 세종은, 신하들은 불사 행위를 하면서도 자신의 불사 행위를 반대한 데 대해, "요새 조정에 들어와서는 귀신 제사를 금하자고 하면서도, 물러가서는 귀신 제사에 고혹한 자가 매우 많으니, 임금 위하기와 자기 위하기의 방도가 스스로 모순된다"105)고 비판하였다.

1435년에 세종은, "[중국의] 한(漢)나라와 당(唐)나라 이래로 선악을 가린다는 자도 [불교를] 다 없애지 못하여 지금까지도 면면히 끊이지 않으니, [이에는] 반드시 뜻이 있을 것이다", "만일 이 선연[사리 수 숭수]을 맺는나면, 위로는 선왕의 명복이 되고, 사람과 하늘을 널

---

102) 김상현, 〈조선불교사 연구의 파세와 전망〉(조선왕조실록 불교사료집 완간기념 학술 세미나 '조선왕조실록과 한국불교'), 《불교학보》 39집, 2002, 265쪽.

103) 이봉춘, 앞의 글(1980), 42쪽.

104) 14/2/15.

105) 15/2/16.

리 이롭게 하여, 한량없는 도움이 될 것이며, 여러 신민들도 그 하는 일에 따라서 과보(果報)의 응험이 모두 부처의 설과 같이 될 것은 덧붙여 말할 필요도 없다"106)고 하였다. 1437년에는 "역대 군왕으로서 불교를 숭배해서 역년(歷年)이 오랜 분도 있었고, 불교를 배척해서 연대가 더욱 짧도록 재촉한 분도 있었으니, 신진 사류가 어찌 화복과 존망의 이치를 알겠는가?"107)라고 하면서, 숭불 태도를 보이고 있었다.

세종의 이러한 숭불 경향은 "임금이 근년에 조금씩 숭불한다"108)는 1438년의 신하들의 지적에서도 증명된다. 그러나 이는 신하들의 지적일 뿐, 앞에서 살펴본 것처럼 세종은 이미 오래전부터 숭불 경향을 견지하고 있었다.

1438년부터 세종이 서거한 1450까지 12년 동안은 그와 유신들 사이에 불교로 인한 충돌이 이어진 시기였다.109) 1438년은 한강의 수륙재와 회암사의 대회를 계기로 불교 흥기의 계기가 된 해로서,110) 특히 많은 배불 건의가 신하들로부터 제기되었다. 1439년에는 "예전 제왕들도 [불교의] 폐해를 다 혁파하지 못하였는데, 나처럼 덕이 적은 사람이 어찌 다 없앨 수 있겠느냐?"111)라고 하면서, 척불의 의지가 별로 없음을 분명히 하였다. 이에 신하들은 "이단의 해가 이에 이

106) 17/5/18.
107) 19/7/29.
108) 20/10/21.
109) 강신항, 〈한글 창제의 배경과 불교와의 관계〉, 《불교문화연구》 3집, 1992, 9~12쪽.
110) 21/4/19.
111) 21/2/15.

르러도 [세종이] 금하지 않는다"112)며 불평을 제기하였다. 1441년에는 신하들이 "불교를 숭상해 믿기를 이같이 하시니",113) "전하께서는 만백성의 대표로서 불교를 숭상해 믿으심이 이에 이르렀으니"114)라고 할 정도로 세종의 숭불 경향은 더욱 짙어졌다.

세종도 "한·당 이하 역대 임금들이 부처를 섬기지 아니한 이가 없었으니, 나도 한다"115)라고 함으로써 스스로도 불교 신자임을 인정하였다. 뿐만 아니라, 신하들이 경찬회 금지를 요청한 데 대해 세종은 "경들이 수궐하여 간한 지 오래되었고, 나는 간함을 거절한 임금이다. 옛 사람이 이르기를, 세 번 간하여 듣지 않으면 [벼슬을 버리고] 간다고 하였는데, 경들은 어찌 가지 않는가?"116)라고 하면서, 노골적으로 자신의 숭불 성향을 비호하였다. 이에 대해 신하들이 "전하께서 도리어 독단으로 모든 의논을 배척하고 일으켜서 높여 섬기시니" "근년에 종실의 여러 대군들이 부처를 받들고 궁중에서도 그러하옵더니, 오늘에 이르러서는 전하께서도 그러하시니"117) 하자, 세종은 "임금의 허물을 얽고 짜는 것은 못난 유자들의 짓이다. 그 부모들은 집에서 염불하고 경을 읽어도 그 아들이 간하여 그치게 하지 못하면서, 조정에 와서는 남의 상소로 인하여 임금의 허물을 꾸미는 것이 옳은가?"118)라고 신하들의 이중성을 비판함과 동시에 자신의

112) 21/4/18.
113) 23/윤11/18.
114) 23/윤11/24.
115) 23/윤11/22.
116) 23/12/2.
117) 23/12/9.

숭불을 정당화하였다. 따라서 훈민정음 창제 전 세종은 이미 숭불 군주가 되어 있었다. 그리고 세종의 숭불관은 그의 불교정책에도 그대로 반영되었으며,119) 그 한 결과가 훈민정음의 창제로 나타났다고 생각한다.

훈민정음이 창제된 1443년을 전후한 1442년부터 1446년에 세종의 비 소헌왕후가 죽을 때까지 4년 동안 세종은 불사를 하지 않았으며, 유신들도 침묵을 지켰다.120) 이 기간 동안 세종의 관심은 훈민정음 창제에 쏠려 있었다. 1444년의 기록이 이를 증명한다. 그 해 세종은 "내가 늙어 국가의 서무를 세자에게 맡겼으니, 아무리 세미한 일일지라도 참예하여 결정하는 것이 마땅하거늘, 하물며 언문이겠느냐?"121)라고 하여 자신이 훈민정음 창제에 적극 참여하고 있음을 증언하고 있다. 또한 이는 세종이 훈민정음 창제를 국가의 중요 사업으로 생각하고 있었음을122) 뜻한다.

훈민정음이 반포되던 1446년에는 세종 스스로 "내가 근년에 병이 많아서, 궁중에 있으면서 다만 죽을 날만 기다릴 뿐인데"123)라고 하였으나, 그는 여전히 훈민정음과 깊은 관련을 맺고 있었던 것으로 보인다. 왜냐하면 그 즈음 《석보상절》, 《월인천강지곡》 등 일련의 불전류들이 훈민정음으로 편찬되었을 뿐 아니라,124) 1448년 정인지

118) 위와 같음.
119) 이봉춘, 앞의 글(1980), 44~45쪽.
120) 강신항, 앞의 책(1987), 227~228쪽.
121) 26/2/20.
122) 유미림, 앞의 글(2005), 147쪽.
123) 28/3/28.

(鄭麟趾; 1396~1478)의 말에 따르면, 불사의 경우 세종은 중론(衆論)을 취하지 않고 항상 독단으로 결정하였다는[125] 데에서 알 수 있다.

그 해 이후 세종이 서거한 1450년까지의 기록[126]에 따르면, 세종은 만년에 병 때문에 대신을 접견하지 못하였는데, 아들인 광평대군과 평원대군이 잇따라 죽고, 그의 비 소헌왕후도 승하하여 마음이 불안해진 상태에서, 자신의 다른 아들인 수양대군과 안평대군의 도움을 받아 궁금(宮禁) 옆에 불당을 두었다. 그리고 세종은 1450년에는 《불정심다라니경》(佛頂心多羅尼經)을 베껴 중들로 하여금 독송시키려 하기까지 하였다.[127]

결론적으로, 재위 초기부터 죽을 때까지 불교에 대한 세종의 태도를 분석한 결과, 훈민정음과 불교는 상호 보완적 입장을 취하였다고 할 수 있다.[128] 훈민정음 창제 뒤 세종의 숭불 경향은 더욱 강화되었는데, 그 결과는 한글 불전(佛典) 출판으로 나타났다.

4. 세종의 숭불과 한글 불전 편찬

세종이 훈민정음을 창제하고 나서 제일 먼저 번역을 시작한 것은 불전류였으며,[129] 훈민정음으로 편찬된 서적의 대부분도 불전이었

---

124) 《용비어천기》는 儒교 관련서시만, 불교 관련 내용들이 많아 불전류로 분류하였다.
125) 30/7/19.
126) 30/8/5; 31/2/25; 32/1/18.
127) 32/1/4.
128) 이봉춘, 앞의 글(1980), 42쪽.

다.130) 훈민정음 창제와 동시에 편찬된 유교 관련서는 《용비어천
가》뿐이며, 나머지는 많은 양의 불전이었다.131) 한 예로, 15세기에
간행된 훈민정음 문헌 총 40여 건 가운데, 불교 관련 문헌은 29건으
로 60퍼센트 이상을 차지하였다.132)

세종은 훈민정음 창제 구상 초기부터 불경을 쉬운 우리말로 번역
하려는 생각을 가지고 있었는데, 그가 훈민정음을 이용하여 불교의
포교 및 불경의 대중화를 생각하고 있었음은 분명하다. 불경 간행은
1439년부터 기도되었는데, 불교 신앙자는 불경 간행 의도를 가진 경
우가 많기 때문에 불경을 간행한다는 것은 포교를 뜻한다.133) 세종
이 편찬하도록 한 중요한 책들은 모두 한문으로 되어 있었고, 백성
들이 꼭 읽어야 할 책들만 훈민정음으로 언해되었다.134) 따라서 불
경 언해는 불교 대중화를 중심으로 전개되었다고 할 수 있다.135)

훈민정음 이용과 불경 언해는 불교를 신봉하는 왕가에 의해 이루
어졌으며,136) 세종의 숭불도 훈민정음 불전 편찬의 배경 가운데 가
장 중요한 요소라 할 수 있다.137) 훈민정음이 반포되던 1446년 이후,

---

129) 위의 글, 66쪽.
130) 김상현, 앞의 글(2002), 265쪽.
131) 강신항, 앞의 책(1987), 223쪽.
132) 한국문학에 미친 불교의 영향에 대해서는 Kim Jongmyung(Jong Myung), "Korean,
    Buddhist Influences on Vernacular Literature", Robert E. Buswell, Jr.(ed.), *Encyclopedia of
    Buddhism*, New York: Macmillan Reference USA, 2004, pp.439~441 참조.
133) 강신항, 앞의 글(1992), 12~19쪽.
134) 이성무, 앞의 글(2001), 65쪽.
135) 이봉춘, 앞의 글(1980), 64쪽.
136) 강신항, 앞의 책(1987), 221쪽.
137) 이봉춘, 앞의 글(1980), 42~44쪽.

세종의 숭불 정도는 더욱 커졌으며, 그 결과는 훈민정음 불전 편찬으로 이어진 것으로 보인다.

1446년의 기록에 따르면, 세종은 스스로 "당나라 태종 때 황후가 붕어하자, 태자가 황후를 위해 절을 세우기를 청하였는데, 지금은 어찌 그렇게 하지 못하겠는가?…… 세상 사람들이 집안에 있으면서 부처를 받들고 귀신을 섬김에 이르지 않음이 없는데도, 남을 대할 때는 도리어 귀신과 부처를 그르다 하니, 이는 내가 심히 미워하는 것이다.…… 지금 중궁이 세상을 떠나 아이들이 [어머니인] 그녀를 위하여 불경을 만들려 하므로 내가 이를 허락하고…… 그대들은 불경을 만드는 것을 그르게 여기는데, 어버이를 위하여 불사를 하지 않을 사람이 누구인가?",138) "그대들은 고금(古今)의 사리(事理)를 통달하여 불교를 배척하니, 현명한 신하라 할 수 있으며, 나는 의리는 알지 못하고 불법만을 존중하여 믿으니, 무지한 인군이라 할 수 있겠다"139) 하였다. 이에 대해 신하들은 "지금 성상께서 불법을 숭상하여 믿으시니"140)라 하며, 세종의 숭불을 기정사실화하였으며, 세종 스스로도 자신이 "이미 불교를 좋아하는 임금"141)임을 인정하였다.

세종의 숭불을 둘러싼 세종과 신하들과의 갈등은 이어진다. 신하들이 "오늘날에 이르러 숭신하시기를 이처럼 지극히 하시니"142) 하

---

138) 28/3/26
139) 28/3/28.
140) 28/10/4.
141) 위와 같음.
142) 28/10/6.

자, 세종은 "나만 불법을 숭신하고 있는 모양인데…… 뜻을 굽혀 교묘하게 꾸민 말은 내가 듣기 좋아하지 않는다"[143]라고 응대하였다.

이러한 환경 속에서 세종은 두 달 뒤인 1446년 12월에 훈민정음을 반포하였다. 훈민정음을 반포하고 난 뒤 세종의 숭불 경향은 더욱 커졌다. 따라서 당시에 편찬되었던 《석보상절》, 《월인천강지곡》 등은 세종이 지녔던 숭불의 산물로 볼 수 있다.

《용비어천가》는 세종대의 가장 중요한 사업의 하나로서, 훈민정음으로 저술된 최초의 책인 동시에 세종대의 대표적 문화적 결실이기도 하였다.[144] 그리고 이 책의 편찬을 위해 약 5년에 걸쳐 적지 않은 당대의 최고 학자들이 동원된 점은, 세종이 이 책의 제작에 깊은 관심을 가지고 있었음을 말한다.[145] 내용은 조선왕조 창건을 찬미한 것으로 구성되어 있으나, 그 가운데는 불교적 주제가 상당 부분을 차지하고 있다.[146]

《석보상절》은 세종의 불심과 비호(庇護)에서 비롯된 것이다.[147] 세종은 1446년에 소헌왕후가 죽자 왕후의 명복을 빌기 위해 수양대군을 중심으로 하여 《석보상절》을 편찬하게 하였는데, 《석보상절》의 훈민정음 번역은 훈민정음이 정식 반포된 1446년 이전부터 시작되어 그 후 1년도 안 되는 사이에 이루어졌다. 이 사실은 훈민정음이

---

143) 위와 같음.
144) 이영춘, 〈세종대의 제도문물 정비〉, 한국정신문화연구원 엮음, 《세종시대의 문화》 (태학사, 2001), 109쪽.
145) 임치균, 〈세종대의 서사문학 — 〈용비어천가〉를 중심으로〉, 위의 책, 310쪽.
146) 강신항, 앞의 책(1987), 249쪽.
147) 이봉춘, 〈조선전기 불전언해와 그 사상〉, 《한국불교학》 5, 1980, 46쪽.

정식으로 반포되기 이전부터 그 언어가 불교와 밀접한 관계를 가지고 있었음을 뜻한다. 《월인천강지곡》은 세종이 《석보상절》을 보고 지은 것이다.[148] 《석보상절》과 《월인천강지곡》은 소헌왕후의 명복을 빈 불교행사에서 음성(音聲) 공양을 위하여 기획된 것이기도 하였다.[149] 따라서 이 책들도 세종이 지닌 불교관의 산물이었다.

세종의 불경언해사업은 당시의 지배계급인 지식계급층과 완전히 분리되었던 사업이다. 이 점은 《석보상절》과 《월인천강지곡》 편찬이 건국이념에 어긋난다는 사실에서도 알 수 있다.[150] 세종이 훈민정음을 제정한 후, 유신들로부터 호응을 얻지 못한 이유 가운데 하나도 《석보상절》과 《월인천강지곡》 편찬 등 불교와의 관련성 때문이었다.[151] 세종이 불교를 비호하던 태도와 유신들의 반대를 물리치고 훈민정음을 창제하던 태도는 일치하였다. 유신들의 척불 논지와 훈민정음 반대 논지도 비슷하였다. 그들의 최대 관심사는 훈민정음이나 불교 때문에 유교가 쇠퇴하고 한문 보급이 방해됨을 방지하는 것이었다. 따라서 훈민정음과 불교가 결부될 때 유신들은 강력히 반대하였다.[152]

훈민정음에 의한 불경 번역은 일반 백성에게 훈민정음 보급과 실용화에 가장 효과적인 방법[153]이었으므로, 세종은 《석보상절》과

---

148) 강신항, 앞의 글(1992), 16~18쪽.
149) 김광해, 〈훈민정음과 불교〉, 《인문학보》 12, 강릉대 인문과학연구소, 1991, 236~238쪽.
150) 강신항, 앞의 글(1992), 3쪽.
151) 이숭녕, 앞의 글(1956), 208쪽.
152) 강신항, 앞의 책(1987), 230~232쪽.
153) 최병헌, 〈《월인석보》 편찬의 불교사적 의의〉, 《진단학보》 75, 1993, 225쪽.

《월인천강지곡》 등의 불서를 훈민정음으로 보급하여 대중 교화에 노력하였다.154) 세조가 《석보상절》과 《월인석보》의 서문에서 사람마다 쉽게 이해하도록 하기 위하여 훈민정음으로 번역한다고 한 것은 훈민정음의 창제 취지와도 부합한다.155) 또한 한문을 모르는 많은 독자층을 대상으로 한 책들은 한자 단어에 한글 독음을 붙여 간행하였는데, 《석보상절》과 같은 불경 등이 이에 속하였다.156) 따라서 세종의 숭불과 불전 언해는 직접적인 상관관계를 가진 것이었다고 할 수 있다. 이들 한글 불전 편찬 이후 세종의 숭불은 더욱 확고해졌다.

1448년 기록에 따르면, 세종은 "나의 뜻은 이미 정해졌으며……나는 권신에게 제재 받을 임금이 아니다.…… 의심이 없는 것은 단독으로 하는 것이다"157)라고 할 정도로 그는 독단적인 입장을 취한 가운데 독실한 불교신자가 되었다. 이러한 경향은 세종이 서거한 1450년까지 이어졌다. 신하들이 "근래에 불사가 점점 늘어나고……전하의 부처를 좋아하는 정성이 지극할 정도에 이르렀습니다"158) 하며 걱정을 하자, 세종은 "경들이 《육전》(六典)에 의거하여 말하나, 《육전》의 법은 아랫사람을 위한 것이지, 위를 위한 것이 아니다.…… 나는 부덕하니까 따를 수 없다"159) 하면서 받아들이지 않

---

154) 금장태, 앞의 글(1982), 46쪽; 최병헌, 위의 글, 224쪽.
155) 최병헌, 위의 글, 224~225쪽.
156) 이광호, 〈세종대의 언어정책과 훈민정음의 창제〉, 한국정신문화연구원 엮음, 《세종시대의 문화》(태학사, 2001), 156~159쪽.
157) 30/7/18.
158) 30/7/19.

았다. 또한 "국가는 조종의 국가요, 전하의 사유가 아니온데, 어째서 국가 만세를 염려하지 않으십니까?"160)라고 한 신하의 항의에 대해, 세종은 "국가의 물건은 곧 인군의 물건으로서…… 모두 임금이 임의로 쓸 수 있는 것이니, 공사를 따지지 않고 써도 가하다"161)라고까지 주장하였다.

1449년의 기록에는 "임금[세종]이 두 대군을 연달아 잃고, 왕후가 이어 승하하니, 슬픔이 극에 달하여 인과화복(因果禍福)의 말을 믿게 되었다"162) 하였으며, 문종(文宗)은 세종이 숭불한 것이 아니라, 연이은 상을 만나 부득이 불사를 한 것163)이라고도 하였다. 그러나 세종 자신은 "이미 부처를 좋아함"164)을 다시 한번 천명하였다. 이어 그는 기우 뒤 비가 올 경우, 그 보답으로 재를 베풀어 공양하는 것을 항식으로 삼도록 명령하였으며,165) "불가의 일은 너희들[신하들]의 알 바가 아니니, 사전(祀典)만으로 논할 수 없다"166)고도 하였다. 또한, 기우 때 감찰의 예불을 항식으로 삼도록 하였으며,167) 신하들이 재를 베풀어 공양하는 것을 반대하자, 세종은 화가 나서 아예 거처를 다른 곳으로 옮겨버리기까지 하였다.168) 세종이 서거하던 해인

---

159) 30/7/19.
160) 위와 같음.
161) 30/7/21.
162) 31/02/25.
163) 강신항, 앞의 책(1987), 235쪽.
164) 31/5/28.
165) 31/6/9.
166) 31/6/14.
167) 31/6/20.

1450년의 기록에 따르면, 그는 《불정심다라니경》을 베껴서 중들로 하여금 독송시키려고[169] 하였을 뿐만 아니라, 유신들이 그의 숭불 태도에 대해 간언하자, 그것을 미워하여 간언하는 유신들을 "물정에 어두운 선비"[迂儒], 또는 "더벅머리 선비"[竪儒]라고까지 비판하였다.[170]

따라서 세종의 불전 언해는 그의 숭불관을 바탕으로 전개되었다고 결론지을 수 있다.

5. 세종의 왕권과 정무 상태

세종이 그의 불교관을 바탕으로 훈민정음 창제와 전개에 전념할 수 있었던 이유는 무엇이었을까? 그것은 그의 강한 왕권과 정무(政務)로부터의 자유로움이었다.

세종은 재위 초반기에는 아버지였던 태종의 영향권 아래 있었으나, 그 이후에는 강력한 왕권을 행사하였다. 세종은 1418년에 즉위하자마자 아버지 태종을 상왕으로 모셨으며, 즉위 뒤에도 모든 정사를 상왕과 의논하여 결정하였다.[171] 세종은 태종의 정치기반을 이어받았고, 1422년까지는 그때까지 군권을 가지고 있었던 태종이 세

---

168) 31/7/1.
169) 32/1/4.
170) 32/1/18.
171) 이성무, 앞의 글(2001), 28쪽.

종에게 영향을 끼쳤으며,172) 그 전통은 1425년까지 유지되었다. 그러나 훈민정음이 구상되던 시점인 1430년 이후, 세종은 점차 강력한 왕권을 구축하기 시작하였다.173) 이를 바탕으로 그는 권신의 제재를 받지 않고, 법전의 규정에도 매이지 않았으며, 불사 개최 경비도 자유롭게 쓸 수 있었다.

특히, 대간은 그들보다 고위직에 있는 관료들에 대한 탄핵권을 행사할 수 있었기 때문에, 이들의 활동은 당대의 권력구조를 해명하는 좋은 지침이 된다. 조선 건국 이후 대간의 활동이 본격화된 것은 세종대부터였으며,174) 1427년에서 1430년 사이에 대간들의 활동은 세종 전 치세 기간을 통틀어 가장 활발하였다. 그러나 세종은 왕으로서의 고유한 지위를 침해하는 대간의 어떤 행위도 용납하지 않았다. 또한 세종 당시의 정치는 왕의 개인적인 능력에 의존하는 바가 더 컸다.175) 따라서 세종은 그의 숭불 행위와 관련해서도 강력한 왕권을 행사할 수 있었다.

세종의 권력구조는 그의 건강 상태를 기준으로 1436년을 전후하여 두 시기로 구분할 수 있다.176) 세종은 건강이 악화되자, 정무를 동궁(후의 문종)에게 맡겼으며, 그 기간 그는 훈민정음 창제에 전념

---

172) 최승희, 〈세종조의 문화와 정치〉(제1주제: 역사 부문), 《세종조 문화의 재인식》(보고논총 82-2; 한국정신문화연구원, 1982), 25쪽.
173) 정두희, 〈세종조의 권력구조 — 대간의 활동을 중심으로〉, 한국정신문화연구원 편, 《세종조문화연구(I)》(박영사, 1982), 55쪽.
174) 위의 글, 4쪽.
175) 위의 글, 59~60쪽.
176) 최승희, 앞의 글(1982), 25쪽.

하였던 것으로 간주된다.

　세종은 병이 많았다. 즉위 전부터 오른쪽 다리에 통증을 느끼고 있었고, 등에 종기가 나기도 하였으나, 즉위 초까지는 비교적 무병하였다. 그러나 1425년부터 두통과 이질, 풍질과 당뇨병으로 시달렸다. 1432년부터는 안질이 심해졌으며, 1437년에는 두통·이질·당뇨·임질 등이 심해 정사를 돌보기 어려워지자[177] 세자에게 서무를 결재하도록 하였다.[178] 1438년에는 백내장과 노쇠 현상도 생겼으며, 기억력도 감퇴되어 정사를 제대로 돌볼 수 없게 되자 세자에게 섭정하도록 하였다.[179] 1442년에는 세자가 세종을 대신하여 정무를 보았으며, 1443년부터는 모든 정사를 세자가 도맡았다.[180]

　따라서 세종은 훈민정음을 구상하던 1430년 무렵 이후, 강력한 왕권을 행사할 수 있었으며, 그 즈음 악화되기 시작한 건강 때문에 1437년부터는 정무 수행이 어려운 상태여서 이때부터 실질적인 정무 담당자는 세자였던 것으로 보인다. 세종은 건강상의 이유로 정무를 세자에게 맡긴다 하였으나 사실은 정치적 목적 때문이었다는 견해가 있다. 세종은 부왕 태종이 자신에게 하였듯이, 자신이 살아 있는 동안 세자에게 왕위를 물려주기 위해 일부러 칭병하였으며, 1447년에는 마침내 모든 신하들로 하여금 세자를 임금으로 부르게 하였다.[181] 그렇다면, 세종은 훈민정음 창제에 온힘을 쏟을 수 있을 만큼

---

177) 이성무, 앞의 글(2001), 44쪽.
178) 최승희, 앞의 글(1982), 25~27쪽.
179) 이성무, 앞의 글(2001), 33쪽.
180) 위의 글(2001), 22~25쪽.

의 건강은 유지하였을 것으로 생각된다. 또한 훈민정음 창제에 전념하기 위한 것이 그의 칭병 이유였을 수도 있다.

"세종은 즉위 초 매우 강력한 억불책을 폈다",[182] "세종은 불교를 인정 및 보호하였을 뿐이다",[183] "세종은 재위 7년까지는 불교에 대한 명확한 인식이 없었다",[184] "세종은 재위 말년에 호불의 모습을 보였다",[185] "《조선왕조실록》에는 불교에 대한 억압 및 탄압의 기록이 더 많다",[186] "한글 창제는 불교와 무관한 사업이다"[187]라는 일련의 주장들은 지금까지 학계에서 제기된 세종대의 불교에 대한 주요 견해들이다.

그러나 이 연구의 결과는 이러한 견해들이 재검토될 필요성이 있음을 말해 준다. 또한 기존의 견해들은 주제와 관련된 1차자료인 《세종실록》 자체의 내용을 면밀하게 검토하지 않은 상태에서 도출된 것으로 보인다.[188] 따라서 이 연구는 1차자료에 대한 면밀한 분석의 중요성을 다시 한 번 확인시켜 주었다고 할 수 있다. 그러나 방

---

181) 정두희, 앞의 글(1982), 57쪽.
182) 이봉춘, 앞의 글(1980), 44~45쪽; 권연웅, 앞의 글(1993), 210쪽.
183) 강신항, 앞의 책(1987), 229쪽.
184) 한우근, 앞의 책(1993), 89쪽.
185) 박현모, 앞의 글(2005), 40쪽.
186) 김승호, 앞의 글(2002), 290쪽.
187) 안병희, 〈세종의 훈민정음 창제와 그 협찬자〉, 《국어학》 44집, 2004, 15쪽.
188) 한국 불교이 역사적 특징은 '호국불교'란 개념을 통해 이해되어 왔으며, 자장(慈藏)은 그 간성으로 간주되어 왔다. 그러나 이러한 결론은 그와 관련된 1차자료들에 대한 면밀한 검증을 결한 재 노출된 것이었다.(Kim, Jong Myung, "Chajang(fl. 636–650) and 'Buddhism as National Proector' in Korea: A Reconsideration", *Religions in Traditional Korea*, Sørensen, Henrik H.(ed.) SBS Monographs Number 3. Copenhagen, Denmark: University of Copenhagen, 1995, p.53). [23–55].

대한 분량의 《세종실록》 내용 가운데, 이 글의 주제와 관련된 부분
을 쉽게 검색할 수 있었던 데는 전산화라는 문명의 혜택을 크게 입
은 결과다. 따라서 다른 중요 자료들의 전산화가 이루어질 경우, 학
계의 관련 담론도 훨씬 풍성해질 수 있음도 이 연구는 잘 보여주고
있다.[189]

6. 맺음말

이 글에서는 세종의 불교관과 훈민정음 창제 및 그 전개와의 관계
를 검토하였다. 이를 위해 《세종실록》에 나타난 관련 기록들에 대한
연도별 검토를 통해, 훈민정음 창제와 세종의 불교관, 세종의 숭불
과 훈민정음 불전 편찬, 그 영향 요인으로서 세종의 왕권과 정무 상
태 등을 분석하였다.

통설과는 달리, 세종은 재위 초기부터 호불의 태도를 견지하고 있
었으며, 훈민정음 창제 전의 세종은 이미 숭불군주가 되어 있었다.
따라서 훈민정음 창제와 그의 불교관은 밀접한 관계를 가진 것으로
파악되었다. 훈민정음 창제 후, 세종의 숭불 경향은 더욱 강화되었
으며, 그 결과는 훈민정음 불전 편찬으로 나타났다. 따라서 세종의

---

189) 그러나 한국학 관련 1차자료들에 대한 전산화 결과물들은 그것들이 가진 장점과 함
께 문제점도 동시에 가지고 있다. 최종 사용자 입장에서 《고려대장경》의 최종 전산화
본인 《高麗大藏經 2004》(www.sutra.re.kr)가 가진 장단점을 검토한 데 대해서는 Kim
Jongmyung(Jong Myung), *"The Digitized Tripitaka Koreana 2004*: Benefits and Challenges in
East Asian Buddhist Studies", *The Review of Korean Studies* 9-3, Sept. 2006b, pp.181~202 참조.

숭불은 훈민정음 창제와 전개에서 중요한 요인이 되었다. 또한 세종이 가진 강력한 왕권과 훈민정음 창제 전후 정무로부터의 자유로움은 그로 하여금 훈민정음 창제와 전개를 가능하게 하였다.

또한 이 연구를 하면서, 세종대의 불교와 관련된 기존의 견해들에 대한 재검토의 필요성, 1차자료에 대한 면밀한 검토 및 1차자료 전산화의 중요성을 확인할 수 있었다. 앞으로 세종의 불교 이해와 그의 유교 치국책에 대한 연구가 요청된다. 즉, 세종이 견지한 불교 신앙의 내용은 무엇이었으며, 그것과 세종의 정치는 어떤 관계가 있는지에 대한 연구가 필요할 것으로 생각된다.

참고문헌

국사편찬위원회, 《조선왕조실록》, http://sillok.history.go.kr/inspection/inspection. jsp?mTree=0&id=kd, 2006. 5. 8.

강신항, 〈한글 창제의 배경과 불교와의 관계〉, 《불교문화연구》 3집, 1992.

──, 《훈민정음연구》, 성균관대출판부, 1987.

권연웅, 〈세조대의 불교정책〉, 《진단학보》 75, 1993.

금장태, 〈세종시대의 철학사상〉(제3주제: 철학 부문), 《세종조 문화의 재인식》(보고논총 82-2), 성남: 한국정신문화연구원, 1982.

──, 〈세종조의 철학사상〉, 한국정신문화연구원 편, 《세종조문화연구(I)》, 박영사, 1982.

김광해, 〈훈민정음의 우연들〉, 《대학신문》 1982. 11. 19.

──, 〈훈민정음과 108〉, 《주시경학보》 4, 1989. 12.

──, 〈훈민정음과 불교〉, 《인문학보》 12, 강릉대 인문과학연구소, 1991.

──, 〈한글 창제와 불교신앙〉, 《불교문화연구》 3집, 1992.

김무봉, 〈조선시대 간경도감 간행의 한글 경전 연구〉, 《한국사상과 문화》 23
　　집, 2004.
김상현, 〈조선불교사 연구의 과제와 전망〉(조선왕조실록 불교사료집 완간기
　　념 학술세미나 '조선왕조실록과 한국불교'), 《불교학보》 39집, 2002.
김승호, 〈불교사료의 국문학적 의의와 활용〉(조선왕조실록 불교사료집 완간
　　기념 학술세미나 '조선왕조실록과 한국불교'), 《불교학보》 39집, 2002.
김완진, 〈세종대의 어문정책에 대한 연구〉, 《성곡논총》 3집, 1972.
───, 〈훈민정음 창제에 관한 연구〉, 《한국문화》 5, 1984.
김종명, 《한국의 세계불교유산: 사상과 의의》, 집문당, 2008.
김주원, 〈훈민정음의 해례본의 원래 모습〉, 《자연과 문명의 조화》(구 토목-
　　대한토목학회지) 53권 5호, 2005. 5.
문중량, 〈세종대 과학기술의 '자주성,' 다시 보기〉, 《역사학보》 189집, 2006.
박현모, 〈'성주'(聖主)와 '독부'(獨夫) 사이 ― 척불(斥佛) 논쟁과 정치가 세
　　종의 고뇌〉, 《정치사상연구》 11집 2호, 2005.
───, 《세종의 수성(守成) 리더십》, 삼성경제연구소, 2006.
안병희, 〈세종의 훈민정음 창제와 그 협찬자〉, 《국어학》 44집, 2004. 12.
유미림, 〈세종의 훈민정음 창제의 정치〉, 《동양정치사상사》 4-1, 2005.
류화송, 〈《조선불교통사》에 나타난 이능화의 언문 인식 고찰 ― 언문자법(諺
　　文字法) 원출범천(源出梵天)을 중심으로〉, 《불교학보》 40집, 2003.
이광호, 〈제3장 세종대의 언어정책과 훈민정음의 창제〉, 한국정신문화연구원
　　엮음, 《세종시대의 문화》, 태학사, 2001.
이봉춘, 〈조선전기 불전언해와 그 사상〉, 《한국불교학》 5, 1980.
───, 〈실록으로 본 조선 척불소(斥佛疏)의 경향〉(조선왕조실록 불교사료
　　집 완간기념 학술세미나 '조선왕조실록과 한국불교'), 《불교학보》 39
　　집, 2002.
이상혁, 《조선 후기 훈민정음 연구의 역사적 변천》, 도서출판 열락, 2004.
이성무, 〈제1장 세종대의 역사와 문화〉, 한국정신문화연구원 엮음, 《세종시대
　　의 문화》, 태학사, 2001.
이숭녕, 〈국어학사(國語學史) 4〉, 《사상계》 37호, 1956. 8.
───, 〈기조강연 ― 세종조의 시대적 배경〉, 《세종조 문화의 재인식》(보고

논총 82-2), 성남: 한국정신문화연구원, 1982.

이승재, 〈부호자(符號字)의 문자론적 의의〉, 《국어학》 38, 2001.

이영춘, 〈제2장 세종대의 제도문물 정비〉, 한국정신문화연구원 엮음, 《세종시대의 문화》, 태학사, 2001.

이재형, 〈세종의 훈민정음 창제와 신미의 역할〉, 《한국불교문화연구》 4집, 2004. 12.

이홍직 편, 《국사대사전》, 삼영출판사, 1984.

임치균, 〈제6장 세종대의 서사문학 — 〈용비어천가〉를 중심으로〉, 한국정신문화연구원 엮음, 《세종시대의 문화》, 태학사, 2001.

정구복, 〈세종조 역사의식의 계승〉, 《세종시대 문화의 현대적 의미》(보고논총 98-2), 성남: 한국정신문화연구원, 1998.

정두희, 〈세종조의 권력구조 — 대간의 활동을 중심으로〉, 한국정신문화연구원 편, 《세종조문화연구(I)》, 박영사, 1982.

최병헌, 〈《월인석보》 편찬의 불교사적 의의〉, 《진단학보》 75, 1993.

최승희, 〈세종조의 문화와 정치〉(제1주제: 역사 부문), 《세종조 문화의 재인식》(보고논총 82-2), 성남: 한국정신문화연구원, 1982.

한우근, 《유교정치와 불교 — 여말선초 대불교시책》, 일조각, 1993.

허 웅, 〈세종조의 언어정책과 그 정신을 오늘에 살리는 길〉(제2주제: 어문학 부문), 《세종조 문화의 재인식》(보고논총 82-2), 성남: 한국정신문화연구원, 1982.

홍윤표, 〈훈민정음의 현대적 의미〉, 《세종시대 문화의 현대적 의미》(보고논총 98-2), 성남: 한국정신문화연구원, 1998.

황경수, 〈훈민정음의 기원설〉, 《새국어교육》 70호, 2005.

Bae, Byung-sam, "King Sejong's State Administration: Focusing on the Process of Enforcement of Yukgije(Six-Year Scheme for Chief Magistrates)", *The Reveiw of Korean Studies* 8-3, Sept. 2005.

Chung, Yoon-Jae, "Guest Editor's Introduction A Study of King Sejong's Statecraft", *The Reveiw of Korean Studies* 8-3, Sept. 2005.

Kim, Jeongsu, *The History and Future of Hangeul*, Ross King, trans. Kent: Global

Oriental Ltd., 2005.

Kim, Jong Myung (Jongmyung), "Chajang(fl. 636–650) and 'Buddhism as National Proector' in Korea: A Reconsideration", *Religions in Traditional Korea*, Sørensen, Henrik H.(ed.) SBS Monographs Number 3, Copenhagen: University of Copenhagen, 1995.

————, "Korean, Buddhist Influences on Vernacular Literature", *Encyclopedia of Buddhism*, Robert E. Buswell, Jr. (ed.), New York: Macmillan Reference USA, 2004.

————, "Buddhism and the Korean Alphabet", Presented at the 3rd World Conference of Korean Studies, Jeju National University, October 27–30, 2006a.

————, *"The Digitized Tripitaka Koreana 2004*: Benefits and Challenges in East Asian Buddhist Studies", *The Review of Korean Studies* 9–3, Sept. 2006b.

————, "King Sejong's Buddhist View", Presented at the 5th Korean Studies Association of Australasia (KSAA) Biennial Conference, Curtin University of Technology, Perth, Australia, 12–13 July 2007.

Kim–Cho, Sek Yen, *The Korean Alphabet of 1446*, Seoul and New York: Asea Culture Press and Humanity Books, 2002.

Ledyard, Gari K., "The Korean Language Reform of 1446: The Origin, Background, and Early History of the Korean Alphabet", Ph.D. dissertation, University of California, Berkeley, 1966.

Park, Hyun–mo, "King Sejong's Deliberative Politics: With Reference to the Process of Tax Reform", *The Reveiw of Korean Studies* 8–3, Sept. 2005.

Pu, Namchul, "Buddhism and Confucianism in King Sejong's State Administration: Tension and Unity between Religion and Politics", *The Review of Korean Studies* 8–3, Sept. 2005.

Scherer, Burkhard, "Symbolism of 108", http://h–net.msu.edu, 2006–06–12.

Shim, Jae–ryong, *Korean Buddhism Tradition and Transformation*, Seoul: Jimoondang, 1999.

————, "The Significance of the number 108", http://www.salagram.net/108meaning.html, 2006–06–12.

세종의 사군육진 개척 연구

박 현 모

한국학중앙연구원 연구교수

사군육진 개척은 고구려의 패망 이후 위축되기만 하던 우리의 북방영토를 다시 확장시킨 이례적인 국가 프로젝트였다. 세종시대 최대 업적의 하나로 꼽히는 이 국가사업은 많은 반발과 저항에 부딪혔다. 여진족과의 전투, 대규모 주민 이전, 장거리 축성(築城) 사업은 백성들의 안전한 삶[爲民]을 위해 불가피한 일이라고 정당화되었다.

하지만 그것은 엄청난 '노민'(勞民)을 요구하는 국가의 장기 프로젝트였다.
이 과정에서 '백성을 위하는 정치'와 '백성을 수고롭게 하는 정치' 사이에서 갈등하고 설득하는 세종의 모습을 볼 수 있다. 특히 사민입거(徙民入居)라 불린 대규모 이주정책은 이주를 꺼리는 사람들의 회피·자살·도망과 같은 난관에 부딪혔다.

다른 한편, 세종시대의 대다수 신료들은 국경 방어선을 두만강 연안에서 후퇴해 지금의 함흥 지역으로 옮기자고 주장하였다. 과연 세종은 이러한 장애물을 어떻게 극복하였는가.

첫째, 세종은 눈앞의 편리함을 위해 국가의 장기적인 사업을 미루거나 포기해서는 안 된다고 설득하였다. "대업을 세우는 자는 작은 폐단을 돌아보지 않는다"는 말이 그것이다.
둘째, 그는 "두만강으로 북변을 빙 두르게 하고" 백두산 전역을 우리 땅으로 회복하는 목표를 세우고 그에 맞는 처방을 내렸다.
셋째, 세종은 새로 개척한 지역을 안전하고 살기 좋은 공동체로 만들기 위해 노력하였다.

■ 이 글은 한국정치사상학회의 《정치사상연구》 13집 1호(2007년 봄)에 실린 〈세종의 변경관과 북방 영토경영 연구〉를 수정 보완한 것이다.

1. 머리말

세종시대의 사군육진은 흔히 서북지역에 4군을 새로 설치하고 동북지역의 6진을 개척한 것으로만 알려져 있으나, 《세종실록》을 면밀히 살펴보면, 그것은 다른 세 가지 프로젝트와 함께 추진된 것임을 알 수 있다. 두 번에 걸친 여진족 토벌과, 아홉 차례의 대규모 사민입거(徙民入居), 그리고 140여 킬로미터의 행성(行城) 구축이 그것이다. 말하자면 사군육진 개척은 다른 민족과의 전투 및 백성들의 삶의 터전 이주, 그리고 방어를 위한 성벽 쌓기 등, 대내외의 정책을 아우르는 포괄적인 국가사업이었다.

하지만 세종이 재위 중반기에 역점을 두어 추진한 이 사업은, 백성들의 처지에서 볼 때에는 괴롭기 그지없는 일이었다. 아무리 "북방의 외환(外患)을 제거하고" "조종(祖宗)의 영토를 지키기 위한" 일이라고 하지만, 압록강을 건너 적지로 진격하는 일이나, 고향을 떠나 춥고 삭막한 북쪽 변방으로 이주한다는 것은, 그야말로 '숙지 못해 하는 일'일 수 있었다. 물론 세종이 추진한 훈민정음의 창제나 아악의 성비, 그리고 세제 개혁 등도 많은 반발과 저항이 따르는 어려운 과업이었다. 그런데 그런 과업들은 민생(民生)에 직접적인 영향을 주지 않는 것인 데 견주어 — 세제 개혁을 유보한다면 — 세종의 북방영토 경영은 백성들의 생활을 크게 흔들어놓는 정책이었다. 특히 세종 16년(1434)과 22년, 23년의 세 차례 대규모 사민입거는 '자신의 팔을 자르거나' '자살'을 선택하는 등의 격렬한 저항에 부딪혔다.

과연 세종은 조선왕조 최대의 국가프로젝트이자 가장 어려운 이 과업을 어떻게 대처해 나갔는가? '위민'(爲民)을 내세웠지만, 그에 앞서 '노민'(勞民)의 고통이 따르는 이 과업에 대해 당시의 신료들과 백성들은 어떻게 반응하였는가? 무엇보다도 최고 지도자인 세종은 어떤 생각을 가지고, 어떻게 장애물을 헤쳐 나갔는가?

이러한 일련의 물음에 답하기 위해, 세종 15년 말부터 23년 중반에 이르는 7년여 동안의 논의를 살펴보려고 한다. 이 시기는 북방영토 경영 가운데에서 가장 어려운 문제인 사민 논의가 본격화되는(15년 11월) 가운데, 6진의 하나인 종성이 처음으로 설치되고(16년 1월), 함길도와 평안도 지역으로의 사민입거가 실제로 이루어진 때였다.

이 시기 동안 평안도 도절제사 이천(李蕆)은 8천여 명의 군사를 이끌고 압록강을 건너 파저강과 오라산성 일대를 토벌하였으며(19년 9월), 황보인의 건의에 따라 평안도 조명간구자(趙明干口子) 행성을 필두로(22년 9월) 행성 축조가 시작되었다. 그리고 가장 중요한 점으로서, 이 기간에 세종의 북방 경영 방식의 특징이 잘 드러났는바, 그의 명나라 및 여진족에 대한 생각, 그리고 국가경영 철학 등을 살피고자 한다.

2. 세종시대의 북변(北邊) 상황과 변경(邊境) 논쟁

북쪽 변방의 상황

사군육진 개척과정을 살펴보기 전에, 먼저 그 시기 북쪽 변방의 상황을 살펴보는 게 좋을 것 같다. 세종과 그의 신료들이 어려운 여건이었음에도 '개척'을 추진하게 된 배경과, 개척을 통해 달성하고자 하였던 목표와, 실제로 내린 정책과 조치를 이해하는 데 도움이 될 것이기 때문이다.

세종은 자신의 시대를 '수성(守成)의 시기'로 인식하고 있었다. 그는 혁명과 건국이라는 '창업'의 어수선한 시기를 지나, 이제는 정치 및 사회운영 메커니즘이 안정화되는 '수성'의 국가경영이 필요하다고 보았다. 다음은 1차 파저강 토벌(세종 15년)을 마무리한 시점에서 그가 한 발언이다.

① 수성(守成)하는 임금은 대체로 사냥놀이나 성색(聲色)을 좋아하지 않으면, 반드시 큰 것을 좋아하고 공(功)을 세우기를 즐겨 하는 폐단이 있다. 이것은 예로부터 지금에 이르기까지 조상의 왕위를 계승하는 임금이 마땅히 경계해야 할 일이다. 나는 조종의 왕업을 계승해 영성(盈盛)한 왕운(王運)을 안존(安存)하는 것으로서 늘 마음먹고 있다.

② 전일에 파지(婆猪)의 전역(戰役) 때에는 대신과 장수와 재상들이 다 불가하다고 말하였다. 그 말들은 바로 만세(萬世)에 변함이 없

는 정론(正論)이었다. 그런데, 내가 드디어 정벌을 명령하여 성공하였
다. 그러나 그것은 특히 행운일 뿐이고 숭상할 만한 것은 못 된다.……
　　③ 알목하(斡木河)는 본래 우리나라의 영토 안에 있던 땅이다. 혹시
범찰(凡察) 등이 딴 곳으로 옮겨 가고, 또 강적(强敵)이 있어서 알목하
에 와서 살게 되면, 다만 우리나라의 변경을 잃어버릴 뿐 아니라, 또
하나의 강적이 생기게 된다. 그러므로, 나는 그곳의 허술[虛]한 기회를
타서 영북진(寧北鎭)을 알목하에 옮기고, 경원부(慶源府)를 소다로
(蘇多老)에 옮겨서 옛 영토를 회복해 조종(祖宗)의 뜻을 잇고자 하는
데 어떠한가.1)(일련번호는 필자의 것)

　여기서 세종은 세 가지를 지적하고 있다. 첫째, 그는 자신을 수성
의 군주로 인식하면서 창업기의 큰 틀을 계승하고 안존시키는[繼體]
것이 책무라고 보고 있다. 그리고 이 책무를 이루기 위해서는 양 극
단, 즉 큰 공을 세우려고 무리한 일을 벌이거나, 반대로 아무 것도
하지 않고 그저 노는 것을 피해야 한다고 말한다.

　둘째, 그는 신료들의 반대를 무릅쓰고 추진한 파저강 토벌이 비록
성공하였지만, 그것은 행운이 따라주었기 때문에 가능하였던 것이
라고 겸사(謙辭)한다. 큰 공을 세우려고 추진한 일이 아니었으며, 다
만 침입한 오랑캐를 물리치는 일이었기에 수성기의 군주로서 마땅
히 해야 할 일이라는 것이다.

　셋째, 따라서 알목하, 즉 지금의 회령 지역에 영북진을 옮기고, 경
원 동쪽의 소다로에 경원부를 옮겨 '옛 영토를 회복'하는 것도 조종

---

1)《세종실록》15년 11월 19일 무술(戊戌)조.(이하 '15/11/19 戊戌'로 함)

의 뜻을 잇는 것으로, 수성의 군주가 해야 할 마땅한 책무라고 역설하였다.

세종은 또한 신료들이 그 시대를 '태평성대'2)로 인식하는 것을 못마땅해 하였다. 그는 "지금 여러 신하들은 다투어 가며 태평성대라고 말하는데, 누가 위태하기 전에 난리를 근심하는 자가 있겠습니까? 원컨대, 위[上]에서 진념(軫念)하시어 더욱 변경을 방비하게 하소서"라는 허조의 유언(遺言)을 전해 듣고는 "실로 좋은 말"이라면서 흔쾌히 받아들였다.3) 재위 14년에 권진이 각 도의 성 쌓는 인부 동원 때문에 백성이 괴로워한다며 그 숫자를 줄이자고 건의하자, 세종은 "승평하고 편안할 때일수록 늘 위태로운 것을 잊지 말고 경계하는 것이야말로 나라를 위하는 도리"4)라고 말하였다.

같은 맥락에서 세종은 정기적인 군사 기동 훈련인 강무(講武)의 정지를 요청하는 신하들을 '오활한 무리'라고 비판하였다. "강무는 조종께서 이루어 놓은 법이요, 군사상 국가에서 소중히 여기는 것인데" 언관들이 흉년을 이유로 반대하는 것은 "다름이 아니라 우리나라가 평안하게 다스려져서, 군사들이 전쟁하는 수고로움이 없고 편한 데에만 습성이 되었기" 때문이라는 것이다.5)

세종과 몇몇 신하들은 그때를 영토회복의 기회로 인식하였다. 위의 발언에서 세종은 '허술한 기회'를 적극 이용해 "조종이 설치한 나

---

2) 11/9/11 甲寅; 14/4/28 丙辰.
3) 21/12/25 己亥.
4) 14/10/10.
5) 19/9/11 戊戌.

라의 울타리[藩籬]를 회복"해야 한다고 강조하였다. 즉 두만강 연변에서 세력을 떨치던 "동맹가첩목아(童猛哥帖木兒)의 부자(父子)가 (재위 15년 가을) 한꺼번에 죽은 것은 마치 하늘이 멸망시킨 것" 같은데, 이 기회를 놓치지 말고 "우리의 국경을 두만강이 빙 둘러싸고 흐르게" 해야 한다고 말하였다. 이에 대해서 맹사성은 "지금이 국토를 넓힐 절호의 기회"라고 적극 찬성하고, 지략(智略)이 있는 장수를 파견할 것을 제안하였다.6)

하지만 황희와 권진은 허(虛)를 타서 진(鎭)을 설치하기에 적당한 때이기는 하나, 그 진에 들어갈 사람이 적은 것이 문제라고 지적하였다. "하나의 진 안에 인구가 천 호(千戶) 이상은 되어야" 하는데, 두 개의 진에 살 사람을 구할 수 있겠느냐는 것이다. 이에 대해 세종은 "들어가 살게 할 인구는 하삼도(下三道)의 향리(鄕吏), 역졸(驛卒), 공천(公賤), 사천(私賤)을 물론하고, 만약 자진하여 응모하는 자가 있으면 신역(身役)을 면제해 주어서 들어가 살게 하며, 혹은 토관직(土官職)을 제수하여 군대의 수(數)로 충당하는 것이 어떤가"라고 제의하였다. 전라·경상·충청도의 아전과 천인, 그리고 자진 응모자에게 혜택을 주어 입거시키자는 제안이었다. 그러자 황희 등은 2단계 사민, 즉 "함길도의 함흥(咸興) 이북의 인민들을 뽑아 먼저 들어가 살게 하고", 그들이 떠난 지역에 남쪽 지방의 인민을 들어와 살게 하는 방안을 내놓았다.7)

---

6) 15/11/19 戊戌.
7) 위와 같음.

결국 이날 회의는 대다수 신료들의 찬성으로 황희 등의 2단계 사민 방안이 채택되었다. 그리고 이틀 뒤인 11월 21일에 세종은 윤회에게 교지를 짓게 하고, 병조판서에게는 "국토를 개척하여 나라의 근본으로 삼는" 세부적인 조치를 마련하라고 지시하였다. 말하자면, 세종은 비록 오랜 기간 큰 전쟁 없이 지내고 있지만, 그것을 태평성대로 인식하고 안일하게 지내서는 결코 안 되며, 외환을 대비할 때라고 보았다. 특히 때마침 발생한 여진족 내부의 분열을 기회로 삼아 "조종으로부터 물려받은 천험(天險)의 울타리를 되찾아야"8) 한다고 생각하였다.

세종과 신료들의 변경관

그러면 세종은 우리가 회복해야 할 영토가 어디까지라고 생각하였으며, 여진족 등 주변 민족과의 관계가 어떠해야 한다고 보았는가? 다시 말해서, 그가 설정한 목표 내지 비전은 무엇이었나? 바로 위에서 살펴본 회의나 병조(兵曹)에 내린 지시를 보면, 그 실마리를 발견할 수 있다. 즉, 세종에 따르면 "조종(祖宗)이 나라의 울타리[藩籬]를 설치하였으면, 자손 된 자는 그를 좇아서 보충해야"9) 하는데, 일찍이 태조는 경원부(慶源府)를 공주(孔州)에 두었고, 태종은 소다로(蘇多老)에 두었다. 다만 그 뒤 태종 때 한흥부(韓興富)가 여진족

---

8) 15/11/21 庚子.
9) 15/11/19 戊戌.

과 싸우다 전사하고, 곽승우(郭承祐)가 화살에 맞아 패해서 이 지역이 오랑캐들의 사냥터가 되었는바, "매양 이 일을 생각할 때마다 가슴이 아프다"는 말이 그것이다. 세종의 변경관을 좀 더 자세히 살펴보면 다음과 같다.

우리나라는 북쪽으로 두만강을 경계로 하였으니, (이 지역은) 하늘이 만들고 땅이 이루어 놓은 험고한 땅이자 큰 울타리 국가[雄藩]로서 (중국을) 호위(護衛)하는 봉역(封域)의 한계다. 태조께서 처음으로 공주에 경원부를 설치하셨고, 태종께서 경원부의 소재지를 소다로에 옮겼으니, 다 왕업의 기초가 시작된 땅을 중히 여겼기 때문일 것이다. 경인년(태종 10, 1410년)에 수신(守臣)이 좀도적들을 방어하는 데 실패하여 물러 나와서 부거참(富居站)에 잠시 머물렀는데, 지금까지도 옛성[舊城]에 들어가지 못하고 있다.…… 또 알목하(斡木河)는 곧 두만강의 남쪽, 우리의 국경 안에 있다[在吾境內]. 토지가 비옥하여 농경과 목축에 적당하며, 바로 요충지에 위치하였으니, 거진(巨鎭)을 설치하여 나라의 북쪽 문을 웅장하게 하기에 합당하다.10)

'우리나라 봉역(封域)의 한계는 북쪽으로 두만강이며, 알목하, 즉 회령 땅도 우리의 국경 안에 있다'는 지적처럼, 세종은 두만강을 우리의 동북쪽 국경선으로 보고 있었다. 그리고 그것은 '왕업의 기초

---

10) 我國家北界豆滿江, 天造地設, 雄藩衛而限封域. 太祖始置慶源府于孔州, 太宗移府治于蘇多老, 皆所以重肇基之地也. 歲至庚寅, 寇盜草竊, 守臣失禦, 退寓于富居站, 因循至今, 未返舊城.…… 且斡木河直豆滿江之南, 在吾境內, 土地沃饒, 宜於耕牧, 正當要衝, 合設巨鎭, 以壯北門.(《세종실록》 15/11/21 庚子).

가 시작된 땅'인 경원 지역은 어떤 일이 있더라도 확보해야 한다는 생각에서 비롯된 것이었다. 그런데 이처럼 북쪽으로 국경방어선을 전진시키고, 아울러 그곳에 "이주(移住)할 백성들을 모아서 충실하게 만들려는" 생각은 불과 1년 전만 해도 익숙한 것이 아니었다. 대다수 신료들은 오히려 경원부에 설치된 임시 치소(治所)를 한참 아래인 용성(龍城; 지금의 원산만 인근)까지 후퇴시켜야 한다고 주장하였다.

세종은 재위 14년 2월에 신하들의 강력한 주장에 밀려서 경원부를 용성에 옮기고 성 쌓는 문제를 '의논'[議定]하게 하였다.11) 이 자리에서 함길도 감사 정초(鄭招)는, 경원의 임시 치소가 사면(四面)으로 적의 공격을 받는 데에 비해 "용성의 지리는 이면(裏面)이 험하게 막혔다"12)는 '방어상의 문제'와, 안변에서 경원까지는 15, 16일이나 걸려서 군인이 왕래하는 동안 사람과 말이 지치는13) '거리상의 단점'을 들어 경원부를 용성으로 옮길 것을 요청하였다. 그는 "물러나오는 것은 적당하지 않다"14)는 세종의 반대에 대해서, "혹 의정부의 의견이 영토가 줄어드는 것이므로 옳지 못한 계책이라고 할지 모르지만" "옛부터 전해 내려온 허문(虛門) 이북의 경원 지역에는 조금도 거주할 만한 땅이 없고" "더구나 용성은 또한 경원에 소속된 땅이니 치소를 이곳으로 옮긴다고 해도 영토가 줄어들 까닭이" 없다고 주장

---

11) 14/2/2 辛卯.
12) 7/11/14 己酉.
13) 8/1/24 己未.
14) 7/11/14 己酉.

하였다.15)

이처럼 경원부를 용성으로 "물려 배치해 방어하게 하자"는 용성 후퇴론은 의정부 참찬 최윤덕(崔閏德)이나 형조판서 정진(鄭津)의 생각이기도 하였다.16) 하지만 두만강을 변경선으로 생각하고 있는 세종에게, 함흥 이북을 실질적으로 포기하다시피 하는 용성 후퇴론이 쉽게 받아들여질 수 없었다.

세종은 그 다음 달인 재위 14년 3월에 영의정 황희를 불러서 이 문제를 거듭 의논하였다. 세종은 이 문제를 오랫동안 논의하면서도 자신이 쉽게 결단하지 못하는 것은 "두 가지 논의가 다 사리(事理)에 가깝기" 때문이라고 말하였다. 즉, 어떤 사람은 "땅을 정한 영토는 조종에게서 받은 것이니, 비록 한 자 한 치라도 줄일 수 없다"면서 "마땅히 굳게 지키고 옮기지 말아야 한다"고 말하였다.

반면 "도읍을 옮기고 읍(邑)을 옮기는 것도 마땅히 백성의 사정에 순응해야 하는 것이다. 지금 이 경원은 땅이 본래 메말라서 경작하여 농사하기에는 적합하지 않으며, 또 온 고을 백성들이 겨우 한쪽 면(面)만 경작하고 나머지 삼면은 적이 두려워 감히 개간하지 못하고 있다. 이 때문에 생계가 날로 어려워져서 백성들의 소망은 다 옛 경원·용성(龍城)의 땅에 있다. 백성의 가난하고 고통스러움이 이러하니, 옮기지 않을 수 없다"는 주장도 맞는 말이었다.

따라서 세종은 "경을 보내서 살피고 가부를 정한 뒤에 결단을 내

---

15) 8/1/24 己未.
16) 8/6/16 戊寅.

리고자 한다” 하면서 황희와 함께 호조판서 안순을 현지에 파견하였다.17)

한 달여 만에 현지를 돌아보고 올린 황희 등의 장계18)는 그다지 만족스러운 것이 아니었다. 경원부를 후퇴시켜 용성 인근으로 옮겨야 한다고 보고하였기 때문이다. 물론 용성 이북과 장항 이남의 묵은 땅을 발견하고, 경원에서 새로 옮겨온 백성들에게 그곳을 개간하게 하자는 건의는 고무적인 것이지만, 결론은 용성 후퇴론이었다. 황희는 그 대신 길주에 있는 경성군의 군 지휘부를 북쪽으로 옮겨 배치하자고 제안하였다. 경원부의 후퇴로 생긴 국방상의 공백을 보완하고, 길주 읍성(邑城)의 취약점 — 물 부족, 지형적 불리 — 을 극복하자는 주장이었다.

황희의 이 같은 주장에 대해서 세종은 의정부와 각 조, 그리고 삼군 도진무로 하여금 함께 의논하게 하였다. 이 자리에서 이징옥·하경복 등은 종래대로 용성 후퇴론을 주장하였고, 조계생·성엄 등은 이미 사민을 시작한 마당에 군진(軍鎭)을 옮기는 것은 옳지 않다고 현 위치 고수론을 폈다.

다른 한편, 의정부 참찬 허조는 황희가 제안한 경성군의 전진 배치를 다음과 같이 비판하였다.

나라나 사삿집이나 그 이치는 같은 것입니다. 대체로 사람의 집에 바

---

17) 14/3/6 乙丑.
18) 14/4/12 庚子.

깥문이 비록 견고하더라도 반드시 안문을 설치하는 것은, 진실로 바깥으로부터 침입하는 자가 있을 때에 바깥문을 지키는 자가 비록 실책(失策)하는 일이 있더라도 안문을 지키는 자가 그것에 대비할 수 있게 하기 위해서입니다. 우리나라가 도절제사 영(營)을 길주에 설치한 것은 태조·태종의 시대에 시작한 것입니다. 신은 망령되게 말하거니와, 거기에는 반드시 깊은 뜻이 있습니다. 이제 도절제사의 영을 4식이나 깊이 들어가서 주촌(朱村)에 둔다는 것은 안문을 헐어서 바깥문에 합하는 것과 같은 것입니다.19)

이처럼 경원부의 현 위치 고수는 물론이고, 함길도 절제사의 병영의 전진 배치까지 반대에 부딪히자, 세종은 함길도의 방어 요해지(防禦要害地)가 어디냐고 황희에게 물었다. 황희가 다시 용성의 이로움을 말하자, 세종은 변경의 환란은 신속히 대처하는 것이 무엇보다 중요하지 않느냐고 되물었다. 그리고 이를 위해서는 극변(極邊)에 방어시설을 설치하고 그 책임자가 "적의 내왕을 상시로 엿보면서 적을 잘 규찰하는 것이 좋지 않겠느냐"고 말하였다. 책임자가 직접 적의 동태를 규찰해야 한다고 본 것이다.

아울러 세종은 경원부의 지휘소를 "깊숙한 (국경) 안쪽에 설치해야 하고, 극변(極邊)에 두는 것은 마땅하지 않다 하는데, 이 논의는 어떠한가?"라고 물었다. 질문 형식을 취하였지만, 용성 후퇴론을 분

---

19) 國與家, 其體爲一. 大抵人家 外門雖固, 必設內門者 誠以外侮之來, 守外者雖失其策 守內者可以當之也. 國家置都節制使之營于吉州 始於太祖太宗之代, 臣妄謂必有深意也. 今以都節制使之營 深入四息, 置於朱村, 是毁內門而合於外門也.(《세종실록》 14/4/12 庚子)

명히 반대하는 의견을 밝힌 것이다.

논의를 매듭지으려는 세종의 생각을 읽은 황희는, 결국 이날 자신의 용성 후퇴론을 철회하였다. "극변의 요해지에 두어서 위세와 무력을 보이면 적이 스스로 마땅히 두려워하여 위축할 것이니, 그들이 비록 좀도둑질을 하고자 하여도 할 수 없을 것입니다"라는 말이 그것이다.[20]

이러한 태도 변화는 일차적으로 국왕의 의지를 꺾을 수 없다는 인식에서 비롯된 것이었다. 하지만 그보다 더 중요한 이유는, 방어요해지를 고르는 것보다 적의 동태를 정확히 파악하고 대처하는 군지휘자의 신속대응능력이 앞선다는 세종의 생각을 황희가 받아들였다고 보는 것이 옳을 것이다.

그러면 이런 생각 아래에서 추진된 사군육진, 특히 사민입거의 내용은 무엇이며, 개척과정에서 부닥친 장애물을 세종과 그의 신료들은 어떻게 극복하였는가? 이에 대해서는 절을 바꾸어 살펴보기로 한다.

---

20) 14/4/12 庚子.

3. 여진족 토벌과 대규모 사민입거(徙民入居)

제2차 여진족 토벌

앞에서 언급한 것처럼, 사군육진 개척은 두 번에 걸친 여진족 토벌과, 아홉 차례의 대규모 사민입거, 그리고 군사요새인 진(鎭)과 방어진지인 구자(口子)를 연결하는 긴 행성의 구축을 아우르는 포괄적인 군사기지 구축 프로젝트였다.

먼저, 여진족 토벌은 재위 15년(1433) 4월과 재위 19년(1438) 9월에 이루어졌다. 1차 토벌은 최윤덕이 1만 4962명의 군사를 이끌고 동가강과 파저강 일대를 9일 동안 소탕하는 방식으로 이루어졌다.[21] 183명의 여진족을 참살하고 248명을 생포하였지만, 추장인 이만주를 놓침으로써 우환거리를 남겼다. 실제로 이만주는 그 뒤 계속해서 같은 여진족인 범찰이 조선에 가까워지는 것을 이간하거나, "조선의 군마 때문에 소란해서 살 수가 없다"[22]고 명나라에 모함하는 등 조선의 처지를 어렵게 만들려고 노력하였다. 뿐만 아니라 틈만 나면 변경을 침입해 약탈하거나,[23] 읍성을 포위하는[24] 등 조선

---

21) 1차 파저강 토벌에 대해서는 박현모, 《세종의 수성 리더십》(삼성경제연구소, 2006), 65~77쪽 참조.
22) 19/5/12 辛丑.
23) 17/1/18 庚寅; 17/7/16 乙酉; 18/5/23 戊子.
24) 18/10/3 乙丑.

을 괴롭혔다. 사군육진 개척이 진행되는 중에도 계속해서 제기된 '용성 후퇴론'도 이만주 일파와의 잦은 충돌과 그로 인한 민폐를 배경으로 하고 있었다. 그러나 재위 18년 10월 3일의 경원읍성 포위사건과 19년 5월 6일의 조명간구자 침입사건은, 각각 동북방의 '왕조발흥지'와 서북방의 '최전방기지'[25]에 대한 위협이라는 점에서 조선 조정으로서는 그냥 넘어갈 수 없는 일이었다.

세종은 재위 19년 6월에 평안도 도절제사 이천(李蕆)의 요청을 받아들여 '제2차 여진족 토벌'을 결심해 놓고도 한 달 가량을 비밀리에 부쳤다. 즉, 같은 해 3월에 김종서에게 토벌의 필요성과 어려움 — "1차 토벌 때와 달리 이번에는 진군(進軍)의 경로에 야인의 소굴이 있어서 발각될 우려가 있다" — 을 의논하였고,[26] 이만주의 거처가 여러 경로로 파악되어 보고되었으며,[27] 세종 자신도 "이 도적은 많아야 500, 600명에 불과하고", 우리나라 "변경과의 거리도 수백 리에 불과하다"면서 토벌 반대론자들을 비판하고 있었다. 그는 이천에게 "먼저 일어서면 남을 제어하고 뒤에 일어나면 남에게 제어를 받는다"면서, 이제 군사를 행하려면 어느 때가 좋으며, 군사는 몇 명이면 되겠고, 또 몇 길로 나누어 진격해야 하는지 등을 잘 조사하여 아뢰라고 지시하였다.[28]

---

25) 세종은 방어의 어려움을 들어 소명간구자 퇴축을 요청하는 평안도 도절제사 이천에게 "조종의 강역을 가볍게 퇴축할 수 없을" 뿐만 아니라 자칫 "연변의 다른 구자들도 이것을 예로 들어 다투어 퇴축"하려 들 것이라고 말하였다.(19/2/14) 북방방어선의 도미노 현상을 우려하였던 것이다.

26) 19/3/11 辛丑.

27) 19/6/11 己巳; 19/7/9 丁酉.

　여기서 거론된 토벌 반대론자란 세종에 따르면 "늙은 대신들"인데, 그들은 "토벌할 수 없으니 다만 국경을 굳게 지키는 것이 좋다"고 주장하였다. 이 점은 1차 토벌 논의 때도 허조 등이 주장한 것으로, "오면 어루만지고 가면 쫓지 말아야 한다"는 소극 대처론에 입각해 있었다. 반면 좌부승지 김돈은 "방어하는 어려움이 토벌하는 것보다 크다"면서, "정병을 골라 번갈아 나가고 들어오면서 해마다 그 소굴을 불태우고 볏곡을 밟는 것만으로도" 오랑캐를 위축시키는 효과가 있을 것이라고 주장하였다. 이에 세종은 "내가 토벌하고자 결심한 지가 오래였는데, 너희들의 논의가 좋으니 그 계책을 써서 보내라"고 토벌을 결정하였다. 다만 세종은 이 모든 논의를 비밀에 부칠 것을 명령하였다. "우리나라 사람들은 성품이 가벼워서 모든 일에 떠들고 비밀을 지키지 아니하니, 너희 두 사람 외에는 알지 못하게 하라"는 지시가 그것이다.29)

　세종이 이처럼 토벌 논의를 비밀리에 추진한 것은 1차 토벌 때와 대조를 이룬다. 즉, 4년 전의 1차 토벌 때는 '토벌 여부'를 비롯해 세부사항을 하나하나 점검하면서 거의 석 달에 걸친 '대논쟁'을 벌였다.30) 반면 이번에는 평안도와 함길도의 도절제사 등 책임자와만 긴밀히 의논하였고, "군기는 마땅히 비밀히 하여 누설하여서는 아니 된다. 비록 지친과 자제라 하더라도 알게 하지 말고 십분 비밀히 하

---

28) 19/6/19 丁丑.
29) 위와 같음.
30) '파저강 토벌 대논쟁'에 대해서는 박현모, 《세종, 실록 밖으로 행차하다》(푸른역사, 2007), 203~215쪽 참조.

라"31)고 말하곤 하였다. 이처럼 엄중 비밀리에 토벌 논의를 진행한 것은, 1차 토벌 때와 달리 여진족의 규모나 위치를 상당 부분 알고 있다는 점, 토벌에 대한 명나라 황제의 사전 승인("소굴을 끝까지 찾아내라"),32) 그리고 군사상의 문제를 공론에 부치는 것이 반드시 적합하지 않다는 판단에 따른 것으로 보인다. 즉, 그 해 8월 김종서와 주고받은 글에서 보듯이, 용성 후퇴론이나 사군 설치 반대론 등을 겪으면서, "조정의 뜬 말[浮言]"로 인해 자칫 큰일을 그르칠 수가 있다는 인식이 그것이다.33)

결국 세종은 7월 18일에야 "평안도에 군사 쓸 일"을 병조판서에게 의논하라고 지시한 뒤, 토벌에 관한 열여섯 가지 세목에 의거하여 2차 토벌을 결정하였다. 그런데 이날 총사령관 이천에게 내린 '토벌지침'[傳旨]은 매우 구체적이어서, 현장 지휘관의 재량권을 크게 위축시킨 것이었다. 비록 "상황에 맞춰 요량하라"는 왕의 말이 덧붙어지기는 했지만, 행군 및 공격 방법, 무기의 사용과 산성의 공격 대형 등까지도 꼼꼼히 지시하고 있다.34)

이 밖에도 1차 때와 달리 2차 토벌은 석연치 않은 구석이 많았다. 우선 작전의 목표를 이만주의 제거로 좁게 설정함으로써35) 그의 거

---

31) 19/3/11 辛丑.

32) 19/7/18 丙午.

33) 19/8/6 癸亥.

34) 노영구 교수는 왕의 세세한 지시가 "세종의 자신감," 즉, 1차 토벌 때 얻은 전쟁수행 경험과 북방 지역에 대한 확장된 정보에서 비롯되었다고 보았다. 일종의 '승리의 역설'이 작용한 셈이다. 노영구, 〈세종의 전쟁수행과 리더십—1·2차 파저강 야인정벌 사례를 중심으로〉, 《우리 안의 세종대왕, 한국형 리더십을 찾아라—제1회 한국형 리더십 컨퍼런스 자료집》(한국학중앙연구원, 2008), 140~141쪽.

처에 대한 정보 수집을 위한 근접 체탐(體探)이 불가피했고, 그 과정에서 두 번이나 체탐꾼이 적에게 사로잡히는36) 등 조선의 목표가 적에게 고스란히 노출되었다.37) 뿐만 아니라 토벌 계획이 왕과 총사령관인 평안도 도절세사인 이천, 그리고 평안·함길 양도의 관찰사를 중심으로 비밀리에 논의되다보니, 1차 토벌 때와 달리, 황희와 허조 등 조정 대신들이 소외되는 경향이 있었다. 특히 왕이 작전수립과 전개에 세세히 개입하다보니,38) 작전 수행 중 발생할 수 있는 문제점들을 다각적으로 검토할 수 기회를 갖지 못했다.

다른 한편, 그 사이에 세종은 말에 싣고 다니면서 적을 공격할 수 있는 완구(碗口)를 새롭게 개발하게 하는 한편,39) 홀라온 등의 야인을 회유하되 올적합 등이 침략했을 경우에 대비하게 하는40) 등 다양한 대책을 마련했다.

결과적으로 재위 19년 9월 22일에 평안감사가 올린 보고에 나타난 것처럼,41) 이천을 총사령관으로 한 토벌군은 9월 7일부터 16일까지 열흘에 걸쳐 좌·우군으로 나누어 파저강 일대와 오라산성 부근의 여진족을 소탕해, 여진족 60여 명을 죽이거나 생포하였다(아군 1명 사망). 하지만 공격목표인 이만주를 놓치는 등 작전수행에 적잖은

---

35) 19/8/14 辛未.

36) 19/7/01 己丑; 19/7/19 丁未.

37) 노영구, 앞의 글, 137쪽.

38) 2차 토벌 때 자주 나오는 "내 뜻으로는"(19/7/18 丙午) "나는 생각건대"(19/7/23 辛亥) 등의 용어는 세종의 작전 구상에 대한 강한 의향을 보여준다.

39) 19/7/27 乙卯.

40) 19/8/29 丙戌; 19/8/7 甲子; 19/8/3 庚申.

41) 19/9/22 己酉.

허점을 드러냈다.[42]

사민입거와 행성 축조과정

다음으로, 사군육진 개척에서 가장 어려웠던 사업인 사민입거(徙民入居) 과정이다. 우리 역사에서 북방 개척에 따라 백성을 이주시킨 사례는 기존의 연구에서 밝혀진 것처럼[43] 삼국시대까지 거슬러 올라간다.(선덕여왕, 경덕왕) 고려시대에도 사민입거는 계속되었는데, 태조가 북방경략을 위해 황해도 지방의 많은 민호를 서경(평양)에 이주시킨 일이나,[44] 윤관이 9성을 축조한 뒤 남쪽지역의 6만 여 호를 입거시킨 것이 그 예다.[45] 조선왕조에 들어와서도 태조나 태종 때 경원부[46]로의 인근 주민 입거에서 보듯이 사민정책은 이어졌다. 말하자면, 역대 왕조에서 백성 이주정책은 다분히 정치적인 목적에 따라 이루어졌고, 변경방어 등의 일정한 효과를 거두기도 하였다. 하지만 계속되는 주민 이탈현상에서 보듯이, 북변지역은 여전히 위험하고 살기 힘든 지역으로 인식되었고, 마천령(摩天嶺) 이북은 우리 땅이 아니라고 생각하는 사람들도 있었다. 예컨대 세종시대의 대

---

42) 2차 토벌 직후, 총사령관 이천의 공적을 평가할 때, 우의정 노한은 이천이 "중국 사람들끼지 불필요하게 다 죽였다"면서, 그까짓 토벌은 "여연판관 이종효에게 군사 200 내지 300명만 거느리고 가게 하였어도 이보다 낫겠다"고 말했다. 이에 대해 세종은 분개하면서 노한을 파직시켰다.(19/10/17 癸酉)

43) 송병기, 앞의 글(1963); 차용걸, 앞의 글(1995).

44) 《고려사》 권1, 세가1.

45) 《세종실록지리지》 권155, 함길도.

46) 《태종실록》 17/9/15 丁卯.

신들은 "고려 때에도 오히려 두만강을 경계로 삼지 못하였다. 이제 마천령으로써 경계를 삼으면 또한 지킬 수 있다"며 북방영토 개척을 반대하곤 하였다.[47]

세종시대 사민정책의 특징이라면, 백성의 집단 이주가 앞서 말한 것처럼 행정·군사기지 및 행성 구축과 함께 병행되었으며, 더욱 체계적으로 이루어졌다는 점이다. 즉 평안도의 자성(15년), 무창(24년), 우예·위원군[48](25년)의 4군(四郡)[49]과, 함길도의 경원·회령(16년), 종성·온성(23년), 경흥(25년), 부령도호부(31년)의 6진(六鎭)[50]이 서북방과 동북방에서 구축되고, 350리(140km)[51] 가량의 행성(行城)이 축성되는 가운데, 1만 2121호의 12만여 명이[52] 이주한

---

47) 19/5/20 己酉.

48) 흔히 4군의 하나로 알려진 여연군은 태종 16년에 함길도 갑산군을 승격시킨 것으로 세종의 4군에 해당되지 않는다. 《세종실록지리지》 평안도; 오종록, 〈세종시대 북방영토개척〉, 《세종문화사대계 3》(세종대왕기념사업회, 2001), 809쪽.

49) 세종 15년 ① 여연군 자작리에 성을 쌓고 자성군을 설치한 것을 필두로, ② 24년 여연군 상무로보가 무창군으로, ③ 그 다음 해인 세종 25년 여연군 우예구자와 ④ 이산군의 도을한구자가 각각 우예군과 위원군이라는 군사행정기지로 승격되었다

50) 세종은 ① 재위 16년에 옛 지경을 회복하는 차원에서 회질가에 성벽을 설치하고 남도 민호를 이주시켜 만든 경원(慶源)도호부, ② 같은 해에 알목하에 진을 설치하고 이름을 고쳐(五音會의 '회'자 취함) 승격시킨 회령(會寧)도호부, ③ 그 다음해(17년) 영북에 종성군을 설치하였으며, 23년에 도호부로 승격시킨 종성(鐘城)도호부(남도 민호 이주), ④ 재위 22년 우리나라 북단의 다온평(多溫平)에 군을 설치하고 개명한 안변 이북의 민호를 이주시킨 다음 23년에 도호부 승격한 온성(穩城)도호부, ⑤ 세종 19년 공성현(孔城縣)을 군으로 승격시키면서 '왕업을 일으킨 땅'이라 하여 경흥으로 개명한 다음 25년에 성을 쌓아 넓히고 승격한 경흥(慶興)도호부, ⑥ 재위 31년 부거현(富居縣)을 혁파하고 개명 후 도호부로 승격한 부령(富寧)도호부 등이 그것이다.

51) 김정호의 《대동여지도》에 따르면 영변에서 서울까지의 거리가 703리이다.

52) 이 숫자는 《세종실록》의 기록을 합산한 것이다. 1호구에 대한 사람 수는 여러 가지로 계산되고 있다. 예컨대 재위 16년 1월에 김종서가 올린 사목을 보면 "경원부·영북진에

것이다.

먼저, 함길도의 이주민 호구는 모두 5,560호로 아래 〈표 1〉에서 보듯이, 다섯 차례에 나누어 5만 5천여 명이 이주하였다. 1차 2,200호,[53] 2차 500호,[54] 3차 500호,[55] 4차 1,600호,[56] 5차 760호[57]가 그것이다.

표 1. 세종시대 북변지역의 사민(徙民) 호구수

구분	함길도	평안도
1차 이주	재위 15년 2,200호	재위 18,19년 261호
2차 이주	재위 16년 500호	재위 20년 1,000호
3차 이주	재위 17년 500호	재위 21년 700호
4차 이주	재위 25년 1,600호	재위 25년 4,600호
5차 이주	재위 28년 760호	·
합계	5,560호	6,561호

* 《세종실록》의 기록에 의거해 작성

입주할 인민은 4명 이상을 1호로 삼고, 관노 2명을 1호로 삼는다"(16/1/6 甲申)라고 되어 있어서 1호당 최소 6명씩으로 계산하고 있다. 이에 비해 재위 24년 9월 이휘의 보고에는 "200여 호를 인구수로 계산하면 3천여 명은 될 것"이라고 하여(24/9/25 壬午) 1호당 15명씩으로 계산하고 있다. 따라서 여기서는 그 평균치를 잡아 1호당 10명으로 계산하였다.
53) 15/11/21 庚子.
54) 16/5/8 甲申.
55) 17/6/4 甲辰.
56) 25/5/12 丙寅.
57) 28/6/17 癸丑.

다음으로, 함길도보다 조금 늦게 시작된 평안도의 사민(徙民)은 총 6,561호의 65,000여 명으로 4차에 걸쳐 이루어졌다. 즉 1차 261호,58) 2차 1,000호,59) 3차 700호,60) 4차 4,600호61)가 그것이다.62)

사민입거는 처음에 태종시대에 하였던 것처럼, 몇 가지 유인을 제공하고 자원자를 옮기는 방식[自願入居]으로 추진되었다. 자원자가 양민일 경우 토관직을, 향리나 역리일 경우 직역의 면제를, 그리고 천민일 경우 양민으로 신분을 상승시키도록 하는 방식이 그것이다.63) 이 같은 자원입거는 백성의 자발적인 이주와 안정만이 효과적인 지역방어를 가능하게 한다는 생각에서 비롯되었다. 재위 17년에 세종은 "여연은 적의 지경과 가까워 적의 출몰이 매우 용이한 데 비해 우리 군사의 출격은 못 미치는 곳"인데, 다른 곳에 성읍을 설치할 만한 곳이 없는지 물었다. 이에 대해 대사헌 이숙치는 "오직 여연만이 백성들이 살 만한 곳"이라고 대답하였다. 그러자 세종은 "나는 다른 고을 백성들을 이곳에 이주시켜 항상 그 방어를 토병(土兵; 현지 거주 군사)에게 맡기려고 한다. 그래야 객병(客兵; 원거리 파견 군사)이 멀리 와서 노고하는 폐단이 사라질 것"이라고 말하고 있다.64)

그러나 계속되는 축성 작업과 여진족의 위협, 그리고 연이은 흉년

---

58) 18/10/16 戊寅; 19/2/15 乙亥.

59) 20/5/9 壬辰.

60) 21/10/22 丁酉.

61) 25/6/5 戊子.

62) 차용걸은 함길도에 7천여 명, 평안도에 5천여 명으로 추산하였는데[앞의 글(1995), 175~176쪽], 필자는 《세종실록》의 기록에 따라 그 숫자를 수정하여 계산하였다.

63) 15/11/21 庚子.

64) 17/1/25.

등으로 도망치는 호구가 발생하였다. 특히 평안도의 경우, 여진족과의 전투 및 명나라 사신의 잦은 행차 등으로 입거한 10퍼센트가 도망하거나 유리되었다. 재위 21년의 평안도 경차관 조순생의 보고에 따르면, "평안도는 매년 북경에 가는 사신의 왕래가 무려 100여 회에 이르러" 민생이 더욱 조잔(凋殘)하게 되었다. 재위 19년과 20년의 숫자만 합쳐도 1,261호가 달아났다는 기록이나,65) "평안도 전체가 백성이 살 수 없게 되었다"66)는 사관의 평가가 그 상황을 보여준다. 이런 상황에서 자원 입거의 방식은 효과를 보지 못하였고, 시간이 지나면서 강제 사민[抄定入居] 내지 범죄자의 입거, 그리고 도망자에 대한 추쇄 등으로 사민정책은 점차 징벌적 성격을 띠게 되었다.67)

거기에다가 이주 대상이 된 백성들의 저항도 만만치 않았다. 재위 19년 1월에 경상도 개령읍의 아전 임무(林茂)가 팔뚝을 끊어 스스로 불구자[殘疾]가 되어 함길도에 들어가 사는 것을 피하려 하였다. 세종은 이 보고를 받고 "심히 측은히 여긴다"면서, 입거(入居)하는 사람들이 지나가는 주현(州縣)의 수령들은 마음을 다해 이들을 도와서, 굶주리거나 추위에 떨지 않도록 하라고 지시하였다.68) 하지만

---

65) 차용걸, 앞의 글(1995), 175쪽.

66) 32/1/26 壬寅.

67) 집현진 부교리 양성지에 따르면, 1449년(세종 31) 당시 사람들은 "입거(入居)를 매우 중한 벌"로 여기고 있었다. 또한 이주하였다가 "도망친 사람이나 그를 숨겨준 호구(戶口)는 오늘날 큰 폐단"으로 여기고 있었다.[양성지, 《눌재집》(訥齋集) 권1, 주의(奏議)] 이처럼 북방 지역으로의 사민이 징벌적 성격을 띠고, 그 지역민의 지역적 이동, 특히 남쪽 지방으로의 이동을 금지시키면서 '지역 차별'이라는 의도하지 않은 결과가 나왔다. 이러한 지역 차별은 '이시애의 난과 같은 평안도 지역의 반란을 초래하기도 하였다.[김성준, 앞의 글(1968), 473쪽]

이 문제를 조사하러 간 경차관 안질(安質)이 이틀 뒤 그 "마음씀이 잔인"하다면서 본인은 물론이고 그 처자까지 함길도의 신설한 역리(驛吏)로 만들어 뒷사람을 경계해야 한다고 주장하였다. 세종은 이 문제를 의정부에서 의논하게 한 다음, 본인만 함길도의 역리가 되도록 지시하였다.69)

이주를 꺼려 미리부터 "빈약(貧弱)한 체"하는 자들이나 자살하는 사람도 있었다. 즉, 남도의 백성들은 몇 해 뒤에 입거할 것을 두려워해 미리 거짓으로 빈약한 체하거나 "혹은 손을 놀려서 농사를 폐지"70)하기도 하였다. 또한 전라도 옥과현의 호장(戶長) 조두언(趙豆彦)은 함길도의 향호(鄕戶)로 입거하게 되었는데, 멀리 이주하는 것을 꺼리어 스스로 목숨을 끊고 말았다. 이 사실을 보고한 전라도 관찰사는 "악역(惡逆)이 막심하다"면서 그의 처자를 역리(驛吏)로 삼아 뒷사람을 경계시켜야 한다고 주장하였다. 그를 처벌하지 않으면 "생명을 가볍게 여기는 무리들이 계속해 일어날 것"이라는 말이었다. 논의 끝에 세종은 병조의 요청을 받아들여 조두언의 큰아들로 하여금 아버지를 대신해 어머니 및 동복형제들과 같이 함길도에 들어가 살게 하였다.71) 재위 24년 1월에 무진군(茂珍郡) 사람 손민(孫敏)이 "북도에 들어가 살기를 꺼려하여 목매어 죽은" 경우도 마찬가지였다.72)

---

68) 19/1/4 甲午.
69) 19/1/6 丙申.
70) 21/10/22 丁酉.
71) 21/2/14 癸亥.

끝으로, 세종은 재위 22년에 황보인의 '연변비어책(沿邊備禦策) 13조'를 받아들여,73) 사군과 육진의 방어요해처에 구자(口子)와 성보(城堡)와 연대(煙臺)를 잇는 행성을 쌓기로 결정하였다.74) 그 해 9월부터 조명간구자 산성(山城)75)을 필두로 시작된 행성 축조는, 재위 32년 2월 세종이 훙서할 때까지 11년 동안 계속되었다. 이렇게 해서 축조된 행성의 길이는 평안도가 144리 27보, 함길도가 231리 188보로, 총 376리(140Km)에 이른다. 행성은 그야말로 백성과 군인들의 피와 땀으로 이루어지는 것인 만큼, 세종 재위기간에 동원된 연인원 19만 3356명의 백성들 가운데 다수가 이탈하는 등 힘든 일이 한두 가지가 아니었다. 하지만 행성을 구축한 이후 여진족의 변방 침입이 눈에 띄게 줄어들었다. 세종의 재위기간만 비교하더라도, 여진족은 평안도에서 행성 구축 이전에 17회 침입하였던 것이 축조 이후에는 3회로 줄어들었고, 함길도의 경우 그 이전에 8회였던 침입이 1회로 줄어들었다.76)

---

72) 24/1/3 乙丑.

73) 세종시대 행성에 관한 논의는 송병기, 앞의 글(1964)과 차용걸의 글(1993), 180~196쪽을 참조할 것.

74) 22/7/29 己巳.

75) 22/9/15 甲寅.

76) 송병기, 앞의 글(1963), 도표 1 참조.

4. 맺음말

이상에서 살펴본 바와 같이, 공세적인 안보 전략에 따른 여진족 토벌과, "안이 강하면 밖이 복종한다는 뜻"(內强外服之義)[77]에 따라 백성을 신설된 군사기지로 이주시킨 사민입거, 그리고 백성들의 피땀으로 이루어진 행성 축조 등, 사군육진의 개척과정은 어느 하나도 쉬운 것이 없었다. 특히 행성 축조기간에 집요하게 계속된 여진족의 침입은 그 어려움을 가중시켰다. 그럼에도 조정의 신하들은 '태평한 시대에 무슨 군사훈련이냐'며 강무 실시를 반대하곤 하였다. 예컨대 권진(權軫)은 재위 14년 가을에, 성 쌓은 일 때문에 백성들이 괴로워한다면서 동원되는 인부의 수를 줄여달라고 요청하였다. 이에 대해 세종은 "평화로운 때일수록 위태로운 것을 잊지 않고 경계하는 것이야말로 나라 다스리는 도리"라고 하여 그 요청을 거부하였다. 재위 19년 9월에도 흉년을 이유로 강무의 정지를 요구하는 신하들에게 그는 "우리나라가 근래 무사태평이 만연하여 무사(武士)들이 게을러져 활 쏘고 말 달리기를 자기의 임무로 여기지 않는다"[78]며 무사 안일함을 꾸짖었다.

말하자면 조선왕조를 견고한 기반 위에 올려놓기 위해 세종이 취한 길은 '현상유지'가 아니었다. 그는 반대를 무릅쓰고라도 여진족을

---

77) 19/1/4 甲午.
78) 19/9/14 辛丑.

토벌하고, 백성을 이주시키며, 축성(築城)을 강행하였다. 이러한 조치들이 북방영토 경영의 목표('나라 울타리[藩籬]의 안정과 확장)를 달성하는 데 꼭 필요한 '처방'이라고 보았기 때문이다. 물론 그는 정복전쟁을 일으키거나 대규모 토목공사를 벌이지도 않았다. 그것은 "왕위를 계승하는 임금이 마땅히 경계해야 할 일"이기 때문이다. 그의 말대로 세종은 "안일함"과 "큰 일 벌이는 것" 사이에 있는 '수성'(守成)의 리더십을 발휘한 것이다.79) 그는 이를 위해서 백성을 수고롭게 하는[勞民] 일을 마다하지 않았으며, 공세적인 토벌 전략으로 여진족의 침략을 효과적으로 예방하기도 하였다.

하지만 세종도 난관에 부딪힐 때면 힘들어하고 괴로워하였다. 그는 백성들의 반발과 계속되는 흉년으로 새로 만든 세법[稅法; 貢法]이 계속 미루어지자 안타까워하기도 하였다. 재위 21년 7월에 가뭄이 계속되자 "내가 어진 정사[仁政]의 술법을 알지 못하는 탓"이라고 말하였으며,80) "즉위해서는 안 되는 내가 즉위한 탓에 재변이 이와 같다"고 자책하기도 하였다. 그는 또한 "내가 즉위하던 처음에는 나이가 젊었기 때문에 능히 나라를 다스릴 수 있을 것으로 생각하였고, 여러 신하들도 더불어 나라를 다스릴 수 있다고 생각"하였는데, 지금 나라 사정이 이러하니 "매우 부끄럽다"고 개탄하기도 하였다.81)

실제로 사군육진 개척은 일정한 한계를 드러내기도 하였다. 대표

---

79) 15/11/19 戊戌.
80) 21/7/14 庚申.
81) 21/7/4 庚戌.

적으로, 좋은 공동체를 만들기 위한 세종의 노력에도 북변 지역은 기피지역으로 간주되었다. "지금 들어오는 자는 모두 잔호(殘戶)인데, 장실(壯實)한 향호를 더 뽑아서 보내 달라"[82]는 이숙치의 요구는 수용되지 않았다. 대신 죄를 지은 사람들이 강제로 입거되었다. 일반 범죄인[83]은 물론이고, 제주도에서 '우마적'(牛馬賊)이라 불리던 소나 말을 훔쳐 불법 도살한 자,[84] 그리고 부정한 아전들[85]이 입거된 예가 그것이다.[86] 그리고 다른 지역으로 도망가지 못하도록 인보법(隣保法)이나 경재소(京在所)를 운영한[87] 사실이나, 앞서 지적한 것처럼, 평안도에서 사민한 인구의 10퍼센트가 도망한 사실은 이 지역이 기피 내지 혐오지역으로 변질되었음을 보여준다. 이는 나중에 ― 단종 3년과 세조 5년 ― 서북방 4군이 폐지된 것에서 보듯이, 압록강변의 4군은 세종의 노력이 있었음에도 정착되지 못한 중요한 이유이기도 하다.

그러면 세종의 사군육진 개척은 실패한 프로젝트였는가? 물론 그 당시 백성들의 고초나, 세종 사후 일시적인 변경 후퇴를 들어 4군 개척을 비판적으로 볼 수도 있다. 하지만 6진의 설치로 인해 "이전에는 다온평이 야인들이 사는 곳이었는데" 거기에 온성부를 설치하였고, 풍천 등지에 "보를 설치해 남도의 백성과 경원 지역의 인민

---

82) 21/5/10 丁巳.
83) 18/5/17 壬午; 18/5/25 庚寅.
84) 16/6/14 己未; 18/6/20 乙卯.
85) 23/2/7 甲戌; 27/7/24 丙申.
86) 범죄인 입거 사실에 대한 자세한 설명은 송병기, 앞의 글(1963), 40~47쪽 참조.
87) 20/3/3 丁亥.

을 옮겨 살게 해서 우리 영토를 만들었다"[88]는 평가에서 보듯이, 6진 개척은 백두산을 포함해 우리 영토를 확장하는 데 결정적으로 기여를 하였다.

무엇보다 "조종의 땅은 비록 단 한 뼘의 땅[尺地寸土]도 버릴 수 없다"는 원칙을 세워, 당시에 떠도는 말[浮言]을 물리친 세종의 결단력과 난관을 헤쳐 나가는 추진력은 뛰어난 정치가로서 국왕의 모습을 보여주었다. "대업을 세우는 자는 작은 폐단을 돌아보지 않는다"(成大事者 不顧小弊)[89]는 말처럼, 비록 민폐와 우여곡절을 겪으면서도 압록강과 두만강을 우리의 변경으로 만든 사실이야말로 그의 프로젝트를 성공적이었다고 평가할 역사적 근거라고 하겠다.

참고문헌

《세종실록》, 《신증동국여지승람》, 《만기요람》, 《눌재집》(양성지)

김성준, 〈이징옥과 육진〉, 《사총》 12집, 역사학연구회, 1968.
박현모, 《세종의 수성(守成) 리더십》, 삼성경제연구소, 2006.
――, 《세종, 실록 밖으로 행차하다》, 푸른역사, 2007.
송병기, 〈세종조의 평안도 이민(移民)에 대하여〉, 《사총》 8집, 역사학연구회, 역사학연구회, 1963.
――, 〈세종조 양계행성 축조에 대하여〉, 《사총》 8집, 역사학연구회, 1964.

---

88) 23/1/29 丁卯.
89) 19/8/6 癸亥.

오종록, 〈세종시대 북방영토개척〉, 《세종문화사대계 3》, 세종대왕기념사업회, 2001.

이상협, 〈조선전기 북방사민과 민의 동향〉, 《강원사학》 17 · 18집, 강원대학교 사학회, 2002.

이지경, 〈세종의 공세적 국방안보 — 대마도 정벌과 파저강 토벌을 중심으로〉, 정윤재 외, 《세종의 국가경영》, 지식산업사, 2007.

이민수, 〈세종의 복지정책에 관한 연구(1) — 진휼문제를 중심으로〉, 《대구사학》 26집, 대구사학회, 1984.

管野修一, 〈조선 초기 진휼곡 운송 문제 — 조선왕조의 국가적 재분배 기능에 대한 고찰〉, 《고문서연구》 22집, 한국고문서학회, 2003.

진재교, 〈한국문학과 한문학 — 18세기의 백두산과 그 문학〉, 《한국한문학연구》 26집, 한국한문학회, 2000.

차용걸, 〈함길 · 평안도에의 사민입거〉, 《한국사 22 — 조선왕조의 성립과 대외관계》, 국사편찬위원회, 1995.

Chung Yoon Jae, *A Medical Approach to Political Leadership: An Chae-Hong and A Healthy Korea*, Doctoral Dissertation of Univ. of Hawaii, Manoa, 1988.